乔叟时代英国社会结构及其演变研究

A study on the social structure and its evolution in chaucer era

刘伟 杭丽娟——著

天津社会科学院出版社

图书在版编目（CIP）数据

乔叟时代英国社会结构及其演变研究 / 刘伟，杭丽娟著. -- 天津 : 天津社会科学院出版社，2022.9
ISBN 978-7-5563-0853-8

Ⅰ. ①乔… Ⅱ. ①刘… ②杭… Ⅲ. ①社会结构－研究－英国－13 世纪-15 世纪 Ⅳ. ①D756.19

中国版本图书馆 CIP 数据核字(2022)第 181008 号

乔叟时代英国社会结构及其演变研究
QIAOSOU SHIDAI YINGGUO SHEHUI JIEGOU JIQI YANBIAN YANJIU
责任编辑：吴　琼
责任校对：杜敬红
装帧设计：高馨月
出版发行：天津社会科学院出版社
地　　址：天津市南开区迎水道 7 号
邮　　编：300191
电　　话：（022）23360165
印　　刷：北京盛通印刷股份有限公司
开　　本：787×1092　　1/16
印　　张：20
字　　数：240 千字
版　　次：2022 年 9 月第 1 版　　2022 年 9 月第 1 次印刷
定　　价：78.00 元

代 序[①]

为什么要编“欧洲经济社会史丛书”？什么是经济-社会史？价值何在？我愿借此机会从个人的心路历程谈起。

以英国为领头羊的欧洲现代国家的崛起，大概是近代以来人类最重要、最具有深远影响的历史现象之一，所以人们对这一历史现象的探讨也就投入了巨大的劳动和持久的热情。近代西欧的崛起和中国等国家和地区的落后，是一个问题的两个方面，理应在同一议题之内。关于发展和不发展的问题，不论研究西欧还是研究中国，国内学者多少都怀有一定的中国情结。该研究近三十年来进展明显，虽然在许多问题上还未取得广泛的一致，但勾画出的历史面貌越来越细致、清晰起来，由此具备了进一步深入研究下去的基础。重视数据分析、重视个案研究成为风尚，20世纪80年代以来我国学者关于中西农业劳动生产率研究尤其值得肯定。这是一项相当有价值的研究。近代经济发展的基础是资本原始积累，农业劳动生产率则是原始积累成功的标尺。以英国为例，中世纪晚期至近代早期农业劳动生产率呈明显的上升趋势。16世纪后，英国人口成倍增长，然而人均产量增长得更快。注意，不是经济总量而是人均产量的增长，被诺贝尔奖得主诺斯称为

① 本序系侯建新教授2011年为东方出版社“欧洲经济社会史丛书”撰写的总序，经作者授权，作为本书的“代序”，特此说明。

“现代意义的经济增长”,从而取得工业社会的首张入场券。中国传统社会晚期不乏资本主义萌芽,然而没有成功的资本主义原始积累,直接的经济原因是没有相应的生产效率。中国是东亚农业大国,农艺水平独步一时,然而始终没有创造出高水平的、不同凡响的劳动生产率。一种观点认为中国没有英国那样的海外殖民,这句话的另一面意思是说英国资本原始积累是殖民掠夺的结果。我以为这样的看法过于简单化了。从历史上看,上古的希腊城邦、罗马帝国,中古早期的北欧维金人,都有过著名的海外掠夺与殖民经历,可所获财富却与资本主义无缘。近代以来,英国最先发生具有世界意义的崛起,然而最早进行海外殖民与掠夺的却不是英国,而是葡萄牙和西班牙,后者并未因大规模的海外掠夺而成长为一棵参天大树,而是在现代化的道路上步履蹒跚,久久地滞留于农业社会。海外掠夺仅是西欧资本主义发生的外部条件之一,根本依据则在自身内部条件。英国资本原始积累的成功,是海外殖民掠夺的结果,更是该社会本身创造出高效劳动生产率的结果。这样的回答显然更合理,也更符合历史事实。

在前人研究的基础上,20 年前笔者对英国和中国相关时期的农业劳动生产率研究也做过一些尝试。16 世纪是英国迈向近代社会的重要开端。据估算,该时段一般农户年产 240 蒲式耳,大约相当于 5 吨谷物。农民除自家有限的食物、酿酒消费外,大部分农产品流向交易市场,换回货币以满足生产者不断增长的多方面的需求,同时投入扩大再生产。也就是说,每个农夫同时也是商人。生产是市场的基础,由此我们可以理解英国国内何以形成星罗棋布的市场网络,拿破仑何以称英国为商人之国,以及英国何以迫切开辟海外市场。16 世纪一般农户竟年产 5 吨谷物,至今仍令人刮目!而且,这个时期的劳动生产率呈明显上升趋势,比 13 世纪提高了一倍以上。反观中国,以较为发达的江南农业劳动生产率为例，清中期即进入19世纪也远未达到英国16世纪的水平；而且，清代中期较之明代还出现了下降的趋势。①

以上的证明不无意义。不过，至此仍不能完全说明如下问题：西欧生产效率为何取得突破，进而启动资本原始积累？农业劳动生产率的增长推动了西欧的社会转型，那么推动农业劳动生产率增长的原因又是什么？显然，经济现象不能完全由经济因素来解释，或者说经济史不能解决全部问题，尤其不能回答全局性的重大社会问题。

欧洲史研究证明：中古晚期生产效率明显增长的奥秘，主要不是生产工具的改良，不是某项技术发明或能源发现，农业革命以前乃至工业革命以前欧洲田野外在的现代要素几近于无，与以往相比并无明显改观。个体农民发展的直接原因是依习惯法抗争而使其自身权益得到有效保护。西欧习惯法是双刃剑，既强制农民接受庄园秩序，又是农民保护自身利益的有效武器。佃农的负担量一旦规定下来，即为惯例，不可轻易改变，而随着农业技术的提高和贸易机会的增长，为自己创造的劳动成果却不断增长，个人和社会的财富就这样逐渐积累起来，此即人均产量的增长也就是诺斯谓之为现代意义上的经济增长。17世纪，在荷兰和英国第一次出现了这种"真正的增长"，"英国和荷兰，虽然人口持续增长，实际生活水平却大约提高了35%和50%，这是史无前例的事情：在欧洲历史上，同时也是在人类历史上，两个国家第一次能够持续地向不断增加的人口提供不断提高的生活水准"。②

统治者的恣意与贪婪是本能的、普遍的，英国领主不比中国或其

① 侯建新：《现代化第一基石：农民个人力量与中世纪晚期社会变迁》，天津社会科学院出版社，1991，第七章。另见许涤新、吴承明主编《中国资本主义发展史》，人民出版社，1985，第三章。

② 勒帕日：《美国新自由主义经济学》，李燕生译，北京大学出版社，1985，第99—100页。

他地方的统治者更好些。英国佃农的幸运在于，他们不仅有抵抗领主的意识和勇气，而且很早就生成并坚持了限制对方权力的凭借和手段，对抗方式有暴力斗争，更普遍的则是法庭较量，结果有效地保护了农民个人财富的独立发展，从而在相当大程度上享受经济繁荣带来的自然增值。农民普遍的连续的积累，是社会财富积累机制形成的基础，也是原始积累的基础，显然，资本原始积累不仅是财富的积累，也是精神的积累；是经济的增长，也是农民个体权利的不断伸张，是新的法律政治关系不断确立的过程。是的，不存在单一的阶级斗争史，同样也不存在单一的经济史。

农业人均生产效率的突破取决于佃农权益的有效保护，还有赖于、并最终有赖于当时的社会大环境。佃农凭借习惯法在法庭上与领主据理力争，该现象不是偶然的，也不是孤立的，是社会总表象的一部分，或者说是社会总游戏规则的一部分。事实上，在西欧 12 世纪以后，具有悠久传统的抵抗的权利以及与此相联系的自然权利、主体权利成了越来越广泛的社会共识，抵抗斗争表现在社会不同层次和不同领域。英国《大宪章》是贵族抵抗王权的典型例证。贵族认为国王破坏了他们之间的约定，所以贵族方可以放弃原有的承诺，以致举兵讨伐。此后，《大宪章确认令》《牛津条例》，以及众多的国会文件，甚至农民起义纲领都涉及个体或群体的权利问题。在法国，《三月大敕令》即可视为《大宪章》的同类文件，其中也涉及了有关臣民自由、权利的多方面问题。发生在 11、12 世纪的伯尔曼所称的“教皇革命”，则是教会抵抗王权的斗争，被认为“西方历史的断裂”，是一次真正的历史转折。[①] 最后的解决方案大多通过艰苦的谈判达成，德国、法国、英格兰

① 哈罗德 · J. 伯尔曼:《法律与革命:西方法律传统的形成》，贺卫方等译，中国大百科全书出版社，1993，第 50 页。

和其他地区莫不如此。教俗对抗在德国持续了半个世纪,最后达成沃尔姆斯协定:德皇放弃圣职授任权,同时教皇承认皇帝的世俗授任权,双方管辖权都得到限制。“教皇革命”以法律的手段平抑了皇帝或国王的权力,剪灭了他们头上的光环,结束了神圣王权时代,从此,皇帝和国王在精神事务上完全不具有权能,为近代世俗国家奠定了基础。与此类似的现象,还有争取市民权利的城市抵抗运动、争取商人权利的商人抵抗运动以及村社抵抗运动等,逐渐形成多元政治力量,现代法律体系以及议会协商制呼之欲出!

不断完善的法律体系,使生产者和经营者的财产安全和财产积累得到进一步保障,反过来激发了整个社会积累机制和流通机制的发育,新的观念、新的语言、新的交往方式和新的力量随之破茧而出。社会重心逐渐下移,到中世纪晚期和近代早期,西欧第一次出现靠经营实业起家并且相当富足、相当有社会地位的群体,足以与身份贵族抗衡,从而形成一种开放的社会结构。契约、货币关系逐渐替代身份政治关系,进入了所谓“市场经济+契约社会”的时代。显然,西欧资本原始积累以及后来工业革命成功的原因是相当复杂的,单纯的经济史远远不足以说明之。相比之下,主张全方位、长时段、描述整体社会的经济社会史更富有解释力,更鲜活生动,更接近历史原貌,无疑也更有魅力和前途。

下面我们进入经济社会史学科这个主题。

产生于20世纪70年代的经济-社会史(Economic and Social History),在西方也经历了一个发展探索过程。简单说来,它是从经济史发展而来的。英国的经济史研究始于19世纪末,各大学先后设置经济史课程,聘用经济史教授,成立经济史学会,出版专业杂志,经济史逐渐成为一门独立的学科。第二次世界大战以后,欧洲经济凋敝,民不聊生,随着对经济发展的高度重视,经济史学科也达到鼎盛。据1977年的统计,此前50年里出版的经济史论著论文,绝大多数都是1950年后发表的。[①] 此后的15年依然保持高产量。不过,鼎盛之中也孕育着危机,60—70年代计量史学的冲击,使得经济史变成了计量史,越来越多地依赖建构数学模型,其结果是"使得经济史变得面目可憎。他们总是搜集一大堆资料,然后就好奇地算个不停,而根本就不管他们算的是什么"。[②] 因而,许多经济史家,尤其是具有历史学专业背景的经济史家都呼吁,"历史、社会史与经济史要联手合作,经济史应当是一种更加广泛的研究,而不是那种选题狭隘的历史,这种研究应当是'跨学科的'经济社会史"。[③] 这样,到了70年代末,经济史调整了研究取向,渐渐变成"经济-社会史"。

经济-社会史兴起后,很快就显示出强劲的发展势头,以致时至今日,它伸张与宣扬的理念、取向与方法已基本取代了传统的社会史与经济史而一枝独秀,今天,几乎已没有哪位研究经济史或社会史的专家声称只做单纯的社会史或经济史研究,而是更喜欢做经济社会史研究。英国当代史学界的领军人物之一克里斯托弗·戴尔说,现在,经济史通常被称为"经济社会史"。[④] 之所以如此,主要原因可能是他们本能地觉得,单纯的经济史与社会史并不能解释所有问题,而经济史

---

① C. Dyer,"Economic History",in *A Century of British Medieval Studies*,ed. Alan Deyermond, Oxford:Oxford University Press,2008.

② Eric Krridge,"Looking to the future",in *Living Economic and Social History*,ed. Pat Hudson ,Glasgow:published by the Economic History Society,2001,pp. 190-191.

③ Martin Chick,"Interesting but not Popular:Making Economic History Mean More to Others",in *Living Economic and Social History*,ed. Pat Hudson ,Glasgow:published by the Economic History Society, 2001, pp. 38-41.

④ C. Dyer,"Economic History",in *A Century of British Medieval Studies*,ed. Alan Deyermond, Oxford:Oxford University Press,2008,p. 159.

与社会史的“联姻”才能赋予社会问题研究应有的深度和广度。

尽管如此，经济-社会史作为一个学科，目前似乎还不能获得一般意义上的严格定义，即使西方学者似乎也不尽一致，甚至言人人殊，而且在用词上往往不大在意它与经济史的区别，在他们那里“经济史”与“经济-社会史”“社会-经济史”经常是混用的。经济-社会史仍然在形成中。当然，经济-社会史在开拓历史学研究领域方面已经获得了显著的成功，同时，关于该学科的基本特征，例如提倡经济史与社会史的互动；提倡与社会史的整合并主张“整体历史”研究；强调研究长时段、普通人的生活等几方面，亦已达成广泛共识，从而作为一个新兴学科而异军突起，似也无可置疑。

经济-社会史具有广阔的学术视野，将不同的社会层面，诸如经济、宗教、法律、教育、社会结构、生活方式、文化与文化传统等纳入历史学家的认知领域，使得历史认识对象扩大到人类活动的一切方面。一些普通的历史现象，例如饮食结构、住房、服饰、旅游、婚恋和性、私人财产继承、生活水准和消费等日常生活内容，都可能成为重要的话题。通过长时段的动态追踪，这些具体的、分散的社会现象成为宏大历史解释的基础，见微知著。经济-社会史不拒绝细微的社会现象研究，注重具体生动的个案分析，然而不能忘记的是，经济-社会史始终着眼于结构性的社会整体的历史。于是，引出它的第二个特征，大概也是最重要的特征：长时段的历史，整体的历史，大众的历史。所以，它可以做到具体而不琐碎，宽阔而不零散，“剩余的历史”不被剩余却因赋予新的内涵而鲜活起来。所以，该学科特别适于宏大、复杂的历史题材的研究，例如传统社会向现代社会转型、农业社会向工业社会转型一类问题研究。

可以毫不溢美地说，西方史学界关于“转型”问题研究的杰出的作品，大多出自经济-社会史学家之手，创新之作迭出。近年的代表作当数英国著名史学家戴尔的《转型的时代——中世纪晚期英格兰的经济与社会》。[①] 它以极其丰满的史实表明"社会转型"是一个漫长的历史过程，涉及政治、经济、社会、文化等领域一系列重大的结构性变迁，例如从共同体中心到个人本位，从领主强权到个人自由，从生活性消费到投资性消费，从糊口经济到商品生产，从劳动到休闲等。这样的过程不是一次性完成的，也不仅仅发生在近代，而是从中世纪就开始了，从而反驳了以经济史为代表的旧中世纪史观，提出了经济-社会史的"新中世纪观"。戴尔认为，自中世纪中晚期起，历史就逐渐发生深刻的变化，贵族不断减少特权，而普通人相应地扩大和获得许多权利。贵族和普通人权利彼此消长的历史，就是封建主义向资本主义转型的历史，而且这样的转型一直持续到工业革命时期。

中国社会由传统向现代的转型则要更为曲折复杂，这一过程可从19世纪中叶算起，一直延续到当代。近三十年来，随着改革开放事业和现代化进程的推进，中国的社会转型进入了一个前所未有的新时期，经济社会生活的各个层面都在发生着变化，我们处于一个内容多样、层次繁复的过渡时代。满足与痛苦共生，希望与迷茫同在。在这样一个现实背景下，社会转型问题成为学术界一个亟待探讨的重大理论问题。不断吸纳和更新史学研究方法，开拓史学观察视角，深化对欧洲文明进程的认识，分析和消化这一历史遗产，乃是鸦片战争以来我国学界的重要任务，不仅具有学术的价值，也会为我们强国、富民和慧民的现代化大业提供一份厚重的思想资源。

---

① Christopher. Dyer, *An Age of Transition? Economy and Society in England in the Later Middle Ages*, Oxford: Clarendon Press, 2005. 此书已有中译本，见戴尔：《转型的时代——中世纪晚期英国的经济与社会》，莫玉梅译，徐浩审校，社会科学文献出版社，2010。

在这种学术价值与现实意义的双重诉求下,近十余年来,我与天津师范大学欧洲经济社会史研究中心的同仁一直致力于倡导与引入这个学科。2001年金秋时节,三十多位国内著名学者聚首天津蓟县盘山,就一个新兴学科的概念、理论与方法进行探讨,并试图对该学科在我国的发展前景作出评估。盘山的秋天是美丽的,盘山脚下的学术讨论是紧张而又愉快的,其情景至今历历在目,此为这个学科被引入我国的明确开端。[①] 盘山会议后,为推动该学科的本土化,我们提出了"一份刊物、一批精品、一批译著"的"三一计划":也就是未来数年内,联合国内相关专家,出版融学术性、思想性与社会性于一炉的专业刊物和网站;出版一批参照该学科理念与方法做成的学术精品;翻译一批经济-社会史名著。十年过去,我们欣喜地看到,这个计划基本得以实现:专业刊物《经济社会史评论》(三联书店)已出版五辑;"经济-社会史评论网站"一直受到学界关注;在欧洲封建制度特征研究、领主佃农权力权利关系研究,以及日常生活史、宗教与法律史、城市史和大众教育史等方面的研究均取得进展;《英国庄园生活》《欧洲中世纪生活》《欧洲近代生活》《欧洲的宗教与虔诚》等西方名著陆续翻译出版。2000年成立专门研究基地"欧洲经济-社会史研究中心",后更名为"欧洲经济社会发展研究院";不间断地开设一系列经济社会史课程,面向研究生,也面向本科生,推动经济-社会史教学在大学的开展;建立欧洲经济社会史硕士点和博士点,招收和指导该研究方向的硕士生和博士生数十名,致力于学科人才的培养;筹集资金,建立专门资料库,成为西欧经济社会史和西欧社会转型问题研究重要信息和资料来源等。总之,经过近二十年发展,欧洲经济社会发展研究院已被视为

① 关于这次研讨会的成果,见侯建新主编《经济-社会史:历史研究的新方向》,商务印书馆,2002。

中国该领域的领跑者。当然,更令人欣慰的是,经济-社会史的概念、学理和研究方法已经逐渐推向全国史学界,得到越来越广泛的共识,相关的学术成果和专业人才不断涌现,很明显,正在大范围地进入活跃期。①

学术贵在创新,而积累和传承则是创新的源泉。在盘山会议10周年之际,为推动欧洲经济-社会史在中国的发展,也为使国人多视角、深层次地了解欧洲文明,我们决定组织出版"欧洲经济社会史丛书",该丛书的规模初步定在20本上下,作者既有中国学者,也包括国外学者,预计用5年左右的时间出齐。我们愿以这套丛书进一步明晰该学科的方法与特征,逐渐构建起一套本土化的欧洲经济-社会史话语体系,赋予历史学一份新鲜的活力。丛书的每一辑都是作者数年甚至更长时间的心血之作,都是从一个方面或一个专题反映欧洲社会的历史进程。内容不一,风格各异,但都是在讲述同一个故事,另一种文明的故事。在"润物细无声"中,相信读者会增进可靠的知识,扩大观察的视野,获得丰富的内心世界。愿本套丛书与新一代经济-社会史学人同步成长!

① 侯建新、刘景华:《从经济史到经济-社会史》,《世界历史》(纪念改革开放30年创刊30年)2008年增刊。

内容提要

中世纪晚期，随着英国农业生产率的提高和庄园制的解体，英国社会结构逐渐发生历史性的变动，启动了从传统农业社会向现代工业社会的转型历程。“英语诗歌之父”杰弗里·乔叟就生活在这一大动荡、大变革的时代，他忠实地记录下英国社会的巨大变迁，他的作品对于研究社会转型时期英国社会各阶层的具体状况具有弥足珍贵的史料价值。

乔叟时代的英国社会各阶层处于激烈的变动中。首先，英国社会结构向次层级化发展，各阶层之间具有很大的流动性。随着贵族、僧侣这两个等级的职能逐渐弱化，“作战”和“说教”的身份和职业已不再作为上等人的特殊标志，而财富、权力和教养逐渐成为构成上等人身份特征的三大要素。按照新的等级观念，英国社会等级内部呈现出向次层级化发展的态势。这种次层级化的等级结构的特点，表现在各阶层之间具有流动性，横向流动与纵向流动兼而有之。其次，财富、权力和教养已成为划分社会阶层的重要依据。乔叟时代英国农业、工商业的繁荣促进了资本的前原始积累，以王权为标志的民族国家正在形成，社会各阶层也随之剧烈沉浮，各等级的上层人士在攫取财富、竞逐政治权力的同时，也注重以教养来博取声誉的文化较量。再次，富裕农民阶层的崛起是英国社会转型的动力源。通过“静悄悄的劳动”和为争取自由劳动权力而坚持不懈的斗争，乔叟时代的农民不断积累着自身的物质力量与精神力量，为英国从传统封建社会向近代资本主义社会的过渡奠定了坚实的基础。在英国农民个体物质和精神力量普遍发展的基础上，富裕农民群体的崛起成为推动社会转型的原动力。农业资本主义的发展，以及封建农耕社会向资本主义社会过渡期间突破性的飞跃，都须以农产品剩余的不断增长为基础。富裕农民的崛起为农民群体提供了天然的领袖。富裕农民经济的扩张过程，就是资本主义或半资本主义的农场经济替代旧领地经济的过程。他们改变着乡村的经济生活，也改变着阶级力量的对比，他们以此为基础在地方事务中的领袖作用也日益受人瞩目。

乔叟时代英国率先进入社会转型的早期阶段。从经济-社会史的视角来看，虽然英国社会结构和生产方式的更新发生在1350至1520年之间，但大量的经济特征可以上溯到13世纪甚至更早的时期，长时段地考察英国社会转型至少应涵盖整个中世纪晚期至近代早期。其实，仅从经济史的角度对中古晚期英国农业生产率进行考察，英国的发展已经具有了近代意义。14—15世纪英国农业劳动生产率有所提高，城市迅速发展，工商业兴旺发达，大量人口迁移到城市。英国社会转型是缓慢而艰巨的，是在13—18世纪漫长的历史进程中逐渐完成的，而乔叟时代英国正处于从传统的农业社会向近代的工业社会转型的早期阶段。

乔叟的现实主义作品对历史研究具有十分重要的认识意义和史料价值。乔叟笔下的人物形象符合现实主义的创作原则，经得起时间和事实的双重检验。他的作品除具有细节的真实之外，还忠实地再现了典型环境里的典型人物，不仅具有鲜明的时代特征，也体现着伟大的时代精神。乔叟的现实主义作品对经济-社会史研究具有十分重要的史料价值，被中外历史学家作为重要而可靠的史料来加以引用，不仅在世界文学史上，而且在历史学上也具有不可替代的重要地位。

目　录

导　言 ………………………………………………………… 1

第一节　问题的提出 ……………………………………… 5

第二节　学术史回顾 ……………………………………… 9

第三节　主要内容及研究方法 ………………………… 27

第一章　走向衰落的贵族 ……………………………… 29

第一节　贵族的构成 …………………………………… 32

第二节　经济衰落初见端倪 …………………………… 47

第三节　政治地位逐渐下降 …………………………… 63

第二章　世俗化的僧侣 ………………………………… 91

第一节　僧侣的构成 …………………………………… 94

第二节　教会的世俗化 ……………………………… 107

第三节　教会中的改革派 …………………………… 127

第三章　活跃的市民 …… 143
第一节　市民的构成 …… 147
第二节　充满活力的经济活动 …… 160
第三节　“向社会上层看齐”的价值取向 …… 178

第四章　不断发展的个体农民 …… 205
第一节　农民的构成 …… 209
第二节　挣脱贫困及人身束缚的艰苦努力 …… 219
第三节　富裕农民的崛起 …… 243

结束语 …… 269

附　录 …… 277

参考文献 …… 283

后　记 …… 301

导 言

“英语诗歌之父”[1]杰弗里·乔叟(1340—1400)生活在14世纪的英格兰,这一时期通常被命名为“乔叟时代”[2]。人们对诗人和他的时代倾注了经久不衰的热情,不仅学界对之进行了广泛而深入的研究,而且其影响波及坊间,在乔叟逝世六百周年之际,人们还像过节一样隆重地纪念着这位做出划时代贡献的伟人。[3] 在历经六百年的世事沧桑之后,为什么人们对乔叟及其时代依然充满着敬意和怀念?简言之,时代造就了乔叟,乔叟开创了时代,他忠实地记录了他的时代,他

---

① “The Father of English Poets”, 有人译为“英国诗歌之父”,也有人译作“英语诗歌之父”,参见肖明翰《英语文学之父——杰弗里·乔叟》,社会科学文献出版社,2005。

② “乔叟时代”即乔叟生活的时代,英国人通常把它界定为十四世纪,而意大利人则将它扩大为乔叟在世前后大约“三百年”(trecento)的整个文艺复兴时期,本文采用后者的界定,即自13世纪至15世纪。参见 Richard West, *Chaucer 1340—1400: The Life and Times of the First English Poet*, London: Constable & Robinson Ltd., 2002, p. 1.

③ 1999年12月28日,一支由乔叟爱好者组成的朝圣队伍向卡特伯雷圣徒托马斯·贝克特的纪念碑进发。这些身着中世纪盛期服装的香客们分别来自英格兰的各个郡和每个不列颠岛,但是都汇聚在从南沃克到坎特伯雷的道路上,这是1386年乔叟时代的香客所走过的路线。诗人作古六百年后,肯特郡和它的著名教堂成为庆典的中心,不仅是为第二千禧年的到来,还是为了纪念本郡最受欢迎的诗人逝世六百年。当然,这只是乔叟逝世六百年纪念活动的一部分,仅此一举就把对诗人严肃庄重的纪念转化为大众文化的娱乐盛筵。

的杰作不仅是“时代的镜子”，也是我们借以了解那个时代的“百科全书”。

乔叟及其时代具有不可替代的研究价值。这是因为这一研究将有助于我们发现“一条历史的接缝”。有史家称“历史看上去确实是一张无接缝的网”，也有史学家称“历史是一件无缝的天衣……这件天衣的变化往往是极其缓慢而难于察觉的”。[①] 乔叟时代其实就是那条连接英格兰社会转型的历史进程的“极其缓慢而难于察觉”的接缝。限于本人学识浅陋，学力不逮，要探寻人类社会转型轨迹的“历史的接缝”谈何容易！好在乔叟及其同时代人所描述的人物和事件为我们提供了比较清晰的线索和直观丰富的材料，使笔者在学习和借鉴国内外学者相关研究成果的基础上，通过对该时代英国社会各阶层经济、社会状况的分析，力图再现该时代英国社会变迁的缩影，进而深化对社会转型历史规律的认识和理解。

① 转引自侯建新：《社会转型时期的西欧与中国》，高等教育出版社，2005，第1页。

第一节 问题的提出

乔叟和他的时代具有极其重要、不可替代的研究价值,西方学术界对此进行了长期而深入的研究,积累了相当丰厚而成熟的研究成果,而在中国尚处于起步与发展阶段。中西方学界似乎更加偏爱对乔叟作品的文本阐释和解读,绝大多数学者和研究工作者用相当大的篇幅演绎甚至发挥其“文学的虚构”的形而上价值,而相对忽视对乔叟时代经济社会状况的探析,淡化甚至漠视其“历史的真实”的现实意义。

虽然西方严格的学术规范和长期的学术积累使这一研究领域不断扩展,形成了以文学、文化学、语言学、符号学、人类学、心理学、结构学和批评学等多学科研究的庞大体系,但是,乔叟研究似乎更偏重对乔叟作品的文本分析,亦即“文学的虚构”研究,把乔叟时代研究仅仅作为乔叟与其时代的背景关系来看待,没有把乔叟时代的“历史的真实”作为考察的重点,从而造成历史学的缺席,无法在“文学的虚构”与“历史的真实”之间达成沟通与对话。一个不争的事实是,英美学界近二三十年来对乔叟时代的研究重心放在乔叟作品的文本分析和哲学观照上,相对忽视其历史学解读,重“文学的虚构”的文本分析而轻“历史的真实”的实证考据。

一些研究者对乔叟的评价也缺乏历史感。正像但丁被马克思主义的经典作家高度评价为“旧时代的最后一位诗人,新时代的第一位诗人”一样,与但丁、薄加丘同时代的乔叟也被誉为“巨人时代”产生的“巨人”。也许正是因为“巨人”的缘故,他的生平、功过、性格、品格乃至内心世界都格外受人关注，但又难有定论，褒贬不一。乔叟在世时并不以诗人之名而闻达于世，虽然他的好友在他逝世后对他给予很高的评价，但直至被移葬“诗人之角”之后相当长的时期内都未为时人所重。虽然与当时以及后来其他英语作家如高文、莎士比亚、笛福等人相比，乔叟留下了近500条有关诗人日常生活的原始记录，资料不可谓不丰厚，但是人们还是很难准确把握乔叟的性格、品格、内心诉求，人们印象中的乔叟只是一个扁平的、无个性的诗人而已。人们很难走进乔叟，更难理解乃至了解他的内心世界，所以大多只能凭借阅读和想象来评价他的是非功过。除了“英语文学之父”外，赞美者把他誉为“人民诗人”“现实主义诗人”“桂冠诗人”，贬抑者则骂他是“伪君子”“种族主义者”，不褒不贬者则拿他作为立论的工具，女权主义者就著文声称乔叟是最早提倡女性解放的先锋派作家。诸如此类的称谓给了乔叟过多的荣誉，也给了他过多的侮辱，给了他过多的推崇，也给了他过多的误解。

虽然乔叟和他的时代研究的认识价值长期以来并未得到充分重视，但随着中外经济-社会史研究的深入，直至20个世纪90年代以来，乔叟时代的历史认识价值才为越来越多的学者和研究工作者所关注。乔叟时代的英国发生了多起重大历史事件，如庄园制解体、百年战争、黑死病、1381年瓦特·泰勒起义，天灾人祸接踵而至，社会变动剧烈，这给历史学家和历史研究者以取之不尽的研究题材。大量的历史事实和研究成果表明，从传统农业世界向现代工业世界过渡，农本社会向资本主义社会过渡，西欧国家从13世纪开始直至18世纪无不经历了漫长的历史过程，英国作为在19世纪中叶后率先完成工业化的领头羊至少在中世纪晚期就开始孕育这种转变，各种带有资本主义性质的经济、政治、文化和社会演变都可以直接追溯到乔叟时代，这一时代英格兰发生的“前原始积累”①已经昭示着西欧已具备早期资本主义产生的经济社会条件,其中蕴涵着“人类社会迄今所经历的最重要的一次社会转型”②的基本原因和动力源泉。经过数十年艰苦不懈的探索,历史学家和历史研究者不断深化着对资本主义产生、发展的规律性认识,并把历史学与经济学、政治学、社会学甚至文学等学科联手,形成了多学科、跨学科的研究格局。这些成果为我们更加深入地再现乔叟时代的真实历史提供了可资借鉴的理论基础和前提条件。当然,还乔叟时代以历史真实面目,绝非易事。在这一领域做跨学科研究,尤其是把文学、社会学与历史学研究结合起来,达成文学史与社会史的艰难对话③,更是谈何容易!唯其艰难,对话才更见珍贵。英国著名历史学家亨利·斯坦利·贝内特正是开创性地把文学及其他文献运用于历史学研究中,才终于取得中世纪研究的重大突破,《英国庄园生活:1150—1400年农民生活状况研究》一书就是典型一例。

本书以“乔叟时代英国社会结构及其演变”作为研究题目,是笔者十几年来从文学到历史学的一次艰难的跨越。在收集材料和研究提纲的过程中,在不要脱离历史学规范的前提下,重点研读经济-社会史的书籍和文章,也参考了文学、文化学材料诸如现实主义作家乔叟的作品。通过反复甄别、研究,本书最后把乔叟时代英国各阶层状况的

---

① “前原始积累”是侯建新先生最先提出的观点,即原始积累前的积累。原始积累是指资本主义正式确立前一种带有某些强制色彩的资金聚敛活动,西欧的海外殖民和圈地运动即属此类。西欧的原始积累之所以成功,是因为在所谓的原始积累之前,西欧已经经历了长时期的、静悄悄的、普遍的积累,可称之为“前原始积累”。

② 侯建新:《社会转型时期的西欧与中国》,高等教育出版社,2005,第1页。

③ 有些外国学者致力于史学与文学、文化学等跨学科研究的探索,且成果不菲。比如:亨利·斯坦利·贝内特:《英国庄园生活:1150—1400年农民生活状况研究》,龙秀清、孙立田、赵文君译,上海人民出版社,2005;约阿希姆·布姆克:《宫廷文化:中世纪盛期的文学与社会》,何珊、刘华新译,生活·读书·新知三联书店,2006。

经济-社会学考察作为主要内容和研究重点,而把与乔叟时代相关的作家作品作为叙述主线和各章节的引子。尽管本书即将付梓,但也仅是历史研习者的一篇习作,尚无足够的学识和功力进行跨越"文学的虚构"与"历史的真实"的复杂研究,文学史与社会史之间艰难对话的达成必有待于来者,更有待于大家。

第二节 学术史回顾

从封建社会向资本主义社会、从传统农业文明向现代工业文明转变,是人类社会迄今所经历的最重要的社会转型。关于这一转型的起始点,历史学家对此说法不一,较为普遍的观点认为应在 15—16 世纪,新近的观点则认为当在 13 世纪甚至更早。乔叟时代正是这次社会大转型的前期,也可以说,这一时代标志着这段重要历史时期的开启。对乔叟时代的研究,国外学者起步早、成果多,从多侧面、多角度对这一时代做了深入考察和大量的基础研究,相对来说,我国学者起步晚,目前尚处在起步和发展阶段。

一、国外研究状况

乔叟时代在西方世界具有极其广泛而深远的社会影响,国外学者为之做了大量的研究,也取得了颇为丰厚的研究成果。以下着重就笔者所收集到的有关研究资料作一梳理。

首先,西方对乔叟时代的研究主要集中在文学领域上。西方对乔叟作品的文本研究有不少值得本选题研究借鉴。从 20 世纪 90 年代出版的"剑桥文学指南丛书"关于乔叟研究的资料看,除了期刊《英语研究年度作品》《乔叟评论》和《乔叟时代研究》,英、美等国还大量出版《乔叟全集》《乔叟选集》以及诗歌、散文、传奇等作品的专集。对乔叟作品的文本分析更是细致入微,不仅把乔叟作品的语言和风格编成辞典和索引手册，对其诗体学的特征和来源也作了全面考察，对历年乔叟的批评性研究更是格外关注，这些有价值的评论和原发性观点也被编辑成各种的指南和手册。①

虽然文学研究更贴近现实需要，又难免受主流意识形态、权力话语和流行舆论的导向性影响，有些评论和阐释经常有悖于历史事实，但是不少研究者还是对当时的经济水平、社会生活状况给予相当的关注，并取得不少研究成果。比如，近五十年来就有一批研究乔叟时代力作相继出版。克劳和奥森在 1966 年出版的《乔叟生活录》②一书中，收集了大约 500 条有关乔叟作为男人、廷臣、公务员的原始记录，D. S. 布莱威尔在 1973 至 1978 年间先后出版了三本专著《乔叟》③《乔叟和他的世界》④和《乔叟在他的时代》⑤，前两本是根据《乔叟生活录》所提供的生活记录和诗人的作品而写成的人物传记，其中第二本还附有很多精美的插图说明。第三本《乔叟在他的时代》则是对乔叟和他所处的英格兰的政治、社会状况的总体描述，包括宫廷生活、家居生活和宗教生活。D. W. 罗伯特森又在《乔叟的伦敦》⑥一书中用诗人所生活的伦敦的经济、政治、社会和知识界的特殊研究对这一时代的总体轮廓作了很好的补充说明。还有两本研究专著插图说明特别丰富，一本是 M. 胡塞对坎特伯雷故事集作特别研究的《乔叟的世界：一

① Richard West, *Chaucer 1340—1400: The Life and Times of the First English Poet*, London: Constable & Robinson Ltd., 2002, pp. 234-254.

② M. M. Crow, C. C. Olson (eds.), *Chaucer Life-Records*, Oxford: Oxford University Press, 1966.

③ Derek Brewer, *Chaucer*, 3rd edn, London: Longman, 1973.

④ Derek Brewer, *Chaucer and His World*, London: Eyre Methuen, 1978.

⑤ Derek Brewer, *Chaucer in His Time*, London: Greenwood, 1977.

⑥ D. W. Robertson, *Chaucer's London*, New York: John Wiley & Sons, 1968.

种插图研究》[①](1967年出版),另一本是R.S.鲁密斯对乔叟作品作总体研究的《乔叟世界的镜像》[②](1965年出版)。最后,E.瑞克特等编辑的《乔叟的世界》[③]则是收录当代文献的最好版本,诸如训练与教育、商业生活、娱乐、旅游、战争和宗教之类,这些悬殊甚大的伦敦生活区域都配有插图阐释。

理查德·韦斯特的新作《乔叟和他的时代》(2002年版)是近年来乔叟研究最具代表性的专著。韦斯特主要从《坎特伯雷故事集》和乔叟的诗作中挖掘资料,将作为学者、外交家和政治家的乔叟及其创作与当时的社会文化现象有机地联系起来。如对"磨坊主的故事"细致入微的分析就巧妙地揉进了约翰·威克利夫(John Wycliffe)反叛罗马天主教权威的一些细节,并从中推论出乔叟对宗教异端的态度。再如,对"牧师的故事"的分析也反映了当时农民运动以及乔叟对瓦特·泰勒(Wat Tyler)和杰克·斯特劳(Jack Straw)等人的看法。该书将诺曼人入侵、百年战争、黑死病瘟疫等历史事件与《坎特伯雷故事集》(1386)的出现融为一体,较为深刻地论证了英国民族意识和英国语言文学同时出现的现象。作者还用辛辣的笔调对"泛滥"于大学校园内的女权主义、西方马克思主义、荣格心理学分析、弗洛伊德主义、后结构主义等思潮作了批判和挖苦,这多少也影响了该书的客观性。

其次,在经济-社会史研究中也可以发现不少有价值的观点和实证材料。比利时学者亨利·皮朗和法国的马克·布洛赫是早期中世

---

① Maurice Hussey, *Chaucer's World: A Pictorial Companion*, Cambridge: Cambridge University Press, 1967.

② R.S. Loomis, *A Mirror of Chaucer's World*, Princeton: Princeton University Press, 1965.

③ E. Ricket, C.C. Olson and M.M. Crow, *Chaucer's World*, New York: Columbia University Press, 1948.

纪经济-社会史学派的先驱者。亨利·皮朗是所谓资产阶级史学家最著名的学者和资本主义贸易起源说的创始人,这位第一代经济史学家注意到了11—12世纪经济的发展,特别是城市的兴起,从而批评了所谓“黑暗时代”的说法。其遗作《查理·马特和穆罕默德》(1937年出版)则揭示了影响国际贸易的外部环境。布落赫的代表作《封建社会》(1939—1940年出版)则因其全球性眼光和比较的方法,在中世纪经济-社会史研究方面开辟了新领域。封建制度从此被视为整个中世纪的制度代表,不仅表现在经济发展水平上,也表现在社会和文化发展特点上。尽管他们没有专门论述乔叟时代的经济社会状况,但是其独到的眼光和方法对我们认识、把握乔叟时代的社会变迁还是提供了范例。

除了皮朗和他的同时代人热衷于写城市史,也许由于史料的欠缺,大多数学者把更多的注意力投向中世纪早期(5—10世纪)和盛期(11—13世纪)的社会组织和社会结构方面。这些学者也被称为法制史学者。他们研究中世纪早期的阶级状况,即该社会如何被分为贵族、自由人、佃农和奴隶等阶级;该社会的统治阶级之间的封建关系,以及他们在国家管理和财产权利(自由地、采邑和租借地)方面的作用等。他们的研究成果为我们从法制史的角度认识乔叟时代前的社会结构提供了大量资料。

著名的美国中世纪史专家詹姆斯·W.汤普逊继1928年出版《中世纪经济社会史》之后,又出版了前书的续篇《中世纪晚期欧洲经济社会史》一书,也可以说这是一部研究中世纪经济社会史的力作。《中世纪晚期欧洲经济社会史》全书共22章,除记述了14—16世纪前半期欧洲的经济和社会状况,还重点记述了欧洲历史上有重大影响的事件,如百年战争、德国城市同盟,意大利羊毛工业和教廷及其君主国的财经政策，以及行会、银行、商业、外贸及萌芽中的无产阶级的早期斗争。他认为，“到了13世纪末，一个新的欧洲已在很大程度上取代了前一个时代的政治和文化……到了1300年，欧洲的社会结构发生了深刻的变化。新的社会内容几乎处处都在冲破旧时代的外壳。新经济条件正在形成，新制度正在顺应新的需要。新的政治和社会理论正在取代人对于社会的旧哲学”①。虽然作者故意省去了很多英国的篇幅，但仍然可以作为我们研究乔叟时代经济社会史的重要参考书。

英国剑桥大学伍斯特学院院长、英国社会史学会会长阿萨·勃里格斯是一位治学严谨的社会史学者，他于1983年出版《英国社会史》（精装本）一书，翌年在美国出了第一版，1985年和1987年又两次在英国再版。这是一本从旧石器时代一直写到撒切尔政府的书，“能够相当完整地反映英国社会发展的全貌”②。他用“从属、扩充与文化”来叙述从威廉征服到乔叟时代结束这段历史，对乔叟时代作了全景式的精彩描绘，对乔叟及其创作成就给予高度评价，尤其是对社会各阶层的变动态势极具洞察力。该书也具有极强的启发性。

英国著名历史学家亨利·斯坦利·贝内特用了27年的时间，终于完成一部研究中世纪农民的经典之作《英国庄园生活：1150—1400年农民生活状况研究》，1937年交由剑桥大学出版社出版。贝内特以1150—1400年为研究单位，生动地描绘了中世纪乡村生活的模式、季节的影响、时人关于田间劳作的知识状况、地租与劳役、农奴义务、庄园管理、日常生活、乡间娱乐、宗教在日常生活中的地位、封建法庭的运作、民众对社会结构的态度，以及谋生的种种行业，等等，从而勾画

① 詹姆斯·W.汤普逊：《中世纪晚期欧洲经济社会史》，徐家玲译，商务印书馆，1992，第2页。

② “序言”，阿萨·勃里格斯：《英国社会史》，陈叔平、刘城、刘幼勤、周俊文译，中国人民大学出版社，1991，“序言”第1页。

了英国庄园农民物质生活与精神生活的立体性与全方位的景观,既详尽描述了个体农民的日常活动与生活,也探讨了他们生产生活的文化氛围与制度空间。作者的主旨虽然是回答封建社会的成因问题,而不是资本主义的起源问题,但是他的研究在无形中却触及了这一问题。因为在他看来,庄园制规定的人身依附性对个体农民的发展虽然是一个障碍,但由于受到日耳曼自由传统与历史风雨中长期积累的制度性惯例等因素的影响,这一制度仍给个体农民的发展留出了足够的空间。这样,到了 14 世纪,英国庄园农民普遍摆脱了农奴制的枷锁,走上了“自由之路”。这一结论无疑暗示着:个体农民的财富积累是英国近代早期资本主义农场得以发展的基础,也是英国产业革命最为深厚的渊源。①

在《中世纪晚期的英国农民》②一书中,R. H. 希尔顿首先阐述了农民作为一个整体阶级的观点,断言中世纪一个社会阶级——农民阶级已经形成,其中的富裕阶层开始形成于 14 世纪末,他们在乡村中担任管事、庄头、十户长和庄园法庭的陪审员等职务,制定村庄章程,颁布村法,有一定的社会影响力。在《农奴争取自由》③一书中,他不仅论述了中世纪农民的整体特征,讨论了他们的经济状况以及阶级斗争等问题,还对 1381 年起义的时间经过、社会总体背景、起义波及的地区、参加起义者的社会成分、起义的组织及要求等问题作了详细分析。

克里斯托弗·戴尔在《中世纪晚期的生活水准:1200—1520 年社

① 亨利·斯坦利·贝内特:《英国庄园生活:1150—1400 年农民生活状况研究》,龙秀清、孙立田、赵文君译,上海人民出版社,2005,译者序第 9—10 页。

② R. H. Hilton, *The English Peasantry in the Later Middle Age*, Oxford: Oxford University Press, 1975.

③ R. H. Hilton, *Bondmen Made Free: Medieval Peasant Movements and the English Rising of* 1381, London & New York: Routledge, 1988.

会变化中的英格兰》[1]一书,首次对英国中世纪晚期近代早期民众的生活水平和消费方式进行研究,这是史学界关于这一时期英国农民社会生活及生活水准研究的第一部专著。他在《中世纪生活》[2]一书中则考察了从维金人入侵到宗教改革之间7个世纪不列颠的经济社会状况,通过对经济史的考察来透视民众的日常生活。约翰·哈里森的《大不列颠的普通民众:从诺曼征服到现在的历史》[3]也堪称力作,作者把普通民众放在历史的中心位置来讲述,更加关注他们的劳动和日常生活。

莫尔顿的专著《人民的英国史》(1938年版)则是一本为英国人民提供历史知识而写成的通史。作者自称用马列主义研究英国史,他指出英国封建社会的主要矛盾是世俗的、宗教的封建贵族和农奴、农民之间的矛盾,14、15世纪的农民起义推动了英国社会的发展。除了结论比较富有阶级的主观色彩,这本书还很注意史料的挖掘和使用。在"封建主义的衰落"一章中,莫尔顿分别探讨了13—14世纪英国在贸易与城市、议会的起源、威尔士、爱尔兰及苏格兰、百年战争与军事技术的革命、黑死病、农民起义、洛拉派异端的政治意义等问题上所处的被动状况,进一步认为"十三世纪英国的特征,是封建社会全部改变,终至酿成封建主义的衰落和资本主义农业的生长"[4]。

德国汉堡大学历史学教授汉斯-维尔纳·格茨于1986年出版的

---

① C. Dyer, *Standards of Living in the Later Middle Ages*: *Social Change in England c. 1200—1520*, Cambridge: Cambridge University Press, 1989.

② C. Dyer, *Making a Living in the Middle Ages*: *The People of Britain* 850—1520, New Haven and London: Yale University Press, 2001.

③ John Harrison, *The Common People of Great Britain*: *A History from the Norman Conquest to the present*, Flaming: Flamngo, 1984.

④ 莫尔顿:《人民的英国史》,谢琏造、瞿菊农、李稼年、黎世清译,生活·读书·新知三联书店,1958,第65页。

《欧洲中世纪生活(7—13世纪)》是一部研究中世纪早期和中期人们日常生活史的力作。该书多次再版,足见影响之大。该书首先讲述了中世纪家庭,涉及婚姻和性生活,接着描述了修道士、农民、骑士和城市市民的生活,这些都是中世纪日常生活的基本形式。格茨认为,封建领主土地所有制就是机制,依附村民被束缚在这个制度中。空间是指贫穷农民的小茅舍,或是庄园,或是村庄。最后谈到了人,他们没有被理解为个体,而是被理解为一个团体中的成员。这本书的可贵之处在于,不仅着力于制度史和社会史的研究,而且向心态史的"内在"领域开拓。虽然这本书主要研究7—13世纪的德国,但与乔叟时代的英国相去不远,甚至可以说时间上能直接与乔叟时代相衔接,该书所描述的日常生活完全可以认作传统农本社会的一般状态,成为我们认识乔叟时代背景的一个"起点"。

另一位德国人约阿西姆·布姆克也于1986年出版了力图架起文学与史学之间桥梁的著作《宫廷文化:中世纪盛期的文学与社会》。作为研究中世纪德国文学和中世纪文化史的学者,作者"力图用各种资料——包括历史资料和文学资料——自己说话……希望读者能够透过这些引证的资料对书中所涉及的种种事物形成自己的看法,作出自己的判断。"①书中所描写的"宫廷文化"有相当一部分和骑士制度与骑士精神有关,但要比这两个概念宽泛得多,因为他还以大量笔墨讨论了贵族的物质生活和宫廷文化的研究成果,也是我们再现乔叟时代英国王室与贵族生活环境与文化氛围的重要参考。

F. W. 梅特兰和F. 波洛克的《英国法律史》②一书对英国中古王权

① 约阿希姆·布姆克:《宫廷文化:中世纪盛期的文学与社会》,何珊、刘华新译,生活·读书·新知三联书店,2006,"序言"第1页。

② F. Pollock, F. W. Maitland, *The History of English Law*, Vol. I, Cambridge: Cambridge University Press, 1968.

的性质和地位作了经典论述。该书以法权理论对王权作了明确界定和详细论证之后,指出“王权是一种所有制形式”,它与对一件动产的所有和贵族对土地的占有等所有权形式是同一的,国王和其封臣的权力都是私权,这两者之间并无本质上的区别。因为在所有权上,这两者都具有世袭特征,且两者的权力运作并无差异。例如国王对其总封臣拥有司法、军役上的权力,总封臣对其封臣亦有此类权力。梅特兰认为王权与贵族的领主权“只是在程度上而不是种类上存在差异”①,其本质上没有差别。另外,C. W. 霍莱斯特的《盎格鲁-诺曼社会中的王权、贵族与制度》②,J. A. P. 琼斯的《约翰王与大宪章》③等专著,通过考察某一朝代国王的统治权力与政治体制、国王与贵族、国王与教会的关系等具体历史问题,来揭示英国王权的性质、地位和英国王权与教、俗贵族之间关系的真实状况。这使得我们对有关英国王权、贵族、僧侣等一系列重要问题有了进一步准确认识与深入研究的可能。

关于知识者阶层,最有发言权的当数雅克·勒高夫。他是当今法国年鉴学派的领袖、“新史学派”在欧洲的代表,他在 20 世纪 50 年代出版的《中世纪的知识分子》④一书,曾在欧洲引起强烈反响,从而引发了史学界研究知识分子的热潮。这里所说的“知识分子”主要指中世纪随着城市的发展而从事精神劳动、以教书为业的教士。全书考察了这一特殊类型的“手工劳动者”的产生、演变、分化及最后从历史舞台上消失的过程,又结合有关的历史与文化背景,尤其是大学的发展

① F. Pollock, F. W. Maitland, *The History of English Law*, Vol. I, Cambridge: Cambridge University Press, 1968, p. 512.

② C. W. Hollister, *Monarchy, Magnates and Institutions in the Anglo-Norman World*, London: Bloomsbury Academic, 1986.

③ J. A. P. Jones, *King and Magna Carta*, London: Longman, 1971.

④ 雅克·勒高夫:《中世纪的知识分子》,张弘译,商务印书馆,1996。

情况,在“后记”里回顾总结了30年来西方中世纪知识分子问题研究所取得的进展,具有相当高的参考价值。这对我们认识乔叟时代的知识者阶层很有启发。

英国学者贝内特(J. A. W. Bennett)的《乔叟在牛津和剑桥》①(1974)也是一部研究乔叟时代知识分子的力作。该书以乔叟的生平为主线,通过对乔叟作为伦敦人、宫廷诗人、外交官、海关官员、肯特郡的治安法官、王廷建筑主管的经历,多角度地考察了该时代牛津和剑桥的学者们的生活和学习条件以及环境氛围,可以帮助我们更好地理解那个新生的知识者阶层的精神风貌。英国学者奥尔德里奇撰写的《简明英国教育史》②则为我们提供了英国中世纪各类教育的全景图,也将成为我们研究当时知识者群体生活与学习环境的参照系。

二、国内研究状况

目前,国内学者越来越重视对乔叟时代的研究。虽说这一研究似乎也是主要集中在文学领域,但是经济-社会史学者也开始关注这一时期的历史认识价值。随着对现代化和社会转型研究的深入,传统农本社会向现代资本主义社会过渡问题把人们的注意力吸引到乔叟时代——中世纪晚期的英国社会。以下对国内史学界涉及本选题内容的部分著作和论文作一梳理。

侯建新教授对中世纪晚期的英国农民(特别是富裕农民)的研究成果,为本书的乔叟时代研究提供了坚实的理论基础和大量的文献资料。在问世于1991年的《现代化第一基石:农民个人力量与中世纪晚

---

① J. A. W. Bennett, *Chaucer at Oxford and at Cambridge*, Toronto: University of Toronto Press, 1974.

② 奥尔德里奇:《简明英国教育史》,诸惠芳、李洪绪、尹斌苗译,人民教育出版社,1987。

期社会变迁》①一书中，作者首先从农民个人力量发展和社会变迁两方面考察了英国农民的物质生产能力和交换能力，认为15—16世纪英国农民的劳动生产率、储蓄率以及农产品的商品率比13—14世纪成倍增长，这一切导致了农民的贫富分化，社会结构发生改变，从而加速了商品货币经济的发展和庄园经济的解体，为资本主义的出现创造了前提条件。在谈到"阶级关系的分化"时，作者对旧贵族的衰落、乡绅的崛起、约曼与"中等阶级"交融等社会结构的变化作了精彩分析，充分肯定了英国富裕农民作为乡村的"头面人物"在地方政治生活、法律生活和公众交往中所起的决定性作用。与处于社会转型时期的英国相比，当时中国正处在明清两朝交替之际，中国当时的农业生产力水平远远落后于英国，根本不具备从封建社会向资本主义社会过渡的基本条件。沿着这一思路，作者在另一部专著《社会转型时期的西欧与中国》②中把视野从中英两国扩大到中国与整个西欧，除了继续进行经济水平和法律传统的考察，又从民众经济和社会生活的变化中去探索现代化过程中东西方拉开距离的深层次原因。他认为，在资本主义将农民作为一个阶级吞噬掉之前，它是以个体农民物质力量和精神力量的普遍发展为基石的，即农民的普遍富足和商品交换的充分发展，并在此基础上产生了带动农村变革的群体——富裕农民阶层，进而在工业革命以前发生了一场持续200余年的农业革命，通过"普遍的"和"静悄悄的""前原始积累"，英国农村的经济、社会面貌发生了深刻的变化，最终使英国第一个率先完成工业化、走上了现代化的道

① 侯建新：《现代化第一基石：农民个人力量与中世纪晚期社会变迁》，天津社会科学院出版社，1991。

② 侯建新：《社会转型时期的西欧与中国》，高等教育出版社，2005。

路。《农民、市场与社会变迁:冀中11村透视并与英国乡村比较》①则是国内从经济-社会史的角度对中英两国农业和农民进行个案比较研究的一部力作。该书分别从环境、人口和教育、土地产权关系及农村产业结构的变迁、农民日常消费方式及市场借贷关系、农户收支核算等方面,对中英两国农村现代化问题作了较为全面而系统的比较研究,对英国普通民众日常生活情况也作了相当细致的描述。在比较全面系统地研究中西现代化进程的过程中,侯建新先生还撰写了大量的学术论文,特别可贵的是不少文章涉及英国社会各阶层的结构特征和生活状态。如《西欧法律传统与资本主义兴起》②一文,作者主要论述了西欧传统的法律及其体系如何限制全国性的赋税,以抑制王权与政府的非生产性消费,从而有助于整个社会的生产性积累与开发。作者后来更明确地阐释了这种法律传统,"多元的法律体系,在政治和经济方面反映了多元的社会力量:教会与王权相对,王权与城市相对,城市与领主相对,领主与商人相对,等等。正是这种社会力量的多元性从而法律体系及司法管辖权的多元性,使法律的最高权威性成为必要和变得可能。因此,西欧中世纪时就有尊重法律,一切须经过法庭以及除法庭干涉以外不受任何干涉的司法独立的传统"③。在关于英国富

---

① 侯建新:《农民、市场与社会变迁:冀中11村透视并与英国乡村比较》,社会科学文献出版社,2002。

② 侯建新:《西欧法律传统与资本主义兴起》,《历史研究》1999年第2期。

③ 侯建新:《社会转型时期的西欧与中国》,高等教育出版社,2005,第51—52页。

裕农民的一系列文章中[①]，作者认为中世纪晚期出现的以富裕农民为主体的"第三等级"是现代农业的发起人，是迈向现代农村社会的载体，是农业资本家或农业资本家的前身，英国是农业资本主义发生的策源地，富裕农民是英国现代农业的发起人，他们推动了农业资本主义的发展，由此英国近代结构开始形成。

在《英国封建社会研究》一书中，马克垚从横切面上解剖封建英国的结构，比较全面地考察了6—15世纪英国的经济社会状况，不仅涉及封建社会的经济形态，还着重探讨了政治、法律组织，以揭示政治、法律与经济的关系，该书对乔叟时代的研究有一定的启发性。关于封建社会的一些流行看法，书中也不乏独到之见，如对作为封建社会典型结构的封臣制、庄园制、农奴制等典型形态提出质疑；再如西欧城市并非东西方发展差异的起点，在政治上、经济上均属封建结构，"在英国它受国家控制，执行各种政令，俨如一级行政组织"[②]；又如英国的王权在中世纪并不软弱，当时的议会是国家政权的组成部分，并非贵族与第三等级抗衡国王的组织，不能用近代西方代议制的眼光看待它，英国王权与教会、贵族是一种合作关系。[③] 此外，本书还加深了对封建社会工商业的论述，涉及封建社会中的商业流通、商业机构等诸多方面，尤其对14—15世纪的农业、工商业、统治机构和社会结构的变化作了全景式考察。该书唯一的缺憾是未能对教会与僧侣、大学与

① 侯建新：《西欧富裕农民——乡绅阶级形成与资本主义的兴起—兼与明清绅衿阶层比较》，《天津社会科学》2000年第3期，第100—105页；侯建新：《中英封建晚期乡村组织比较》，《史学理论研究》2000年第3期，第110—120页；侯建新：《中世纪晚期的商品化与现代化启动》，《历史研究》1994年第5期，第140—150页；侯建新：《富裕佃农：英国现代化的最早领头羊》，《史学集刊》2006年第4期，第42—50页。

② 马克垚：《英国封建社会研究》，北京大学出版社，1992，"序言"第3页。

③ 马克垚主编：《中西封建社会比较研究》，学林出版社，1997。

知识者的状况给予关注，不过作者后来还是在《世界历史·中古部分》和《世界文明史》（三卷本）两书中做了补充。

钱乘旦、许洁明在《英国通史》①一书中则比较全面地叙述了英国从旧石器时代到因资本主义而兴起再到当今走向衰落的全过程，研究范围涉及经济、政治、文化和社会等各个方面。论及乔叟时代所处的中世纪晚期，作者用了两章的篇幅描述“英法百年战争和玫瑰战争”中民族意识的增长以及当时经济、社会和文化的长足发展。作者认为，百年战争以英国的残败而告终，让英国退回到不列颠岛，从此它就只能按民族和地域的原则行事了，从而为组建民族国家设置了方向，玫瑰战争消灭了封建军事贵族，组建民族国家的最大障碍也被清除了。不难看出，作者虽然也论及经济因素，但更倾向于用政治事件乃至社会文化等多因素整合来解释历史进程。与此类似的观点，作者早在1991年出版的《在传统与变革之间——英国文化模式溯源》②（与陈晓律合作）一书中就有所述及。

关于城市与市民研究。刘景华的《城市转型与英国的勃兴》一书以前工业化的英国城市为研究对象，将城市置于英国社会经济发展的整体框架内，进行全方位的多维度考察，以探讨在英国从封建主义向资本主义的过渡中，“在由农本而重商、由农业社会而工业社会的具有世界历史意义的转折中，在随着生产方式发展而使交往形式扩大、从而更大范围内的经济社会机体形成的过程中，城市所起的历史作用和所居的历史地位”③。他认为，从12世纪起，英国城市开始进入典型的

---

① 钱乘旦、许洁明：《英国通史》，上海社会科学院出版社，2002。

② 钱乘旦、陈晓律：《在传统与变革之间：英国文化模式溯源》，浙江人民出版社，1991。

③ 刘景华：《城市转型与英国的勃兴》，中国纺织出版社，1994，“导言”第1—2页。

中世纪工商业城市发展阶段。其中,12—13 世纪属于城市蓬勃兴起阶段,14 世纪属于稳定发展阶段。在这个时期里,城市的数量增加到 300 个左右。这些城市“其性质仍然是封建城市”①。从政治上看,英国城市大多数受国王和封建领主的统治,相当多的城市依靠国王的特许状而获得从事和垄断工商业的特权,国王或领主在不少城市还派有代理人。虽然有一些城市自治,但其程度是相对的、不彻底的。从制度上看,封建的烙印更深,农村庄园的那些做法基本上搬到了城市,城市法庭、城市管理机构与乡村的庄园和庄园法庭等相差无几,而且城市在某些方面还发展了封建制,如城市的手工业行会制度,其封建性可以说还发展到一个较完满的程度。从社会结构来看,虽然表面上都是自由人,但实际上社会等级观念照样在城里流行。城市中富商、高利贷者、房地产主由于经济上富有,成为城市贵族,市政基本控制在他们手中,而且长此以往很少改变,甚至实行世袭制,成为封建家族式的统治。虽然中产阶级在成长,下层市民在觉醒,但这种状况的改变并不明显。以上这些观点是对 14 世纪英国城市和市民的总体概括,对我们研究乔叟时代的市民及其生活环境有所启发。谢丰斋的《12—14 世纪英国小城镇兴起初探》②和赵文洪的《中世纪西欧城市社会及其相互关系》③也从不同角度考察了中世纪城市的发展过程和市民社会的状况。

关于英国王权研究。王亚平在《权力之争:中世纪西欧的君权与教权》④一书中,探讨了中世纪西欧君权和教权在不同时期的关系。

① 刘景华:《城市转型与英国的勃兴》,中国纺织出版社,1994,第 6—9 页。

② 谢丰斋:《12—14 世纪英国小城镇兴起初探》,《世界历史》2002 年第 4 期。

③ 赵文洪:《中世纪西欧城市社会等级及其相互关系》,《史学理论研究》2001 年第 4 期,第 79—93 页、160 页。

④ 王亚平:《权力之争:中世纪西欧的君权与教权》,东方出版社,1995。

该书主要讨论了西欧大陆的情况,对英国早期王权也有论述,同时引证了乔叟时代英国王权的不少材料。作者在《试论西欧中世纪封建王权的"合法性"》①一文中也探讨了王权的合法性问题,明确指出基督教因素和日耳曼因素在确立王权"合法性"中有重要作用。程汉大的《英国政治制度史》②一书是国内最早的全面、系统地研究英国政治制度演变历史的学术专著。他认为,诺曼征服之前英国王权受到由贵族组成的贤人会议的较大限制,是那个时期英国政治制度的根本特点;肯定了王权与法律的关系是"王在法下"。在他主编的另一部著作《英国法制史》中指出英国是一个具有独特法制传统的国家,早在盎格鲁-撒克逊时期就奠定了英国内部"王在法下"的法制基础,及至12、13世纪形成了通行全国的普通法,树立了法律至上的权威。张殿清的博士论文《英国都铎王室收入与消费研究》(2006)从分析英国王室的经济来源和消费的自理原则入手,认为直至都铎时期英国国王主要靠其领地收入维持王室生活和政府运转,议会授权的税收只能在战争等特殊情况下开征,并且必须用于战争,这一原则是议会约束国王任意征税的有力武器。早于都铎王朝的乔叟时代自然也不例外。邱胜利的博士论文《英国有限王权剖析(11—13世纪)》(2007)对英国有限王权的起源研究为我们认识乔叟时代王权的有限性提供了依据和支持。值得一提的是近些年发表的一些高质量的学术论文,如徐浩的《英国中世纪的法律结构与法制传统》③、刘城的《中世纪欧洲的教皇权与英国王权》④、陈晓律的《从习俗到法治——试析英国法治传统形成的历

① 王亚平:《试论西欧中世纪封建王权的"合法性"》,《史学集刊》2004年第4期。

② 程汉大:《英国政治制度史》,中国社会科学出版社,1995。

③ 徐浩:《英国中世纪的法律结构与法制传统》,《历史研究》1990年第6期。

④ 刘城:《中世纪欧洲的教皇权与英国王权》,《历史研究》1998年第1期。

史渊源》[1]、李增洪的《试论英国的封建王权及其制约因素》[2]等。

关于世俗贵族研究。阎照祥的《英国贵族史》[3]是国内第一部综述英国贵族演变的专著。该书比较系统地论述了王权与贵族的关系。他在另一部专著《英国政治制度史》中指出,“当我们审视英国政治制度的发展时,还会联想到英国法治传统的演变。长期以来,包括在封建主义中世纪,英国王权的获取和行使在不同程度上受到习惯法、成文法以及贤人会议和议会的限制”。[4] 这一论点有助于我们更好地理解中世纪英国贵族通过法律对王权的限制。青年学者姜德福在《社会变迁中的贵族:16—18 世纪英国贵族研究》[5]一书中,对近代早期英国贵族的经济、政治、文化和社会生活及其显要地位和历史作用给予关注,尤其是对贵族的来源作了全面回顾,对本书关于乔叟时代贵族阶层的研究也有所启发。

关于教会和僧侣研究,王亚平的《基督教的神秘主义》[6]、龙秀清的《西欧社会转型中的教廷财政》[7]和蔡骐的《英国宗教改革研究》[8]都具有很重要的参考价值。值得参考的论文还有王乐旺的《中世纪后期西欧修道院衰落的经济原因初探》[9]、孟广林的《中古西欧基督教

---

① 陈晓律:《从习俗到法治——试析英国法治传统形成的历史渊源》,《山东师范大学学报》2004 年第 4 期。

② 李增洪:《试论英国的封建王权及其制约因素》,《历史研究》1990 年第 6 期。

③ 阎照祥:《英国贵族史》,人民出版社,2000。

④ 阎照祥:《英国政治制度史》,人民出版社,1999,前言第 5 页。

⑤ 姜德福:《社会变迁中的贵族:16—18 世纪英国贵族研究》,商务印书馆,2004。

⑥ 王亚平:《基督教的神秘主义》,东方出版社,2001。

⑦ 龙秀清:《西欧社会转型中的教廷财政》,济南出版社,2001。

⑧ 蔡骐:《英国宗教改革研究》,湖南师范大学出版社,1997。

⑨ 王乐旺:《中世纪后期西欧修道院衰落的经济原因初探》,《辽宁师范大学学报》2002 年第 2 期,第 109—111 页。

"经学传统"的积淀与更新》[1]和童自觉的《文艺复兴与天主教》[2]等。

关于大学与知识者研究,近年来有不少颇有分量的论文问世。比如:陈明莉的《论欧洲中世纪教育的复兴》(2004)、贾薇的《14 至 17 世纪西欧市民文化与人文知识分子》(2003)、程德林的《论西欧中世纪后期的知识氛围》(2001)、张斌贤和孙益的《西欧中世纪大学的特权》(2004)、李秉忠的《权利视野下的西欧中世纪大学》(2006)和冯典的《中世纪大学自治精神探析》(2006)等。

另外,不少博士论文涉及中世纪晚期及近代早期英国社会许多方面的研究,也为本书提供了有益参考。如:谷延方的《工业革命前英国农村劳动力转移研究》(2002)、李斌的《近代英国民众休闲生活变迁》(2004)、王玉亮的《英国中世纪晚期村庄共同体研究》(2005)、陈日华的《中古英格兰地方自治研究》(2005)、徐华娟的《英国富裕农民群体研究(1450—1650)》(2007)、李彦雄的《中世纪晚期和近代早期英国自由农研究》(2007)等。

综上所述,国内外学者分别从不同领域和不同角度对英国社会转型和现代化进程中的历史地位和作用作了基础性的研究,这些成果对本书的选题和写作提供了非常重要的理论框架、研究方法和较为丰富的材料。

---

① 孟广林:《中古西欧基督教"经学传统"的积淀与更新》,《河南大学学报(社会科学版)》2002 年第 1 期,第 38—44 页。

② 童自觉:《文艺复兴与天主教》,《世界史》2002 第 8 期,第 28—32 页。

第三节 主要内容及研究方法

一、研究内容

本书主要考察乔叟时代英国社会各阶层在经济、社会变动中的总体状况。限于笔者学识浅陋、学力不逮，本书只是以乔叟及其同时代人所描述的人物和事件为线索，通过对这一时期英国社会各阶层的经济水平、社会地位以及文化心态状况的简要勾勒，试图搜寻当时社会转型的蛛丝马迹，再现社会各阶层日常生活的片断缩影，进而探寻社会转型的历史轨迹，加深我们对“历史的接缝”的深层认识。

二、史料来源

本书的史料主要来自国家图书馆、北京大学图书馆、南开大学图书馆、南京大学图书馆、天津师范大学欧洲文明研究院所藏的相关英文原版书籍及网站上已开放的电子版英文原著。另外，南开大学图书馆2006年开放的国外电子期刊（JSTOR），便于笔者及时了解国外的研究动态。

三、研究方法

本书的研究方法以历史学的实证方法为主，以相关学科的一些方法为辅。历史学研究的基本方法就是实证,即史料的收集、鉴别和考证。本书以实证为主要研究方法,同时借鉴经济学、社会学、政治学、文学、文化学、教育学和宗教学等其他学科的研究方法。

第一章
走向衰落的贵族

中世纪的英国是一个等级社会，贵族拥有爵位，占有大量土地，把持国家权力，享有经济、政治和社会特权，是高踞于其他社会阶层之上的权势集团。这个权势集团一直主宰英国社会到中世纪晚期——人们习惯上称这一阶段为“乔叟时代”的14、15世纪，这一集团最终成为与骑士、乡绅和绅士相区别的社会阶层。事实上，贵族的形成之日也是衰落之始，貌似强大的贵族阶层已经开始走下坡路，经济衰落初见端倪，政治地位逐渐下降，已“陷入万劫不复的历史厄运”①，这的确是一种既有趣又耐人寻味且令人费解的历史现象，也是本书无法回避、也不能回避的研究课题。本章以乔叟笔下的贵族或贵族仆臣形象为线索，通过对乔叟时代贵族阶层的构成要素的梳理和描述，简要勾勒这一时期贵族阶层正从兴盛走向衰落的过程，并试图进一步分析和揭示贵族阶层走向衰落的经济社会原因。

---

①　侯建新：《现代化第一基石：农民个人力量与中世纪晚期社会变迁》，天津社会科学院出版社，1991，第237页。

第一节　贵族的构成

乔叟时代的英国贵族是一些什么人？乔叟有没有描写过这些人？乔叟所描写的贵族真实不真实？这些形象对我们了解和研究那个时代的权势阶层有无些许启示？带着这些疑问，让我们从乔叟笔下的贵族形象入手，结合当下笔者所收集到的乔叟研究成果，力图走近这一特权阶层，审视当时英国贵族的结构性特征。

一、乔叟笔下的贵族形象

作为一位伟大的现实主义作家，杰弗里·乔叟以《坎特伯雷故事集》等传世之作，为后世留下了堪称百科全书式的14世纪英格兰社会的风俗画卷。虽然他没有直接描写英格兰国王、高级僧侣和世俗贵族的形象，使我们无法更直观地认知那个时代的贵族阶层，但他早期的两部作品则艺术地再现了权倾一时的兰开斯特公爵对其已故夫人布兰茜的真挚情感及其生活片断，这些材料都为我们把握贵族的结构性特征留下了弥足珍贵的文本资料。

经专家考证，通常所说的《ABC诗》被认为是乔叟现存最早的诗作。[①] 这首诗又名《向圣母祷告》(*Prier a Nostre Dame*)，是一首以法语为诗名的英文诗，系对14世纪上半叶一首法语长诗《人生朝圣之路》

① 肖明翰：《英语文学之父：杰弗里·乔叟》，社会科学文献出版社，2005，第79页。

(*Le Pelegrinaige de le Vie Humaine*)中一段致圣母玛利亚的祷告词的改写。《ABC 诗》中的每一节都颂扬圣母玛利亚的一种美德和力量,乔叟在改写中不但把宗教方面的传统思想融入真诚的人间情感,而且将法语诗艺加以融会贯通,创新出具有八行诗节、五步抑扬格的英语诗。特别之处在于,正像乔叟早期文学创作大多与公爵有关一样,其第一部主要作品《公爵夫人颂》系专门为兰开斯特公爵所写,这首《ABC 诗》则是诗人为兰开斯特公爵夫人布兰茜写的。兰开斯特公爵夫妇既是乔叟赖以维持生计的恩主,又是最早鼓励乔叟用英语创作的读者和文学赞助人。

《公爵夫人颂》被西方学界公认为一首乔叟献给兰开斯特公爵的悼亡诗。[①] 尽管诗人没有直接提到兰开斯特公爵刚特的约翰及其夫人布兰茜,但他在诗中好几次意味深长地提到白色而作了巧妙的暗示。诗人专门让黑衣骑士说:“她叫白色美人,那正是我夫人的芳名(Ⅱ. 847-848)。”诗末又提示道,黑衣骑士住在“长长的城堡,外面环绕白色宫墙,圣约翰作证,它就坐落在富裕山上(Ⅱ. 1317-1318)”。“长长的城堡”(Long Castel)暗指兰开斯特(Lancaster,即 Long Castel),“白色宫墙”自然指布兰茜,而“圣约翰”也是暗示公爵的名字约翰。至于“富裕之山”(Riche Hil),也是暗示兰开斯特公爵在被授予公爵之前曾是里士曼伯爵,里士曼(Richmond)的意思其实就是“富裕山”(Rich Mount)。乔叟不仅在诗中多次暗示故事的主人翁,后来还在他的另外两部作品《贞女传奇》和《律师的故事》的引子里直接或间接提到自己曾写过《公爵夫人颂》[②]。

---

① 肖明翰:《英语文学之父:杰弗里 · 乔叟》,社会科学文献出版社,2005,第 94—104 页。

② 乔叟:《乔叟文集》,方重译,上海译文出版社,1979,第 25—27 页。

在这首悼亡诗中，诗人歌咏的不是传统的宫廷爱情诗中的婚外私情，而是贵族夫妻间的真挚感情。布兰茜出生于1341年，27岁去世，她和刚特的约翰生有五个孩子，三个长大成人，其中大儿子亨利于1399年推翻理查德二世，即位为亨利四世。公爵夫妇年龄相当，婚后九年中感情甚笃，布兰茜的早逝令约翰不胜悲痛，他宣布死后将同她葬在一起。31年后，即1399年，他的确如愿被安葬在圣保罗大教堂他第一位妻子布兰茜的墓旁。约翰生前曾下令每年在布兰茜去世那天在圣保罗大教堂举行纪念活动，这一活动在他死后仍未中断，由其长子亨利四世继续主持。传统的宫廷爱情故事表现的是骑士与贵妇人之间的婚外情，乔叟则在表现他们真挚爱情的同时，还着力颂扬了他们忠贞不渝的夫妻情。应该说，像兰开斯特公爵及其夫人布兰茜那样把爱情与婚姻合二为一的例子，在中世纪晚期西欧贵族的感情生活里似乎并不多见。乔叟“能在14世纪率先意识到婚姻在人类社会中的特殊意义和复杂性，并在他的代表作里进行了广泛探讨和表现，充分反映了他的洞察力”。①

《公爵夫人颂》既是悼亡诗，也是安慰诗，意在劝说公爵放弃悲戚、回归生活。乔叟在诗中没有使用任何夸张的语言，也没有述说廉价的安慰，用近乎笨拙的口吻表达着真诚的同情。黑衣骑士痛失爱妻是无法改变的事实，他心灵的创伤岂能用几句安慰话来抚平？诗人用第一人称与黑衣骑士对话，引导他讲述他的爱情经历，让他重新体验爱情的幸福。让黑衣骑士体会到真正重要的是他已经爱过，爱永远伴随着他。借诗中主人公之口，诗人写出“我向上帝祷告，减轻你的悲戚，只要我们的幸福永存，你的悲痛就不值一提”这样的句子，一再劝说黑衣

---

① 肖明翰：《英语文学之父：杰弗里·乔叟》，社会科学文献出版社，2005，第102页。

骑士振作起来,回到生活中去。在极尽委婉的劝说下,黑衣骑士最后回到了自己的城堡,也就是回归现实生活中,连同他的神志也恢复了常态。由此不难看出,乔叟与他的恩主兼文学赞助人兰开斯特公爵夫妇的关系非常密切,他的两首献诗尽管有些许对主人公的溢美之嫌,但字里行间也流露出诗人对公爵夫妇珍视爱情、相敬如宾的由衷钦佩,更透露出乔叟与贵族上层的非同一般的关系。这两首诗作不仅间接描写了当时贵族生活的片断,还牵出乔叟与当时权倾朝野的兰开斯特公爵及其长子亨利四世的私密关系。

诗人乔叟一生与贵族阶层结下了不解之缘。除了与兰开斯特公爵夫妇保持密切的关系之外,乔叟还与其他宫廷贵族往来频繁,甚至成为英王的近臣,以致他不是以诗人的身份立世,而是以海关税务官、使臣、外交家、治安法官、王室工程总管等要员显身,他的家族也因与王室宫廷的亲密关系而风光一时。

乔叟家族与英国贵族乃至王室保持着长达半个多世纪的密切联系。① 乔叟的父亲约翰·乔叟是伦敦著名酒商,与爱德华三世交往密切并得到任用,担任英国王室内务府专管进口葡萄酒的副总管。由于在英王身边听差,约翰与来往行走于宫廷的权贵之间关系密切。1357年,十四五岁的乔叟被送进乌尔斯特女伯爵伊丽莎白的府上当童仆,从此开始了他的“宫廷教育”。伊丽莎白是爱德华三世三子里昂内尔的王妃,乔叟未来的妻子菲莉帕当时也在伯爵府中当侍女。入府两年后,杰弗里便跟随主人开始从政生涯。进入 14 世纪 80 年代以后,杰弗里·乔叟虽还栖身政坛,但其主要精力已投入到文学创作中。进入 14 世纪 90 年代后,乔叟虽受国王任用,似乎并不如意,在文学创作上用力更勤,成果也颇丰,从而奠定他“英语诗歌之父”的地位。乔叟在

① 参见本书附录:乔叟年谱。

世时并不是以诗人之名而闻名,而是以各种不同的政治身份而安身。乔叟出身中产阶级家庭,有幸被精明富有的父亲送进王妃的城堡接受“贵族教育”,又凭借出众的才华而被两位英王委以重任,三朝为臣,亲历该时代所有重大历史事件,足迹遍布英伦三岛和西、法、意等大国。这些经历本来可以增加他仕途发迹的概率,事实却并未非如此,乔叟一生为之奋斗的政治事业几无建树,相反倒是给他的文学创作提供了丰富的素材,竟使他得以在生命的最后岁月全力投入文学创作,从而以一部未完成的文学巨作而名传后世。

由此可见,乔叟不仅与一般贵族关系密切,作为朝臣经常在宫廷谋面,作为平民议员在议会共商国是,而且一直与权倾朝野的高级贵族私交甚密,不但英王对他委以重任,得到过不菲的固定年金,公爵伯爵们还出资襄助他的文学创作。国王和贵族们之所以赞助诗人,其目的除了政治宣传、个人名声的需要,就是要他们来歌功颂德达到青史留名的目的。面对这些王国最有权势的群体,面对有知遇供养之恩的国王和公爵们,诗人即使再脱俗不羁、口无遮拦,也不会毫无忌讳地对这一阶层的缺陷给予无情的揭露与嘲讽,倒是可能为尊者讳、为长者讳,甚至不惜用理想化的骑士这一手法来加以掩饰和回避。

二、贵族的分层与流动

如前引《公爵夫人之书》,乔叟把兰开斯特公爵描写成黑衣骑士,这是否降低了公爵的身份?要弄清楚这些问题,还得从英国贵族的起源、五级爵位制的确立以及贵族阶层的流动性说起。

英国学者普遍认为,英格兰贵族起源于威廉征服后封土封臣制的建立。威廉根据军功和姻亲等关系,封赐了 180 名高级封臣,其中世俗贵族占 5/6。12 位获得最多封土的人称为伯爵,其余称男爵。这些人的地产要想得到有效的经营就必须交托给代理人,他们的许多庄园不可避免地迅速租给他人耕种或再封给下一级的随从。这些随从居于骑士之上,有一千余人,其中多数人很难直接参与王国政务,又因他们的经济地位居于社会中层,后来逐渐被视为平民。伯爵与众多男爵一起居住在各郡,战时被召集出兵打仗,和平时期协助国王治理地方,其数量因战争、派系倾轧和无后嗣继承等原因而逐渐减少。公爵、侯爵和子爵的数量比较少,其封授的条件更为严苛,非王亲国戚莫能染指。这些世俗贵族雄踞等级社会的上层,始终是英国经济、政治和军事实力最强大的群体力量,对社会生活的影响巨大。16 世纪的史家威廉·哈利在《英国志》中写道:“贵族这个称号相当于罗马的元老。在英国只有每年有 1000 英镑的收入,或者他的资财足以维持这样多收入的生活和排场,才能被封为男爵。至于子爵、伯爵、侯爵和公爵的地位和荣誉的等级都要超过他们。”可见,英国贵族享有相当于罗马的元老一样的身份地位和荣誉等级,还必须拥有强大的经济实力作支撑,以维持奢侈的生活水准和豪华的社交排场。

经过几个世纪的发展,英国五级爵位制最终形成于乔叟时代。其中,伯爵出现最早。英国伯爵称号 earl 是五种贵族称号中唯一的英文词,是由古英语 earl 转化而来,而伯爵爵位是在 11 世纪初由丹麦国王克努特引进英格兰的,直到诺曼征服前,伯爵多指一方诸侯,大多是一人治理数郡,所以又称为“方伯”。诺曼征服后,威廉一世担心他们权势过重而危及王权,乃将其权力加以分割,使每个伯爵的辖区仅限一郡,与国王有着极其明确的封君封臣关系,伯爵一旦兴兵作乱便会被王军镇压,或受其他贵族的制裁。伯爵称号可由长子继承,但其总数因伯爵缺少继承人而有所减少。直至乔叟时代,伯爵数量才骤增,爱德华三世在位晚期增至 14 名。作为高级贵族,伯爵是男爵们的“天然领导人”,在地方上负有对男爵和骑士的管理责任。1328 年,爱德华三世下令伯爵不必行使地方官吏的职责。

英国男爵(baron)出现于 11 世纪,到 12 世纪初,国王大部分高级世俗贵族都被封为男爵,其中少数与王室关系密切、封地较多者又被称为“大男爵”,其地位在伯爵与男爵之间。不久,大男爵发生分化,显赫者升为伯爵,其余的与普通男爵无异。因男爵在世俗贵族中所占比例最高,“男爵”一词长期作为贵族的集合名词来使用。在乔叟时代,男爵的封号和封地可通过血缘和婚姻关系加以传递,但不能随意出售和转让,历代国王也不会随意增加或褫夺贵族封号。由此至今,男爵在上议院五级贵族中列末位,而始终席位最多。

英国公爵、侯爵和子爵出现甚晚。1337 年,爱德华三世把康沃尔郡升为公国,将公爵爵位授予年方 7 岁的“黑太子”爱德华。随后,爱德华三世及其继承人先后建立了兰开斯特公国(1351)、克拉伦斯公国(1362)、约克公国和格洛斯特公国(1385)、赫里福德公国(1397)、萨默塞特公国(1443)等。侯爵(marquess)是由德文演变而来,原意与“方伯”词义接近,系一方诸侯,最初指威尔士边疆的领主。1385 年第九代牛津伯爵被晋封为都柏林侯爵,1397 年萨默塞特伯爵被封为多西特侯爵和萨默塞特侯爵。侯爵的地位和尊荣程度大约在公爵和伯爵之间,很长时间不被看重,直至 15 世纪才确定其在贵族爵位第二的位置。与其他等级的贵族相比,侯爵人数最少。子爵的资历最浅,直到 15 世纪中叶,子爵这一封号才得以确立。1440 年,亨利六世封约翰·博蒙特为子爵,位居所有男爵之上。上述三种爵位的领有人几乎全是王室姻亲。

贵族等级的分层由来已久,虽然同属贵族等级,但权势差别极大。

到了乔叟时代，英国五级贵族体制才最终定型，基本上形成了以国王为顶端、公侯伯子男为上下阶梯的金字塔式结构。国王根据权能的大小和地位的高低，依次把不同的爵位分别授予与王室亲疏不一或立下不同战功的直属封臣。公爵是最高等级的贵族，也是公国的爵位领有人，大多为国王的直系姻亲，而侯爵是人数最少的、仅次于公爵的贵族，大多封在边疆地带，公爵和侯爵通常均系皇亲国戚。伯爵乃高级贵族，也系最古老的爵位之一，他们过去辖有数郡，后来管辖一郡，作为男爵们的"天然领导人"，在地方上负有对男爵和骑士的管理责任，爱德华三世明令伯爵不再行使地方管辖权。男爵在上议院五级贵族中列末位，但席位最多，升迁的空间最大。若从经济实力上来划分，公、侯、伯、子、男五大爵位依次不断减弱，贫富、强弱都存在十分明显的差别。

14 世纪初至 15 世纪末，英国贵族的数量和分布格局说明这一时期贵族阶层具有很强的流动性。马克垚教授认为，1327 年，英国贵族"有 7 个伯爵，基本上是荣誉衔；然后是 200 个左右的男爵，这里面有国王的总佃户和大封建主；再下面是骑士和从骑士"。"到 15 世纪末年，封建贵族的情况发生了一些变化。大贵族形成了人数较少（约六七十户）、具有特权的等级，称 peers，他们下面就是大量的骑士（knight）、从骑士（esquire）和绅士（gentlemen）。大贵族称 nobility，国王给他们每人以一份令状分别召赴议会，世代沿袭，这些与会者组成议会上院。这些人的特权还有只受同级贵族的审判，有权领有合同制的随从，有权穿着绸缎、贵重毛皮、天鹅绒等衣料。这些贵族内部也进一步形成等级，形成了公、侯、伯、子、男五等级，也有各种不同的服饰，显示其不同的尊荣与地位。"[①]可见，封爵贵族在不到两个世纪的时间

① 马克垚：《英国封建社会研究》，北京大学出版社，1992，第 296 页。

里足足减少了三分之二，也就是说，不仅贵族等级总数上大量减少，而且其内部显示出有差别的分层现象。

近年来，西方学者对中世纪贵族数量所作的统计比较趋于一致。① 根据1439年收入税征收报表所作的统计，英国共有贵族50人，1375年有贵族71人，到了1485年亨利七世登上王位时，贵族人数下降到55人。② 与许多欧洲国家相比，中世纪晚期英国贵族的数量虽然有所变化，但变化幅度不大，总体上数量不多，大体应该保持在50~60人之间。这一结论在西方学界具有一定的权威性，也与我国学者阎照祥得出的英国贵族具有稳固性、简约性的论点相一致。③ 可见，贵族五级爵位制正是在乔叟时代形成的，在黑死病和百年战争以及经济破产的沉重打击下，贵族人数急剧下降，这也成为贵族不可避免地走向衰落的一大征兆。

总之，中世纪的英格兰是等级社会，贵族是社会上层，他们是仅限于领有公、侯、伯、子、男等爵位的达官显贵，也是组成上议院的大土地所有者。在乔叟时代，五级爵位制已然形成，这一阶层与其他社会阶层的界限十分明显，即使同为统治阶级的骑士、乡绅和绅士也难以逾越，更不用说作为被统治阶级的市民和农民。然而，由于战争、派系倾轧以及经济衰落等原因，贵族的数量急剧减少，呈现出剧烈的流动态势。

---

① 阿萨·勃里格斯：《英国社会史》，中国人民大学出版社，1991，第65页。

② J. Canon, *Aristocratic Century: The Peerage of Eighteenth Century England*, Cambridge: Cambridge University Press, 1984, p. 13. Stefhen Henry Rigby, *English Society in the Later Middle Ages: Class, Status and Gender*, London: Macmillan Press, 1995, p. 190.

③ 阎照祥：《英国世俗贵族等级的演化》，《历史教学(高校版)》2007年第1期，第18—23页。

三、贵族形象的启示

乔叟是现实主义的艺术大师，他笔下的贵族形象给我们强烈的艺术审美享受的同时，也给了我们认识和把握贵族阶层结构性特征些许启示。择要言之，启示有三：一是乔叟与王公贵族关系密切，不得不把贵族描写成理想化的骑士，集基督教的美德于一身；二是通过对一位骑士经济上的困顿窘迫的真实描写，透露出整个贵族阶层所面临的经济社会危机；三是骑士、乡绅和绅士都不是贵族。

启示之一：理想化的骑士形象。乔叟笔下的贵族形象无不是理想化的骑士形象，无不拥有高贵的爵位，或是皇亲国戚，或是国王的近臣。在《骑士的故事》中，故事的主人公是古代希白斯的两个贵族青年派拉蒙和阿赛脱，为了获得意中人的青睐，他们各自邀请一百名贵族骑士前来比武，由国王主持比武大赛，以比武的胜负来决定谁将获得意中人。在描写这些贵族的装束和举止时，乔叟可谓极尽夸张铺排之能事，但他时刻不忘点明这些贵族的来历和资质。派拉蒙请来了色雷斯大王，他的队伍由百名全副武装的贵族组成。阿赛脱则招来印度大王助战，与他同来的百名皇族都装束得富丽堂皇。这些公侯君王都汇集在他们的队伍里，“他们为的是增进骑士精神，加强人间的爱”①。透过这些情节曲折离奇的故事，可以发现这些贵族形象身上都隐约刻有乔叟时代英格兰贵族的必备标记：既有高贵的爵位、皇亲国戚或国王近臣，又有理想化的骑士品质。又如，在《学者的故事》中，诗人借学者之口讲述了古代萨路卓国王窝尔忒反复无常地测试寒妻忍耐力与妇德的故事，侧面一笔带过了波伦亚城名叫朋纳哥的女伯爵，但对这

① 乔叟：《乔叟文集》，方重译，上海译文出版社，1979，第 377—378 页。

个西欧城邦的女伯爵没有一笔正面描写，只是一个当时异国贵族地地道道的影子而已。

在乔叟时代，贵族非皇亲国戚、国王近臣莫属自不用说，但为何还要具备理想化的骑士品格呢？窃以为，首先，从行为准则看，贵族必须具备基督教战士的骑士品格。从公元12—13世纪大量反映英雄骑士的叙事诗和专门著作中不难发现，理想化的骑士首先要信仰上帝，相信并遵守基督教教义和规则，保护教会，保护弱者，热爱祖国，与异教徒战斗到底，勇敢、忠诚、诚实、慷慨，或者说，诸如此类的优秀品格乃是骑士们的行为准则及其追求的理想标准。诚然，现实生活中的大多数骑士可能很难达到这样高的评价标准，但也不失为当时人们对每个骑士进行观察和评判的一般行为规范。其次，从选拔标准看，贵族称号的封授必须具备从军、勤王的骑士经历。一个骑士在经历了严格的侍从、准骑士的训练阶段之后，一定要经历战火的生死洗礼和宫廷纷争的忠诚考验，才能从骑士队伍中脱颖而出并被国王封授爵位。最后，从价值取向上看，贵族爵位是骑士们普遍追求的目标，贵族风度也是骑士们纷纷效仿的榜样。在国王的宫廷和贵族的城堡里，出身自由、才华俊逸的少年在高贵显赫的贵族们的调教下成长为具有基督教战士品格的青年侍从，再经过比武、战火洗礼而获得声望，在国王或贵族的保荐和主持下行授剑礼而成为骑士，在这个日常起居、宴饮狩猎、比武吟诗、战场拼杀的漫长的耳濡目染中，贵族一直是骑士们少年和青年时代的指导老师，自然也是他们争相模仿和崇拜的偶像。基督教战士乃至理想化的骑士品格的核心，几乎成为当时贵族们进行宫廷教育的圭臬，无论是普通骑士，还是有爵位的骑士，概莫能外。

谓予不信，从威廉一世晚年的经历中即可见一斑。公元1066年，诺曼底公爵威廉率军征服英格兰而成为英王威廉一世，20多年后在与法王作战时不幸从马上跌下摔成重伤，自知不久于人世，深感一生受野心和贪心的驱使，杀人越货、横征暴敛而罪孽深重，担心死后受到上帝的惩罚而被打入地狱。于是，为了减轻负罪感以及心灵中的痛苦，威廉一世招来许多神职人员入宫为他做祈祷，他在病床上向上帝不断祷告，祈求饶恕他一生的罪过。为了表示自己忏悔的诚意，他下令拨出大量专款赈济贫民，释放政治犯，向各地教堂和修道院捐赠财物，并派人重新建造被他下令烧毁的曼特教堂。

启示之二：穷困落魄的雇佣军。作为贵族的后备军，骑士理应享有尊崇的社会地位和坚实的经济基础，但是乔叟时代的骑士已沦为穷困落魄的雇佣军。从乔叟笔下的骑士沦为雇佣军的遭遇上，我们不难猜想他的主子们的处境也难免受到一定的影响，必将导致其经济、政治乃至军事等特权地位的日渐削弱。

乔叟笔下描写的骑士形象就是一名穷困落魄的雇佣军生涯的现实写真：

> 亚历山大城被攻破占领之时，他就在场；在普鲁士许多次他坐过首席，位居他国骑士之上；他曾在立陶宛和俄罗斯参加战事，与他同等级的基督徒都比不上他参与的次数之多；在格拉纳达围攻阿给希勒的时候，他也在那里，在柏尔马里亚他曾纵横驰骋；攻下列亚斯和阿达利亚市他也在场，在地中海岸许多次登陆的大军中也有他一个。他一生参加过十五次大战，在特利姆森武场上他曾为了维护基督的信仰而战过三次，且三次都战死了敌人；许久以前，他还在土耳其随从过帕拉希亚的君王征伐另一支异教军；没有一次他不争得盛名。……讲到他的装备，他的马是俊美的，但他身上的衣着却不华丽。一件斜纹布衣全部都给他的甲胄擦

脏了，原来他刚刚出征归来，随即参加了朝圣的行列。①

乔叟无意中叙述了这样一个事实：这位“兵油子”不仅为他的英国主子作战，还为整个欧洲大陆上所有出钱雇用他的头目作战，足迹遍及整个欧洲，西起英格兰，东至土耳其，南临非洲的亚历山大城，北抵立陶宛和俄罗斯，参加的大战达到十五次，在当时许多重大战役中立下赫赫战功。即便如此，这位仁兄依然摆脱不了被人雇用、到老还四处征战、刀尖上讨生活的宿命。在英格兰，在地产和市场上会经营的骑士本来可以过上养尊处优的生活，按照当时法律的规定，骑士的衣着要华丽，即便不是锦衣雕裘，也须整洁体面，以便与其高贵身份相匹配，不知是不是在近期战斗中没有赢得战利品，还是乡下的地产收入已无力支撑他继续在外征战的额外开销，乔叟对此也并没有给出明确的解释。我想，他们既然得到欧洲雇主的雇佣，其主子自然就会按契约保证他们作战期间的一应花销，战争结束也就意味着雇佣关系的解除，至于能否在战场上取得战功而赢得战利品，那就看他个人的作战能力和偶然的运气，乔叟说他勇敢善战，但他依然贫穷困窘落魄，就只能说明他运气不佳。退一步说，这位仁兄并没有如愿在雇佣军生涯中发财致富，经济上用度窘迫，花销捉襟见肘，自然衣着寒酸、颜面尽失，则非笔者妄测。

与骑士风尘仆仆、衣衫褴褛的穷酸劲儿相比，同样到坎特伯雷朝圣的富兰克林的装束打扮和商人们自带厨师的殷实阔绰，更加彰显出从事商品经济的平民在财富上的富裕程度。这是因为，受新经济因素的影响和冲击，传统的庄园经济在生产方式、经营手段上都难以为继，再加上贵族们好战掠夺、喜好排场的本性，不事生产与交换，直接导致

① 乔叟：《乔叟文集》，方重译，上海译文出版社，1979，第 333 页。

经济上入不敷出，间接地使从事土地经营的骑士和富裕农民上层脱颖而出，他们凭着逐渐积累起来的大量财富和田产，俨然成为富甲一方的大人物了。比如，乔叟笔下的自由农富兰克林就是一个富有的、占据庄园法庭的首席法官，这位富裕农民不仅能够把持地方的司法事务，还模仿达官贵人的做派大张旗鼓地宴请各方人士，吃穿住行等日常生活已俨然十足的贵族风度，他如此雄厚的经济实力究竟从哪里得来的？还有香客队伍中来自某郡乡下的那个庄头，也同样拥有大块的田产，又有精美体面的别墅式住宅，乔叟直接暗示庄头的财富全部来自对自己主子的搜刮和篡窃。封建社会末期的"礼崩乐坏"，由此可见一斑。

启示之三：骑士、乡绅和绅士都不是贵族。在乔叟时代的英格兰，骑士和乡绅都不是贵族。英国的《布鲁尔短语和典故词典》这样解释"男爵"：诺曼征服后，男爵曾是大贵族，特别是国王的附庸，到 13 世纪正式成为贵族的一个等级，并且是贵族最低的等级。《韦氏大辞典》在"贵族"（分别见于 noble 和 peer）词条里，正式列出了身份和头衔可世袭的贵族五等级，即公爵（duck）、侯爵（marquess）、伯爵（earl）、子爵（viscount）和男爵（baron）。这里根本没提骑士、乡绅或绅士。准男爵又称为从男爵，其爵位是詹姆士一世在 1611 年创立的，位在骑士之上，可以世袭，但不属于贵族，其姓名与骑士一样冠以 Sir，只是在姓名后多加 Bart 一词，以示区别。可见，贵族之下是从男爵，从男爵之下才是骑士、乡绅和绅士。乔叟在《坎特伯雷故事集》中把骑士称为"knight"，把乡绅称为"esquier"，根本没有提及绅士（gentlemen 或 gentry），这是符合历史事实的。据专家考证，绅士一词的出现要晚得多，大概迟至 16 世纪以后才开始出现，所以把绅士归入贵族乃是风马牛不相及的提法。①

综上所述,通过对乔叟笔下英格兰贵族形象的分析和史学家对有关贵族分层及其流动的状况的梳理可知,这些贵族形象及其与各阶层人物的利害关系为我们认识贵族阶层的状况提供了线索和启示,从中不难发现中世纪末期英格兰贵族正处于变动之中,庄园经济衰落初见端倪,政治地位下降亦有所显现。

① 侯建新:《社会转型时期的西欧与中国》,高等教育出版社,2005,第194—202页。

第二节　经济衰落初见端倪

关于封建贵族经济的衰落与否，中外学界可谓众说纷纭，但比较一致的意见是中世纪晚期贵族经济处于衰落之中。一般认为，14 世纪是整个西欧经济的衰落期，农业衰落尤为明显，而农业衰落的迹象之一就是庄园组织的瓦解与衰落，与之同步的则是农奴制的瓦解与衰落。[①] 庄园组织和农奴制是封建贵族赖以维持统治地位的经济基础，英国庄园和农奴制的衰落与瓦解乃是英国贵族经济地位开始日渐下降的两大征兆，同时也说明英国贵族经济的衰落已初见端倪。具体说来，固守传统的生产经营方式、嗜好炫耀的生活方式和秉持好战的本性在一定程度上直接导致贵族经济一蹶不振。

一、固守传统的生产经营方式

庄园经济是封建经济赖以存在的主体，也是封建主占主导地位的经济组织形态。到了乔叟时代，随着生产和流通结构的变化，拥有大庄园的贵族理应顺应时代的变化，根据市场的需求对庄园生产加以调整，但是庞大的产业分布和管理人员队伍往往难以变通，逐渐被排挤出生产管理和商品交换领域。下文粗略考察了乔叟时代贵族阶层如何固守庄园经济这种传统的生产经营方式。

关于庄园的本质因素。马克垚先生认为，庄园应是领主自营地与

---

① 马克垚：《英国封建社会研究》，北京大学出版社，1992，第 298 页。

农奴份地同时存在的、由封建主经营的一个经济实体，并进一步将这个经济实体归纳为“农奴劳役制庄园”①。由于地租形态是劳役地租，才要派管家主持生产，监督劳动，才需要在庄园上有各种生产设施。

庄园上的生产劳动由农奴、雇工和家仆三种人来完成。农奴大多领有全额份地，服固定劳役，一般每周三天。劳役的内容包括农业生产的所有劳作，比如耕地、播种、收割、打草、运输等，还有与畜牧业有关的劳役和为领主生活提供的劳役。到了农忙季节，为了不误农时，农奴及其全家都要为领主服役，领主则为之提供一定的饮食加以款待。农奴则要交纳各种各样的实物和货币。雇工则承担农奴和家仆劳作之外的生产劳动，为领工资而干活，分别以工作面积、工作日和制作件数来计算工资，他们属于临时受雇，任务完成后就离开。这些雇工大多为贫穷的茅舍农及其子弟，大多有小块土地，但不足以维持全家生计。家仆充当打更人、车把式、猪倌、牛倌、羊倌和挤奶妇等角色，负担庄园上一年到头的杂务，一般从农奴的子弟中征召而来。他们或者住在领主的家里，由领主提供饮食温饱，有的有小块土地和茅舍，但单靠这些并不足以维生。他们常年为领主劳动，一般可以得到一些实物或货币作为报酬。他们是受领主控制的不自由劳动者。

为什么庄园经济采用领主自营地与农奴份地以及剥削农奴劳动的生产方式呢？马克垚先生认为，庄园生产，或者说封建主经营管理其地产的目的，主要是为了供给自己消费，而对外交换只带偶然性。他进一步解释说，在当时生产力低下、交换稀少的情况下，封建主必须负责从地产上为自己以及家人、随从直接取得实物形态的各种供应，然后用生产出的多余部分换取所不能生产的其他物品，这就是封建主必须有自营的庄园为自己生活依据的原因。由于大封建主地产面积

① 马克垚：《英国封建社会研究》，北京大学出版社，1992，第146页。

广大而分散，当时交通不便、运输困难，所以他们往往采取巡回就食的办法，也就是贵族带着家人、随从，定期到某庄园停留若干时日，待到把那里的收获物消耗大部分后再迁移别处。这种巡行就食的做法因年复一年而成为惯例。即使13世纪贵族大封建主们经营地产并从中投资牟利被西方学者视为资本主义的经营方式，但从庄园生产的目的来看，其封建性生产的性质依然保存无疑。

贵族庄园的经营方式有两种：一是对自营地的直接经营，二是对其出租经营。先说自营地的直接经营。贵族一般有巨大的自营地，除了把一部分自营地出租出去，通常把它分成若干个庄园进行经营。贵族因外出打仗和到宫廷勤王而很少参与生产和经营，他们便设置了总管、出纳长和司宫等助手和办事人员，另外还设有由这些人和其他专职人员组成的审查团，巡行各个庄园，检查收支项目。在每个庄园上，管家是总负责人，他负责替领主管理庄园收支，维修房屋仓库，保养添置农具，储存出售农产品、领主生活用品及置备食物等事项，在贵族的大领地上往往还兼管好几个庄园。他是领主委派来的外来人，往往是骑士、教士以及学经济法律的知识分子，对本地情况不是很熟悉，庄园的具体管理由庄头负责。庄头是本地人，一般出身农奴，负责掌管庄园业务的具体运营，如负责每天给农奴、奴仆们派活，掌管各种作物的播种收割，照料牲畜饲养放牧，分配雇工的使用和报酬，出售多余的农畜产品，管理和修缮农具等。每年秋收后，庄头应向审查员申报和结算账目，同时接受考核，看庄头是否称职，严重失职者要受到惩罚。乔叟笔下就描写了一个精明而又贪婪的庄头，他既讨好封建主，又大揩其油，捞足了非分之财①。庄头下面还有几个协助他工作的执事人员，他们一般得不到薪给，由领主豁免其一部分乃至全部负担，有的也得

① 乔叟：《乔叟文集》方重译，上海译文出版社，1979，第346—347页。

到一些领主馈赠的食品。

从13世纪到14世纪中叶,贵族大地产自营地的直接经营处于全盛时期。马克垚先生认为,大地产主利用当时粮价上涨、工资低廉、市场活跃等有利条件,扩充自营地的直接耕作,讲究技术和管理,生产各种农产品,到邻近的市场出售或卖给商人出口,所以当时庄园经济与市场的联系大大增加了,出售的农产品占了很大的比重。如当时马歇尔伯爵的肯特庄园,1270—1271年的总收入为69镑,出售产品所得为53镑。1305—1306年的总收入为94镑,而出售产品的收入达81镑。出售的农产品除了谷物外,还有牲畜、畜产品、皮革、鸽子、黄油、奶酪等,而特别大宗的是羊毛。许多大地产自营地上有羊上万头,或两三万头之巨。据坎贝尔统计,在当时商业发达地区的136个庄园中,商业化强或特强的有47个,占35%,特强是指谷物销售收入占净收入的60%,强是指占40%以上,商业化中等发达地区有35个,占25%,商业化发达程度弱和很弱的有54个,占40%①。可见,当时商业化比较强的庄园已经占到该地区庄园总数的一半以上。

再说对自营地的出租经营。早在盎格鲁-萨克逊时期,一些教会大封建主把他们的部分土地出租,收取实物地租或货币。在"末日审判书"中,就记有大量出租土地的事。在各郡管理王田的郡守往往把王室庄园出租给别人,有时自己也充当承租人。12世纪时,这种出租经营的办法不但被许多修道院大封建主采用,世俗封建主贵族也纷纷效仿。当时出租的不仅有自营地,往往还包括庄园上的设备、牲畜以及家禽等,有时还包括仓库中的粮食。承租人承租以后,也就取得了对庄园上的奴仆、农奴等劳动的支配权,由他负责整个庄园的管理。承租人的身份多是中小封建主,也就是骑士、乡绅,很多情况下就是原

① 转引自马克垚:《英国封建社会研究》,北京大学出版社,1992,第166页。

来的庄园管家，也有庄头甚至富裕农民承租庄园的。承租人租佃庄园后，同时取得支配耕作自营地的佃户的劳动权利，监督他们耕作，收取一应捐纳，在很多情况下还滥用权力，役使维兰，加重剥削。对原来的贵族封建主，承租人一般按租约交纳一定的租金。租金多是货币租，兼有实物和货币，或只纳实物。租期一般为承租人的一生，按当时人的平均年龄计算，大约为三十年，也有长及三代或短到只是若干年的。①

中世纪的庄园生产是在当时生产落后、经济不发达、交通运输不利的条件下出现的。这种庄园组织的生产和运营虽然满足了封建主的需要，但也需要在管理、监督、组织生产、运输、供应等方面花费大量的人力、物力，为此，大地产主都有庞大的家族，包括管家、随从、家丁和长工等不事生产之人。而管理、监督费用很大，也很困难，农民消极怠工或奋起反抗，管理人员从中渔利、中饱私囊，甚至把整个庄园据为己有。所以，如果经济条件改变，生活供应可以从多种渠道解决，大地产主当然不一定要坚持自己组织生产，花费这么大的人力、物力。

1347—1348 年后，黑死病多次席卷英国，导致大量人口死亡，给农村造成严重破坏。有些庄园由于无人耕种而瓦解，有些村落废弃，土地荒芜，人口流徙。在劳动力不足的情况下，封建主采取各种办法加强剥削，诸如重新使用维兰劳动，多征收进入税和结婚税，恢复已经折算的劳役，推行劳工法令以压低工资之类，而一些大封建主，包括一些修道院，则依然利用农奴进行劳动，实行劳役地租。由于受到严酷剥削，14 世纪 70 年代，农民的反抗斗争加剧，比如逃亡、拒不服劳役、否认自己是农奴、威胁要杀死用扣押财产的办法强迫自己服劳役的管家，等等。到了 1381 年，爆发瓦特・泰勒领导的农民起义，起义者首

---

① 马克垚：《英国封建社会研究》，北京大学出版社，1992，第 154 页。

先要求解除维兰受奴役的身份,并在各地烧毁了各种证明奴役身份的文件和其他证据。贵族由于占有大量土地,产业布局庞大,不少庄园因无人耕作而废弃,损失巨大。

从14世纪50年代开始,封建主放弃经营庄园,改行出租制,这一做法逐渐普及开来,到15世纪30年代只有少数大地产直接经营。贵族们陆续把庄园上的领主自营地以短期租赁的方式出租出去,有的是划成小块直接租给农民,有的是整个出租给村庄共同体,然后村民再把土地划成小块分散经营,也有的是出租给一个或两三个富裕农民合伙经营。出租制实行的结果,最终使封建主大都放弃了劳役地租。这时,大封建主地产的管理办法也改变了,一般按地理远近把若干庄园划分为一个管区,由收租人在此区内收取租税,扣除支出后上交。在大多数情况下,特别是小块出租的地方都实行货币租,短期租佃,以保证租约期满可以调整租金。这种出租制使得经营庄园再无必要,庄园所附属的一套管理机构和农具、设备也都派不上用场,农具、牲口、设备等大都连带出租给农民。

与此同时,保证封建主对农民实行超经济强制的权力也日益削弱,国家法庭即普通法法庭的管辖范围越来越大,百户区法庭、郡法庭当时大多数已不再活动,庄园法庭的作用也在缩小,封建主的司法权逐渐丧失。庄园组织处于日益瓦解中。

二、嗜好炫耀的生活方式

与西欧其他国家的贵族一样,英格兰贵族所固有的喜好炫耀的生活方式是笼络下属、博取名声的重要手段,当然也是贵族经济衰败的原因之一。

讲究排场是西欧所有贵族的本性，乔叟时代的英格兰贵族也不例外。他们为追求豪华奢侈的排场而挥霍无度、挥金如土，不惜出租土地来换取大量急需的金钱，用于购置各种奢侈品、修建豪华城堡以及重金赏赐家仆之类。且不说斥巨资购置名贵的葡萄酒、高档时髦的衣帽、豪华的车马，单说贵族支付给家仆借以维持日常生活的豪华排场的支出就实属不菲。

日常生活中的贵族需要众人的前呼后拥、顶礼膜拜，自然少不了成群的仆人细心周到的服侍，于是，家仆就成为贵族显贵的符号之一，甚至说“一个人的地位在很大程度上与此人拥有家仆的多少有关”①。一个贵族之家豢养着数量惊人的仆人，且每个家仆均有特定的职责，在贵族的日常生活起居、社会关系、社会活动以及各种政治事务中，都不能离开家仆的参与，家仆有时甚至成为贵族须臾不可缺少的联络外界的纽带。

贵族的日常生活需要大量的家仆。这些家仆的职责大致分为财政（financial）、筹备（preparatory）、侍奉（waiting）、私密（private）、休闲（leisure）和宗教（religious）六大类。② 财政类家仆负责管理贵族的地产和财物。土地是中世纪贵族的权力基础和财富来源，贵族对分散在各地的庄园实行分工管理，管家（butler）管理单个庄园，负责该庄园的经营并在年终向审计师报账；几个邻近的庄园组成一个庄园区，由管家和出纳（receiver）管理；由总管、总出纳（receiver general）和审计师（auditor）组成管理委员会，负责该贵族全部地产的管理和经营。财政类家仆还包括司库、审计长（comptroller）等。筹备类家仆一般从事物

① 卡洛·M. 奇波拉主编：《欧洲经济史》第二卷，商务印书馆，1988，第138页。

② Kate Mertes, *The English Noble Household 1250—1600*, Oxford: B. Blackwell, 1988, pp. 32-51.

品制作与供应，包括厨师、厨房杂役、面包师、屠宰师、食品师、酿酒师、酿酱师、采购员等。侍奉类家仆承担家庭接待事务，常在大厅和餐厅工作，一般包括大厅礼仪官、门卫、供餐师、供酒师、浆洗仆等。私密类家仆负责为主人及其家属提供私密性服务，包括内务长、贴身房仆、女仆、秘书、服装仆等。休闲类家仆为贵族的巡游、打猎、娱乐等活动提供服务，包括驯马师、马夫、驯犬师、驯鹰师、滑稽小丑、琴师、鼓手、笛手等。宗教类家仆为贵族家庭的宗教活动提供服务，一般包括家庭牧师、教士、唱诗班教习、唱诗班唱童、礼拜堂司祭、施舍员等。通过家仆们周密分工所提供的服务，贵族家庭得以维持和运转，贵族的日常生活得以正常运行，并为贵族从事其他活动提供了基础。

贵族之所以使用大量的家仆，除了追求生活的豪华舒适，还为了加强贵族势力集团的联系，赢得贵族阶层内的支持和协助。贵族势力集团是一个包括地方显贵、王室官员、姻亲宗胤的综合体，也是贵族维持社会地位、从事各种事务和活动的重要基础。贵族家庭中的高级家仆通常来自同一等级的家庭，比如第十六代牛津伯爵家庭的 7 位具有绅士出身的仆人，就分别来自埃塞克斯郡的 12 个望族中。不仅如此，贵族不仅从势力集团中找来家仆，还在贵族之间互以家庭成员为仆，一般以贵族的次子以下为多。更有甚者，贵族家庭的下层仆役来自贵族的佃户或为贵族家庭提供物品的家庭。有些家仆，尤其是家庭出身较高的家仆有时会转而为其他贵族家庭服务，甚至进入王廷，但他们往往与过去的主人保持联系，成为不同主人之间保持来往的纽带。乔叟就曾在三个贵族家庭为仆，这一经历也使他得以进入宫廷侍奉过两任英王。

为维持贵族相互间的社会关系，贵族家庭之间的走动与款待也是不可或缺的。这种走动与款待讲究和追求豪华奢侈的排场，也是当时认证贵族地位、身份的一种共识。贵族之间的款待不仅是加固关系的形式,还是追求地位和声誉的手段。乔叟时代的一部力作《高文和绿衣骑士》再现了贵族间迎来送往的豪华气派。当高文到达贝提拉克城堡时,守门人立即热情欢迎并报知主人,几名家仆飞跑出来跪立迎客,进入城堡以后,家仆们搀扶客人下马,几名骑士和高级家仆将高文请入大厅,此时主人才出来寒暄致意,安排客人住下,一场豪华热闹的宴会随即开始。当时,贵族们每年有相当一段时间都为巡游、朝圣、访友而奔波于旅途,他们不仅不把大量的时间和花销看在眼里,还都将这种旅行看作展示身份、地位的好机会,所以每次出门都是兴师动众,浩浩荡荡。1350 年,克莱尔夫人伊丽莎白·德伯格从乌斯克回克莱尔途中,其随行人员就包括 2 名绅士、60 名仆役和 19 名跟班,都穿着整齐漂亮的号衣。穿着号衣的家仆当时被认为是主人的招牌,关系到贵族的公众形象和地位表达,因而贵族家庭不惜在号衣上花费颇高,一般要占家庭总支出的 10%左右。①

通过家仆的服务,贵族家庭得以维持和运转,贵族的日常生活得以正常运行,并为贵族从事其他活动提供了基础,但是,为追求豪华奢侈的排场,贵族们不惜重金养着数量巨大的家仆队伍,这也给他们带来了沉重的财政负担,严重破坏了庄园经济的收支平衡,并最终瓦解了封建统治的经济基础。

掠夺好战是封建贵族的本性之一,也是他们获取财富和名声的生活方式之一。他们为掠夺财富与美色而好强斗勇,不惜在战场和比武中致残或丧命。英法两国之间爆发的“百年战争”贯穿于整个乔叟时代,这场旷日持久的战争为好战的贵族们提供了广阔的舞台,既为少

---

① 冯军旗:《中世纪晚期英国贵族和家仆依赖关系探析》,《首都师范大学学报(社会科学版)》2003 年第 2 期,第 68 页。

数幸存者准备了高爵厚禄，也为众多的牺牲者掘好了坟墓。与此同时，为骑士提高实战经验作练兵准备的比武大赛，逐渐演化成为赢得贵妇人的青睐而进行的争强斗狠，贵族和骑士每每在比武中丧命或致残，贵族的爵位和封土因此被英王收回者也屡见不鲜。

乔叟时代的贵族先后发动了百年战争和玫瑰战争，巨大的牺牲使他们元气大伤。克雷西之战是百年战争期间英法两军在克雷西进行的一次大会战。1346 年 7 月，英王爱德华三世率军 1 万人从朴茨茅斯出发，渡海侵入法国诺曼底，而后挥军东进，直趋巴黎城郊。当月下旬，英军北渡塞纳河和索姆河，迅速占领在阿布维尔以北克雷西村附近的高地作为阵地，准备与前来阻击的法军三万余人作战。那时候，法军兵多将广，但以重骑兵为主，弓箭手较少，重骑兵不便于在密林狭谷中作战。英军以步兵为主，弓箭手多，且有大炮，便于利用有利地形歼灭敌人。虽然英军以少胜多，法军伤亡骑士达 1542 人，英军损失不到 200 人，但双方都付出了不小的代价。1356 年的普瓦提埃大战和 1415 年的阿金库尔大战也是如此，英军在重创法军的同时，也损失了不少贵族和骑士。在战争过程中，大量封建贵族和骑士死亡，封建秩序松弛，农奴制趋于解体，英国农民绝大多数成为自耕农。15 世纪末，百年战争加剧了封建贵族对国内权益的争夺，因而酿成了长达 30 年的玫瑰战争（1455—1485）。玫瑰战争导致更多的贵族死亡，封建势力进一步削弱，为建立中央集权制国家创造了必要条件。

乔叟时代的贵族十分热衷比武大赛，此时的比武虽然比 13 世纪以前暴力伤害有所减少，但暴力致死的事件仍时有发生。13 世纪以前，比武大赛非常残暴和粗野，有些近乎真正的战争，除了弩和弓箭之外的武器均可使用，比赛规则非常简单，甚至有的比赛没有裁判。1216 年，英国的埃塞克斯伯爵杰弗里·德·曼德维尔（Geoffrey de

Mandevile)在一次比武大赛中被踩踏致死。荷兰的佛洛伦斯伯爵(Florence Count of Holland)在1223年的长矛比武中身亡,1234年他的儿子佛洛伦斯也以同样的方式死于比武中,1238年他的弟弟威廉也在比武中丧生。1273年,在查龙伯爵领地举行的比武大赛最后演变成真正的战争,双方的步兵也参战,伤亡惨重,后被人称为"查龙战役"①。1279年,法王腓力三世的弟弟罗伯特在比武大赛中头部受伤,只得在生活不能自理中度过余生。直到14世纪以后,比武大赛造成重大人员伤亡的现象才明显减少。当然,残酷的比武也不可能从此杜绝。1402年,奥尔良公爵就曾向亨利四世挑战,提出分别以长矛、战斧、长剑和匕首与之单独格斗,但遭到英王的拒绝。七年后,由于这类争斗使许多骑士丧命,法王曾命令予以禁止,但是此类挑战和争斗行为在百年战争期间一直未曾中断②。可见,尽管此后的比武大赛更具观赏、娱乐和庆典的特征,但是贵族和骑士们把大量的时间和精力投入到为赢得声誉、战利品和女性的青睐的打斗中,对自己庄园的生产和经营不管不问,后果是可想而知的。

追逐权势的野心使贵族们一次次卷入派系倾轧,为追逐权势与利益而拉帮结派、钩心斗角,不惜穷年累月游走于朝野宫闱甚或卷入内战旋涡而难以自拔。爱德华二世(1307—1327)统治期间,加斯科尼人加维斯通受到英王的宠信,被封为康沃尔伯爵,招致英国贵族不满,众男爵起而反对国王,1312年加维斯通被杀,爱德华二世受制于封建贵族。1322年,爱德华二世利用支持自己的贵族,率领王军击败了以兰开斯特伯爵为首的贵族武装,将兰开斯特伯爵及其党徒20余人捕获

---

① Maurice Keen, *Chivalry*, London: Yale University Press, 1984, p. 86.

② Raymond Rudorff, *Knights and the Age of Chivalry*, New York: Viking Press, p. 213.

处死。理查二世(1377—1399)统治期间又上演了类似的一幕。1386年,贵族们以议会的名义要求罢免理查的大臣、大商人德·拉·波尔等人,理查被迫暂时屈服。1388年,贵族们以兵戎相威胁,逼迫理查二世处死了一些亲信,德·拉·波尔被判绞刑。1397年,理查二世终于控制了局势,便开始对1387和1388年反对过自己的人差不多都进行了报复,这些人或被放逐,或被监禁,或被没收财产,而为首的则被处死。至于接下来的15世纪,在兰开斯特家族与约克家族之间爆发的玫瑰战争中,更大规模的贵族派系倾轧不断发生,不但双方贵族党徒死伤殆尽,大批王亲国戚也死于非命,最终导致兰开斯特家族与约克家族双双绝嗣。

不难看出,乔叟时代的贵族为追求豪华奢侈的排场而挥霍无度、挥金如土,不惜耗费大量的金钱;为掠夺财富与美色而好战斗勇,不惜在战场和比武中致残或丧命;为追逐权势与利益而拉帮结派、钩心斗角,不惜穷年累月游走于朝野宫闱,甚或卷入内战旋涡而难以自拔。这些生活方式使得贵族们无财力、无时间、无精力投入日常经济生活中,自然无法顾及自己的产业,疏于管理的唯一结果就是庄园经济和其他产业的日渐衰落。

三、经济上入不敷出

英国世俗贵族(包括所有封建领主)的收入,主要分为五个方面,即特权收入、封建收入、庄园收入、商业收入和自然资源收入。特权收入是指领主享有司法行政特权而获得的收入,如法庭罚金收入(居民违反各种行政法律规定而出的罚金)等;封建收入是指作为封君而享有的下级缴纳的盾牌钱、协助金、继承金以及监护权而得的收入;庄园收入包括自营地的生产收入，庄园上农民的地租，领主对磨坊、面包坊的垄断收入和庄园法庭罚金等；商业收入是领主在集市、市场上的收入和城镇中的收入；自然资源收入则有林木、草地、矿藏和鱼塘等的收入。世俗贵族，甚至包括教会贵族，其许多收入是依靠封建特权而取得的，比如向农民征收进入税、人头税、法庭罚金，还有封臣向封君征收继承金、监护收入以及向集市、城镇、市场征收的费用等，据专家估计，一般情况下这些特权收入起码是与其庄园上的收入一样多的。

众所周知，封建贵族的收入是一种垄断收入。他（或她）可以依靠自己所拥有的封建特权、封建土地的独占权，轻而易举地取得收入，而不必像资本家那样在市场上去追求利润。他们要想扩大自己的收入，一般来说有三种办法：一是扩大自己的土地或与土地相关的各种权益，这或者是封建主之间互相争夺，或者是他们联合兼并农民土地的一种经常性的手段；二是扩大对农民的剥削，如提高地租、增加征收进入税、法庭罚金和各种名目的捐税等，这也是封建主酷爱使用的又一手段；三是封建主设法进行经营以获利，经营不限于农业，还可以投资矿山开发、工商业等。当然，上述三种办法只是对封建贵族扩大收入的一种理论归纳，也就是说，贵族们存在着扩大收入的可能性。

世俗贵族开支项目繁多。不仅贵族们自己贪图享乐、挥霍无度，而且其家属、随从、仆役也都追求锦衣玉食。贵族们自己要豢养庞大的随从骑士队伍，这些人越多就越能显示他的地位和权势。贵族还要花费大量金钱修筑堡垒，既有防范敌人入侵之用，又有显示权势和威望之效。让我们看一下两位贵族日常家庭开支的项目：

先看英国林肯伯爵亨利·拉西。1304—1305年，其家庭开支总计为2642镑，其夫人的家庭开支还有623镑。这些开支项目计有：供应在威尔士马克的堡垒供养，为在苏格兰的骑士提供马匹和服装，支付给随从的工资和各种费用,购买各种珍贵织物,如金线织物、嵌红被单、帐幔、刺绣鞍具等。其中,最大的开支是购买食品、黄油及厨房所用香料、酒、蜡烛等的费用,计1800镑,而这不包括伯爵从其庄园上直接得到的供应。①

再看兰开斯特伯爵汤玛士。汤玛士是林肯伯爵亨利·拉西的女婿,他的家庭开支要远远大于他的岳父。1313—1314年和1318—1319年,这位伯爵及其夫人的家庭开支都超过7500镑,其中,仅仅在食物、饮料、照明等项目上就花费5000镑以上,伯爵及其随从的衣服一项在1313—1314年支出1080镑,购买和饲养马匹的费用为734镑。同年付给仆役、随从等人员的薪水为624镑,还不包括直接由其他庄园开支的部分。这位伯爵还拨款2000镑修筑新的堡垒以及其他建筑,用其他地方的收入修复、维护一些建筑的开支还不计在内。

从两个贵族之家的消费支出项目中,我们发现其消费数目之大确实令人震惊。

以上是一个中等贵族的家庭支出的宏观数据,而从微观上看贵族的消费支出也是无处不在,其中,家仆的消费支出也是一笔不菲的数目。贵族家庭在号衣的开支,一般要占家庭总开支的10%左右。除此之外,贵族给家仆的日常衣食花费和工资也颇为不菲。从第五代诺森伯兰伯爵家的一份四旬节食物分配清单中可以看出,当时家仆们的饮食状况,主要家仆职官(如管家、司库)的饮食供应是:两块面包、一个精制面包、一加仑啤酒、两条咸鱼和四条白鲱鱼。约曼家仆的供应是:两个面包,一加仑啤酒和两条咸鱼。守门人和大厅礼宾官的供应是:一块面包、一壶啤酒和一条咸鱼。贵族家仆的衣物都是免费供应的。赫里福德郡斯温菲尔家的账簿上记载,为绅士家仆和庄园管家购买了

① 马克垚:《英国封建社会研究》,北京大学出版社,1992,第252页。

4套衣服和6厄尔布匹，共计8镑17先令；为约曼家仆购买3件衣服和4厄尔布匹，共计7镑11先令10便士；给仆役和跟班购买4套衣服和一件长袍，共计8镑15先令8便士。

除了衣食，家仆还有工资报酬，1463—1464年莫利夫人伊莎贝拉给家仆们发放工资的情况是：两名绅士女仆分别为26先令8便士和10先令，浆洗仆是6先令8便士，约曼家仆是26先令8便士到33先令4便士，其他没有标明职务的家仆也各有所得。除了工资，家仆还可以从各自的职守中获取额外收入，如《坎特伯雷故事集》中的那位庄头，乔叟说他："致富有方，比其主人来得高明，私下积累得不少。"①

另外，一些贵族还选送家仆到各种机构或大学深造，例如1331年克莱尔夫人伊丽莎白·德伯格就选送4名家仆到伦敦学习法律，另外两名家仆到牛津大学学习。这无疑也是一种额外消费。

且不说贵族支出项目之多和支出金额数目之大，仅就其不断增长的支出与其不断缩小的收入之比就可见其消费的非理性程度。比如，阿隆德尔伯爵每年净收入为2441镑，负债额却高达17000镑，其收支落差之大令人咋舌。再如，为笼络这些贵族，王室常常向贵族借贷巨款，或将大片地产无偿赏赐给破产贵族，但他们不久就又挥霍一空，经济窘境一点也没有得到改善。

总之，贵族的开销之大，骑士等级以下的人是不能望其项背的。这些奢侈性的花费固然是一笔相当庞大的数目，但贵族用度窘迫的原因还不全在于花费，在贵族无休止的花费中寻找原因并不能从根本上说明问题。问题的症结在于，社会已发生巨大的变化，贵族们却抱残守缺，仍然坚持那种陈旧的生产和经营方式，这势必越来越使贵族蒙

① 乔叟：《乔叟文集》，方重译，上海译文出版社，1979。

受重大的经济损失。① 对此，侯建新先生有这样一段精彩的论述："随着生产和流通结构的变化，封建领主，特别是那些拥有贵族爵位、往往难以变通的大庄园主，逐渐被排挤出生产管理和商品交换领域，从经济意义上讲，仅作为坐食年金的'多余的人'而存在。在1455—1488年的红白玫瑰战争中，旧贵族自相残杀，实力几近殆尽；在其后建立的都铎王朝时代，愈发步入了一个衰败时期。"②

---

① 侯建新：《现代化第一基石：农民个人力量与中世纪晚期社会变迁》，天津社会科学院出版社，1991，第234页。

② 侯建新：《社会转型时期的西欧与中国》，高等教育出版社，2005，第233页。

第三节　政治地位逐渐下降

中世纪晚期,英国贵族的政治地位呈逐渐下降的态势。这主要表现在以下三个方面:从单纯军事的角度看,贵族不再像以往那样单独享有“作战者”的军事特权,战争的胜负不再取决于骑士的冲锋,而取决于由约曼组成的平民战士的长弓和长矛,国王的目光开始从上往向下看;从王权与贵族的关系上看,国王的统治离不开贵族的合作和支持,贵族对王权的反抗也有效限制着专制君主制的产生,贵族对王权的制衡作用是整合社会良性发展的平衡器;从地方自治的角度看,贵族也不能像以往那样单独享有从议会到地方的法律特权,骑士、乡绅和富裕农民已开始分享管理地方的各种权力。

一、“作战者”的特权不再专有

贵族之所以是贵族,最根本的在于他们享有“作战者”的特权。英格兰贵族的特权和地位是随着诺曼征服中诺曼底骑士战胜英格兰本土的步兵才得以确立的。1066 年,威廉公爵率领 5000 名由弓箭手殿后的灵活机动的新式骑兵,在黑斯廷斯山上以逸待劳,迎战气急败坏、长途奔袭而来的英王哈罗德,还有他那 7000 名仅仅依靠长矛战斧的旧式步兵。经过一天激战,哈罗德及其亲兵卫队全部战死。随后,威廉公爵又软硬兼施,在军事打击的背景下,许诺将保留盎格鲁-萨克逊人的习惯权利,逼迫贤人会议加冕他为威廉一世。11 世纪 70 年代末,军事征服基本结束，骑兵兵役制和采邑制在全国范围内逐渐推行开来，也就是后来被称作封建主义的新制度。然而，到了乔叟时代，由于战争的转型、雇佣军的出现和平民的参战，骑兵已不再能够占据主导地位、主宰战争的胜负，“作战者”的特权也被平民分享。

乔叟时代的战争形态已悄然发生了质变。这主要表现在战争的手段(主要指武器)、规模和性质都远远不同于过去那种以骑兵为主导的、小规模的、以炫耀武艺为目的的战争形态。中世纪早期，独行侠式的骑士被认为是当时最强大的战士，战无不胜，所向披靡，他们自认为只有贵族之间的战争才是真正的战争，拥有因骑在马上作战而高人一等的自大心理，似乎能永远保有这种特权地位。但到了乔叟时代，由于长弓和长矛以及不久之后出现的火枪等武器的使用，步兵开始撼动骑士在战争中的统治地位，步兵数量急剧增加，这样一来，战争规模逐渐扩大，战争性质也发生质变。

战争手段的提高。战争手段主要指战争武器及其使用。虽然当时西欧各国已开始使用枪炮作战，因效能不佳而无法对贵族骑兵构成致命的威胁，真正致命的威胁来自长弓和长矛。枪炮是摧毁骑士军队极为有效的武器，虽在战争中已开始使用，但其威力尚未尽显。1346年，爱德华三世率领的英军在克雷西(Crecy)中曾使用三门火炮打击法军，但没有起到决定性的作用。随后，法国国王查理五世(1364—1380)也曾力图用火炮来加强军事防御能力，下令在许多要塞和城堡架设火炮。14世纪末，火炮不仅用来防御，还用来攻城。法军惨败于阿金库尔(Agincourt)战役不久，法王查理七世就加大对火炮的研究和制造，并使其产品成为当时欧洲性能最佳的火炮。又过了一个世纪，欧洲已出现各种各样的火炮，但炮体笨重，容易自爆，极不安全。14世纪50年代，各种火枪相继问世，但从装药到射击的全过程都较为复杂，射击命中率不高，且枪体容易自爆，往往造成使用者的伤亡。因此，16 世纪以前，火炮和火枪都没有得到广泛使用，而在欧洲战场上被广泛使用而具有强大杀伤力的武器是长弓和长矛。

中世纪的军队由身披甲胄的骑士以及以剑、枪、矛、盾武装起来的侍从和弓箭手组成。只要一开战，骑士就会勇敢地冒着"箭雨"冲入敌方阵地，使用刀或板斧，奋勇杀敌，使对方阵地陷入混乱，接着就会有士兵跟随骑士向前冲，展开激烈的战斗。所以，在中世纪的战争中，身披甲胄的勇敢骑士是战场上最重要的力量，他们对于撕破敌人的防线、提高军队的士气起到很大的作用。他们用甲胄护身，当时普通弓箭是无法刺破盔甲的，因此骑士可以在"箭雨"中勇敢地向前冲。但是，从百年战争开始，中世纪的骑士突破作战已经失去了效力。

英国军队使用威尔士长弓，这种弓箭比普通弓箭射得远，射程大概是普通箭的 2~3 倍，并且威力比普通箭要大得多。普通的箭即使是近距离也无法穿透骑士的甲胄，但是威尔士长弓在很远的距离也可以将甲胄穿透，置人于死地。长弓在很久以前就在威尔士地区开始使用，法国的军队是用普通弓箭武装的，而英国人以长弓武装军队。这样，法国的骑士再勇敢又有什么用呢？勇敢的法国骑士们还没接近敌军阵地便中箭身亡了，失去指挥官的士兵们还没开战便仓皇而逃。大量使用长弓的英国军队逢战必胜，赶走了法国国王，攻占了巴黎。

战争规模的扩大。长弓和长矛的使用不仅改变了两个古老兵种在数量上的对比，而且使战争规模和战争性质的改变成为可能。因为步兵重要，装备简单，花费便宜，所以很快就赢得西欧各国国王的青睐，以弓箭手和长弓手为主的步兵已然成为国王手中的一张王牌。从相反的角度来看，再愚蠢的国王也不愿意在实战中因长弓手和长矛手的缺阵而造成战局失利，像过去那样仅仅依靠骑士军队作战的做法已被新的战争法则无情淘汰。这样一来,西欧的战争规模自然随着人数众多的步兵的加盟而不得不越来越扩大。

战争性质的改变。从诺曼征服到1348年黑死病大流行,英格兰国内只有一段仅持续30多年的和平时期,在其余大部分时间里,英格兰人卷入了海峡两岸之间的战争旋涡。诺曼征服以前,不断有移民进入英格兰,战争也只是个别部落间的私战。从那以后,几乎没有新移民进入英格兰,战争却在大陆与海岛之间展开,并逐渐演化成近代民族国家间的公战。早在诺曼诸王在诺曼底向封臣征收军役及其他义务贡赋时,就把英国统治的版图推进到法兰西,使英格兰一跃成为地跨英吉利海峡的王国。随着亨利二世建立安茹帝国,英格兰在法兰西获得了更大的立足之地。亨利二世为了加强统治,不但摧毁了大量非法城堡,而且重建了法度和政府机构。从此,在英格兰与西欧大陆之间发生的争端和摩擦,进而上升为旷日持久、经年不息的征战,这些征战显然不是某个单一族群内部的争斗,而是不同族群之间的战争。英法百年战争断断续续打了近百年,尽管战争双方都损失惨重,但两国国民的民族认同意识也得到空前强化并因此而推向极致,此战真可谓开了世界近代史上民族战争的先河。

由此不难看出,贵族所拥有的"作战者"的特权因战争的转型而有所改变。在乔叟时代,长弓和长矛武装起来的步兵给重装骑兵以致命的打击,战争规模因步兵数量的急剧上升而扩大,贵族和骑士主宰战争的时代已成为过去,出身于平民阶层的长弓手和长矛手已成为旷日持久的战争主力和有生力量,在英法百年战争中已开始登上世界历史舞台。

雇佣兵制度是一种承接着采邑制的军事制度。它既是一种军事制度,也是一种政治制度,雏形产生于法兰克王国查理·马特的采邑制改革,在缺乏资金维持官僚制度以及法院和军队的给养的情况下,当时选择了“将地产作为服务的报酬”的办法。

英国的采邑制肇始于威廉的诺曼征服。在征服英国后,威廉开始推行大陆的分封制,分封了170多个直属封臣,直属封臣下有骑士4000人。该制度沿袭了查理·马特分封采邑制的理念和机制,也就是军役目的下的等级封土。然而,诺曼征服后依靠采邑制所建立的封建义务兵役制并不完全适应英国国情,随着统治和战争要求的变化已逐渐不适应形势的要求。

英国首开雇佣兵制度的先河。亨利二世废除封建义务兵制,代之以向封臣征收“盾牌钱”,用以招募民兵和法兰德斯的雇佣军。这样,由于一改过去清查土地数量而为清查骑士数目征税,亨利二世由此大大增加了王室收入,威廉一世后期王室的收入不过20,000镑,亨利二世的王室收入却达到35,000镑,比威廉一世足足多增加了一倍有余。① 1176年的这次清查被称为“男爵领清册”,其影响不逊于威廉的“末日审判书”。“盾牌钱”也日益为封臣们所接受。雇佣兵制度在英国的实施使得英国的社会发展开始有别于先前中世纪采邑制传统,与传统的大陆原生态的“采邑制”日渐大异其趣。

雇佣军制度有力地推动土地占有形式的变化,使土地的转让与买卖成为可能。在采邑制下,土地等级占有,是不允许买卖的,劳动者农奴被束缚在土地上,也是不能流动的;农奴的劳动产品除被领主盘剥和养家糊口自用外,基本不参与市场流通,整个社会生活表现为地方性的自给自足。英国中世纪初期,采邑制下为保证以军役为主要目的的封建义务的实现,严格禁止土地买卖,这种制度就是封土制。封土

① D. C. Douglas, G. W. Greenaway ed., *English Historical Documents*, vol. 2, London: Eyre& Spottiswoode, 1953, p. 56.

制本来是为了保证封建主能征召到供作战用的骑兵才实行的，但这种制度实行的结果却矛盾重重。国王、大封建主为召集到足够的骑士而不断把自己的土地分封出去，土地越分越少，而召集来的骑士大多不堪作战。究其原因，大致有二：一是这种由骑士组成的军队多是小规模的，又不能持久，按规定军役不超过 40 天，不能适应战争规模越来越大、战争时间越来越长的要求；二是骑士作战多为单兵作战，平时根本无法集中训练，仓促召集而来，既不听指挥，也不能统一行动，其战斗力自然可想而知。所以，早在 12 世纪，西欧各国就逐渐推行货币封土制，即不再分给封臣土地，而以每年付一定数目的货币作为封土以供封臣使用，为此封臣须向封君提供一定数目的骑士作为军役义务。这种货币封土制只是一种过渡措施，于 14 世纪衰落，15 世纪则绝迹了，而代之以合同制。当国王用兵作战时，集合下面的大封建主签订合同，要他提供多少数目的兵员，国王则允以若干报酬，这种新型的合同制于 14、15 世纪广泛流行开来。贵族们以此方法保留了大量随行人员，而这些人员已不再是大封建主的封臣，也不再和军事封土的封授相联系，原有的封土制的衰落已不可挽回。封土制已不能维持，自然就要求自由转让、买卖和处分。封土性质蜕变的一个重要标志是英国 1290 年通过的"买地法"，封土日益变成可以自由处分的地产。"在十二三世纪时，土地买卖已成为封建主土地转移的主要方式"①，而不再同于以往等级封土制方式的运动，这也使得"大陆的土地私有权的发展因而渐渐落后于 13 世纪的英国"②。

雇佣军制度对英国军事贵族以及骑士阶层起到了分化的作用。

---

① 马克垚：《英国封建社会研究》，北京大学出版社，1992，第 158 页。

② 道格拉斯·诺斯、罗伯斯·托马斯：《西方世界的兴起》，厉以平、蔡磊译，华夏出版社，1992，第 82 页。

这主要表现在以下三个方面：一些人继续操持“旧业”，财大气粗的贵族当然以作战为业，继续当他的贵族，而一些经济困窘的骑士就被迫转为雇佣军，或被招募到大陆作战，或被贵族招募为家臣，在大陆无仗可打的骑士一般自愿充当过去主子的家臣，贵族养士一时成为乔叟时代的风尚；一些人面临“失业”，他们无所适从，在社会上游荡，或以抢劫为生，甚至沦为绿林盗贼；大部分骑士则纷纷“转业”，由剑头转向犁头，从事经济活动。后者对英国社会变革产生了巨大影响，后来形成和造就了一个新的绅士阶层。“大约在十二三世纪，已经有部分贵族和骑士通过缴纳免役税摆脱了军务，将精力转向了农业管理和参与工商业。”①

骑马带刀的人群。历史上有的封建国家规定，骑马是军人的一种特权，而在《坎特伯雷故事集》中，乔叟和29名来自各个阶层又身份各异的香客却都骑着肥瘦不一的马匹，就连修道僧、修女和女市民都神采飞扬地骑着各自的好马。至于佩剑带刀或携带武器，那似乎更是只有贵族才配享有的特权和荣耀。那么，在乔叟的香客同伴里究竟谁携带刀剑武器？让我们看看这些骑马带刀的英国人。

先看正式入伍的军人。骑士(Knight)是29名香客中享有当时最高社会地位的高贵人物，他的身份仅次于封爵贵族。这位骑士的生平事迹值得当时人尊敬和敬仰，他参加过十五次重大战役，既与其他基督教国家的敌人比武，又与异教徒军队作战，且每每赢得胜利和荣誉。他骑着骏马，一件斜纹布衣友全部给他的铠甲擦脏了，这也暗示他经济上拮据和不景气。著名学者理查德·韦斯特(Richard West)就明确指出，虽然这个骑士在英格兰是一个身份高贵的骑士，但也是一名为

① 冯军旗：《中世纪晚期英国贵族和家仆依赖关系探析》，《首都师范大学学报(社会科学版)》2003年第2期，第67页。

欧洲大陆国家或城邦效力的落魄雇佣军①。缙绅(squire)是骑士的儿子,一个年轻的侍从,也是一个活泼的青年战士。这个英俊的年轻人既勇敢善战,参加过法兰德斯、亚多亚和毕伽的各战役,又颇有成就,很想赢得意中人的青睐与眷顾。乔叟只介绍“他很善于乘骑,能做歌曲,能比武、绘画和写作”②,没有直接描写他胯下的坐骑和佩戴的刀剑,但既然他很善于比武,那么他一定有一匹骏马和锋利的刀枪。

再看非正式入伍的人群。所谓非正式入伍者,乃有资格参军作战的人。在与乔叟一同朝圣的同伴中,农民群体和市民群体均佩有刀剑,即便仅仅用来装饰,那似乎也是一种较高身份地位的象征。

农民中存在可以佩戴刀剑的人,这些人的身份为富兰克林、约曼、管家和磨坊主。磨坊主粗矮健壮而有膂力,他腿边挂着一把刀和小盾,这似乎不只是为了实用,倒更像一种招牌③。比磨坊主更招摇的人是一个瘦小而有脾气的庄头,乔叟清楚地注明了他的身份,他其实是一个中饱私囊的庄头(reeve)。他骑着一匹灰色有斑的矮马,穿着一件蓝色长袍,身旁一把锈刀。④ 这个庄头连买把快刀好马的钱都不出,却还念念不忘享有从军的权利和荣光。富兰克林(franklin)则是一个热情而有威仪的富裕农民,也是一个漂亮的小地主。他富足得可以整天在家中大摆宴席,食不厌精,脍不厌细,政治上担任地方的郡长,多次代表他的一郡当过议员。他腰带边挂着一把短刀,一个绸囊白得像清晨的牛奶一样。绸囊配短刀并非真正尚武,明显也是摆摆样子,但那干净利索的穿戴还是凸显了他有权有势的新贵身份⑤。最引人注目

① Richard West, *Chaucer 1340—1400*, London, 2000, p. 242.

② 乔叟:《乔叟文集》,方重译,上海以为出版社,1979,第 334 页。

③ 乔叟:《乔叟文集》,方重译,上海以为出版社,1979,第 345—346 页。

④ 乔叟:《乔叟文集》,方重译,上海以为出版社,1979,第 346—347 页。

⑤ 乔叟:《乔叟文集》,方重译,上海以为出版社,1979,第 340—341 页。

的农民，还是那位跟随骑士骁勇善战的约曼。约曼(yeoman)是骑士所带的唯一的自由农，他与骑士的儿子同为骑士的仆从，也是当时骑士作战所用的最少的人员配备，从一个侧面也说明了这个骑士依旧操持“旧业”又经济窘迫的尴尬状况。这个仆从穿着绿色外衣和兜帽，手中握着一张大弓，皮带下挂着一束闪亮尖利的箭，上插孔雀羽毛。他臂上戴着华美的皮制射韝，身旁一边挂着剑和盾，另一边是一把漂亮的短刀，装备得宜，且利如矛尖；胸前一块闪亮的圣克立斯多弗银像，绿肩带上挂着号角。他是个道地的林猎者[①]。显然，他佩戴的刀剑一定是他的主人骑士及其儿子的武器，而漂亮的大弓和锋利的箭矢肯定是他自己最钟爱的武器。

市民阶层佩戴刀剑的人，包括帽商、木匠、织工、染工、家具商和船手。帽商、木匠、织工、染工、家具商一行六人，还带了一个厨师，跟随他们一同去朝圣，且专门给他们几个“开小灶”。[②] 他们都穿着同样的服装，又属于同一个声名赫赫的互助协会，每个人都可以在议事厅坐居高位，每个人都是能干的人，都可以当个助协会会长。他们所佩的刀并非铜制，而是细刻的银质，腰带、挂袋莫不整洁精巧。要知道这些在城市里位居高位的人，在一代以前也许是并不自由的维兰，现在已从无权无势的农奴一变而为各种手工行业和商业行会的师傅、领袖和大人物。穷人乍富后自然要用衣饰和佩戴物来显示自己的富裕和自尊，所以，他们的制服是同一样式的，佩刀要银质的，腰带和挂袋要整洁精巧的。船手(sailor)则是一个往来于英国与大陆贸易区之间的“好手”。他经过了无数次大风大浪，所有从瑞典的哥得兰到西班牙的非尼斯特角的每一海港他都熟悉，西班牙和布列塔尼的任何一条溪流

---

① 乔叟：《乔叟文集》，方重译，上海译文出版社，1979，第334页。

② 乔叟：《乔叟文集》，方重译，上海译文出版社，1979，第341页。

他也知道,能在海上辨别航向、洞察大难危机,凡做一事都是勇而有谋。他勉强骑着匹小马,一件粗毛长袍罩住膝部,一把刀挂在围颈的线带上,拖到腋下①。与佩戴银质刀具的行会头目装点门面、做做样子不同,海员佩刀应是出于实用目的,倘若海员刀剑不精通、武艺不高强,试想他如何能够来往于英格兰与欧洲大陆之间、游走于北欧海盗与西班牙劫匪之巢?

还有几位可佩却不佩武器的人。乔叟可是一位少年从军、随王亲征的人,他多次随英军渡海与法军作战,经过很多次重大战役,可谓是这群香客中的资深军人。伦敦法学院的伙食经理自然也是可以参军的自由民,还有那位泰巴客栈的老板哈利·斐莱,他们也许是一些很早拥有市民身份的人,早就享有这种佩戴武器的权利,用不着以佩刀来表示身份和自尊。②

值得一提的是,英国实行全民兵役制由来已久,大约肇始于 12、13 世纪。关于军役,到底身份不自由的维兰能不能随军服役?答案是肯定的。这是因为,虽然骑士之役维兰不能充任,可是英国一直存在着民兵制,这并不排除维兰。早在 1181 年,亨利二世就颁布了军役令,只允许少数自由人参军,而到了 1230 年重颁此令时,自由人和维兰都已包括在内,只是按照财产多少来执行应服何种军役。开始的时候,可能只是各地郡守为了满足政府要求征召的参军人数,强行征及维兰,后来逐渐成为一种制度而留存下来。当然,总的来说,由于财产状况的限制,维兰参军的并不是很多,不过一些个别的例证仍然存在。而维兰参军在法国是完全不可想象的事情。③

---

① 乔叟:《乔叟文集》,方重译,上海译文出版社,1979,第 341—342 页。

② 以上香客携带武器的描写均引自《坎特伯雷故事集》之“序言”部分。

③ 马克垚:《英国封建社会研究》,北京大学出版社,1992,第 268 页。

二、与王权的合作与疏离

王权和贵族是中世纪英国政治的重要线索，二者的关系随着社会环境的变化而不断变化，二者处于既斗争又合作的状态。中世纪社会经历着政治制度、经济体制、宗教生活及思想文化等各方面的深刻变化，贵族和王权的关系也在社会大环境的变化中不断发生着转变。乔叟时代是英国历史上国王与贵族关系最为紧张的时期。

为了巩固新兴王权、抵御外敌入侵，早在诺曼征服后国王就开始了与世俗大贵族的政治合作，并把贵族视为政治上的天然盟友。除了要靠贵族提供军役外，在经济制度、王国政务的推行与地方统治秩序的维护等许多重要问题上，王权都离不开贵族。再者，为保有既得权益，巩固统治秩序，世俗贵族也必须支持王权、辅佐国王。在共同利益的制约下，尽管王权与贵族有着矛盾和斗争，但双方的政治合作也是必不可少的。

早期诺曼王权对贵族采取既重用又限制的双重策略。这一时期，世俗贵族与王权的政治合作，集中体现在他们对王国政务的参与上，其形式主要有两方面：其一，作为王国行政中枢——王廷会议的重要政治顾问，贵族与国王共商国是；其二，充任王权在中央或地方的重要大臣与官员，也是贵族参与国政的重要表现。威廉一世在位时，与诺曼大贵族的关系比较融洽。为应付当时严峻而复杂的统治形势，威廉一世就不得不与诺曼贵族进行合作。另外，此时英王国的政制粗陋，政务推行，主要依赖于国王个人的军事权威而不是政治制度的构建与运作：中央政府机构尚不完备，仅由不断随主巡游的王廷来兼理王国要务。在此情况下，拥有大地产的总封臣，特别是那些以显赫的家世、军功而受分封的大贵族,会尤其受到国王的恩宠,成为王国政府中的显要朝臣。威廉一世统治时期,土地年收入达750镑以上的10个最大的世俗贵族中,大多是原诺曼公爵领的贵族,在欧洲大陆仍占有大量地产。他们共控制了"末日审判书"所统计的约20%的王国土地收入。在15个最频繁的临朝属证的世俗贵族朝臣中,他们就占了7名,有的还身肩要职①。在其统治的二十余年中,威廉一世正是依靠诺曼大贵族的支持,才逐渐稳定了局势,为诺曼王朝的统治奠定了基础。

威廉二世统治时期,诺曼王权与世俗大贵族的政治合作关系因王位之争的冲击而迅速破裂。威廉二世在部分大贵族的支持下平息了叛乱,为巩固王权的政治基础,威廉二世亦采取相应措施:一是对大贵族有限度地任用和封赏,对大贵族予以较多的限制;二是任用一些地位较低下的封臣与内府臣仆,并让其中一些人担任郡守。由此,这个新贵阶层就逐渐成为推动王国政务的重要政治势力。

到了亨利一世时期,王权与世俗贵族的关系在历经曲折之后才出现了重大转机。亨利一世即位初年的贵族反叛平定后,亨利一世重新调整王权与贵族的关系,与贵族各阶层进行政治合作。鉴于前朝的用人经验和大贵族反叛的教训,亨利王相当注重延揽和重用"新人"。国王大力擢用他们为朝臣、官吏,恩赐土地财产,逐步培植起一个既能与大贵族分权制衡,又能适应于构建官僚政府机构需要的新贵阶层。在培植新贵阶层时,亨利一世汲取前朝教训,推行"擢新保旧"政策。在平定少数大贵族的反叛之后,并未对大贵族一概排斥,而仍对之重用和封赏,让大贵族在国政中发挥重要作用。这样,在前朝曾受贬抑的诺曼元老贵族的后裔,又渐渐恢复了朝臣的显要身份和地位,频频临

① 孟广林:《英国封建王权论稿:从诺曼征服到大宪章》,人民出版社,2002,第99页。

朝议决国政和署证王令。亨利一世为了防止大贵族势力坐大,对这些大贵族家族一般不授予重要的具体官职,封赏地产也有限度。大贵族中的王族因特殊地位而仍受到国王的竭力重用和封赐。在推行"擢新保旧"政策的过程中,亨利一世还辅之以"恩威并重"的举措,为王权与贵族的合作提供有力保证。基于这种合作,亨利一世征服了诺曼底的分裂集团,恢复了王国"跨海而治"的统一局面,并保持了30多年较稳定的统治秩序;同时,王国官僚政府机构如财政署、巡回法庭等初步建立并有效运作。

王权与世俗贵族的关系在史蒂芬时期极度紧张,在亨利二世统治时期则有所改善。亨利二世即位后,马上就将内战中被大贵族侵夺的王室地产收回,给中小贵族恢复其故宅旧地,对内战中借势获得伯爵爵位及其合法继承的领地、特权暂予保留。这些举措已显示出他与贵族全面合作的意向。随后,他延续了亨利一世的举措,依赖包括王族在内的大贵族治国为政,是亨利二世推行的一项重要政策。即位之初,亨利王重视让王族辅政,他外巡时常由王后埃林诺及王子摄政。后来,亨利王廷揽各阶层的政治精英参与国政,但王族仍是他重用和赏赐的对象。受其扶持,这些人都成为富有显赫的大贵族,拥有大量地产。亨利还以升任教职的方式来提拔任用其亲属。例如,他让自己的私生子杰弗里被选为林肯主教,后又封赐地产,使杰弗里拥有骑士领达205个。杰弗里后来退出教职,任中书令,负责整个王国政府的秘撰事务①。对与国王没有血缘关系的实力雄厚的大贵族,亨利二世尤为注重发挥其辅政作用。他不仅让他们充任显要朝臣,也对他们授予显赫的具体官职。亨利二世在处理王权与世俗贵族的关系上,继承

① T. K. Keefe, *Feudal Assessments and the Political Community under Henry and His Sons*, California: University of California Press, 1988 , p. 99.

和发展了亨利一世的统治方略,在亨利为王的35年中,与教俗贵族基本上保持着政治合作关系。

到了14世纪,五位国王先后统治英国,其中,最善于与贵族合作的是爱德华三世(1327—1377)。爱德华三世在位50年,四处征战,好大喜功,一心想恢复过去安茹帝国的权威。为此,他不惜对苏格兰和法国发动战争,对苏格兰的战争是为了消除与法国作战的后顾之忧,安定自己的后院,与法国的战争旷日持久,前后延续了一百多年之久,这就是历史上非常有名的百年战争。在他的发动和领导下,英国先后取得了克雷西战役(1346年)和普瓦提埃战役(1356年)的大捷,在普瓦提埃俘获了法王约翰二世,到1360年签订对法国合约,可谓战功赫赫。

爱德华三世的对外扩张战争得到了好战贵族的大力支持和热烈拥护,所以在他统治期间贵族没有多少反对行动。他对内政也不大过问,只要有不断的财源供应他的军队、支持他的战争即可。为了取得经费,爱德华三世向议会做出不少让步,议会的实力日益膨胀。如果税收不足以供应,他就向意大利银行借钱,结果债台高筑。乔叟两次作为英国使团的副使出访意大利热那亚、佛罗伦萨等地,向意大利银行借钱可能就是出访的目的之一。爱德华三世晚年政治矛盾激化,他的长子黑王子爱德华与另一个儿子兰开斯特公爵即冈特的约翰互相对立,各自培植亲信,各树党徒,斗争十分激烈。随着黑太子病殁和爱德华三世的驾崩,黑太子年仅10岁的儿子即位为理查二世,最终造成大动乱。

爱德华一世、爱德华二世、理查二世和亨利四世虽然在各自统治期间也得到了部分贵族的支持和拥护,但贵族的离心倾向仍然很大,国王与贵族的关系乏善可陈。其间,爱德华二世和理查二世均遭废黜厄运,被迫宣布退位,而后被暗杀。相反,反对英王的贵族在与英王的较量中落败,为首的领袖人物及其重要党羽大多也难逃被杀之劫,爱德华二世和理查二世都曾残酷地报复反对派贵族。

在封君封臣体制下孕育的封臣离心倾向,决定了英国王权与贵族的政治合作不可能消除二者的权力之争。世俗贵族想要的是一个"在危机时刻能有力地领导、又将地方控制权留在他们手中而不加以干涉的国王"①。由于贵族们掌握着各地的实际统治权,所以君权的每一步扩张都是以剥夺贵族的权力为代价的。因此,他们拼命强调日耳曼人的自由传统,以各种方法抵抗国王扩张权力的种种企图,他们特别强调国王由贵族推选产生的惯例。这样一来,双方的权力之争就不可避免了。佩因特明确指出,在诺曼征服后,"国王与贵族之间的斗争,是几个世纪英国政治史的主要线索"②。

贵族与王权的疏离主要表现在以下几个方面:

一是封君封臣制所孕育的贵族离心倾向始终无法消除。征服之初,诺曼贵族为了镇压英吉利人的反抗,纷纷修建城堡,数量众多的城堡成为国王集权的障碍;大贵族拥有庞大的地产,经济实力强大,拥有独立的司法、行政大权,其领地几乎就是一个独立的王国。正如史家所说,征服者威廉在英格兰建立起来的直属封臣的领地,在某种意义上就是国王统治的封建国家的缩影。受原始部落习惯的影响,此时的英国王位嫡长子世袭制尚未牢固确立,王位之争往往导致贵族的反叛,乘机扩张自己的势力;而与法国的领土之争以及跨海而治的政治局面为大贵族的叛乱提供了有利条件。国王加强集权的措施与贵族

① J. Nelson, *Politics and Ritual in Early Medieval Europe*, London: Hambledon Press, 1986, p. 242.

② S. Painter, *Rise of the Feudal Monarchies*, London, 1966, p. 50.

控制地方统治权的努力势必发生冲突。到威廉一世末期,王权与贵族的权力之争已初露端倪。诺曼王朝时期,王权与贵族地方割据势力之间拉锯战已到达激烈程度。直至乔叟时代,贵族才开始依托议会、联合多种势力与国王抗衡。

二是王权与贵族的权力争夺在历次的王位之争中表现得尤为突出。诺曼王朝时期政局不稳,每次王位继承都出现了王位之争,而贵族在王位的争夺中起着重要的作用。威廉一世建立了统一的王权,他曾为巩固王权采取了一系列措施,在威廉一世死后,留给继承者的主要任务仍然是巩固王权,延续诺曼王朝的统治。王位继承问题一再成为上层阶级政治和军事斗争的焦点。威廉一世死后的王位之争,揭开了王权与世俗大贵族激烈冲突的序幕。王位之争始终是困扰诺曼王权的政治痼疾,是促成世俗大贵族反叛的重要原因。由于王位嫡长子世袭制未牢固确立,王位之争在亨利一世死后再度爆发,进而演化成1138—1154年的英国内战。长达19年的王位之争使社会陷入极度混乱之中。斯蒂芬成了名义上的国王,面对强大的对手,无法行使国王的权力。王室岁入大量减少,中央完全失去对地方的控制。大会议、小会议、财务署都停止了活动,中央政府实际陷入瘫痪。多数贵族恢复了法律裁判权,私自征收赋税,兴建城堡,拥兵自重。权贵们还时时向各村摊派捐税。当穷苦百姓实在无力向他们交税时,他们就在各个村庄焚烧抢掠。所以,商旅可能整日不见哪个村里有个人影,也不见田里有人耕种。[①] 政局混乱状况由此可见一斑,贵族的政治离心倾向也展现得一览无余。由于内战恰恰处在王权巩固的亨利一世和亨利二世两朝之间,这一时期通常被称为贵族私战、掠夺和反叛、割据的

---

① 温斯顿·丘吉尔:《英语国家史略》上册,薛力敏等译,新华出版社,1985,第181—182页。

“无政府状态时期”(Anarchy)①。延续十多年的内战引发社会政治的大震荡和大分裂,中央王权被严重削弱,大贵族反叛和割据,致使王权与世俗贵族的合作关系严重断裂。当时,一些世俗大贵族利用王位之争和内战之机肆意谋取私家权益,扩张政治势力。

纵观诺曼王朝统治时期,贵族与王权的疏离倾向愈演愈烈。由于国家政治体制的不完备,日耳曼原始部落遗风的影响,王位嫡长子世袭制在此时的英国仍未牢固确立,国王诸子女常常为了继承王位,酿成王位之争,导致贵族的反叛,而英王国“跨海而治”的政治局面,与法国的领土之争,也为大贵族的反叛提供了较为便利的条件。一些贵族在剧烈的社会政治动荡中也常常借机扩大自己的权力而叛离国王。国王为确保王位就要对之严厉打击,从而造成二者矛盾的冲突和激化,王权与贵族的权力之争自然就成了这一时期的常态。

进入14世纪,历任英王均热衷于开边扩土,借以扩大王权,连绵不断的战争也使贵族力量逐渐增强,为了各自的利益而对抗王权,王权与贵族的争斗在爱德华二世和理查二世两朝达于顶峰。1307年,爱德华一世驾崩,留给他儿子爱德华二世(1307—1327)一个烂摊子。爱德华一世在位时穷兵黩武,耗资巨大,不仅留下一大笔债务,增加了统治的困难,而且使贵族们日益壮大,贵族为保护自己的私利与王室经常发生冲突。爱德华二世宠幸加斯科尼人加维斯通,封他为康沃尔伯爵,招致英国贵族不满。众男爵起而反抗国王,为首的是爱德华的堂兄弟、英国最富有的兰开斯特伯爵汤玛士。1311年,国王在斗争中失败,翌年加维斯通被杀。1314年,爱德华二世在和苏格兰人作战中遭遇惨败,此后其行动更受制于贵族势力。爱德华二世利用贵族之间的

① H. A. Cronne, *The Reign of Stephen, 1135—1154: Anarchy in England*, London: Weidenfeld & Nicholson, 1970, pp. 1-9.

矛盾,任用贵族德斯彭瑟和他的儿子,力图恢复自己作为国王的权利。王军击败兰开斯特伯爵,将他和他的党徒20余人一并处死,并没收了他们的财产,1311年限制王权的条例也被废除。后来,王后联合威尔士马克伯爵莫提尔起兵,得到法王查利四世的支持和部分贵族的响应,爱德华二世不得不于1327年被迫退位,在狱中经拷打后被谋杀。

理查二世(1377—1399)是黑太子爱德华的小儿子,在法国出生长大,即位时年仅10岁。他从市民上层选拔人才,积蓄力量,力图扩张王权,同时依靠他的叔父刚特的约翰对他的支持。1386年,理查二世的努力遇到一些贵族的反对,他们趁刚特的约翰远征西班牙之机,联合议会下院的骑士,一致要求罢免理查的大臣、大商人德·拉·波尔等人,理查被迫暂时屈服。1387年,他离开威斯敏斯特,要求亲政,还要求大法官宣布,议会指定的御前会议妨害了国王的特权,属于非法,而对国王如此执行者即犯有叛国罪;任何阻碍国王实现王权者即为叛国,议会没有权力在给予国王补助金之前向他提出要求,国王有权解散国会;议会若没有国王同意没有权力弹劾大臣;视罢免爱德华二世为合法者亦属背叛。1388年,反对派贵族以武力相威胁,理查被迫再次屈服,一些国王的亲信被处死,德·拉·波尔被判处绞刑。1389年,刚特的约翰从西班牙回国,形势又对国王有利。理查二世随即驱散了贵族给他指定的御前会议,再次任用自己的亲信担任御前会议成员,基本控制了政局。他佯装与议会和诸男爵仍然密切合作,并给原来反对过他的贵族以大量赏赐。他和长期战争的法国媾和,又与疯癫的法国国王查理六世年仅6岁的女儿订婚,因此得到80万法郎的嫁妆,财政状况有所好转。1397年,理查二世自以为完全控制了局势,在这一年的议会上开始大肆报复,将1387年和1388年反对过自己的人几乎全都予以严惩,这些人或被放逐,或被监禁,或被没收财产,为首的则处以死刑。议会还废止了许多不利于国王统治的法令，并授予理查以终身收取羊毛和皮革出口关税的权利。权力膨胀的理查二世，低估了贵族和议会的力量，犯下了一系列错误，终于铸成大患。1399 年，刚特的约翰去世，理查继续放逐其长子亨利·包林布鲁克，禁止他继承兰开斯特封土；之后又对内课以重税，引起各方不满，人人自危；继而出兵亲征爱尔兰。包林布鲁克趁机率军登陆，贵族们纷纷响应，议会也起而反叛，失道寡助的理查二世不得不宣布退位，随即被关进了伦敦塔，后遭谋杀。在教会贵族的祝圣下，包林布鲁克被加冕为亨利四世。

12 世纪末至 15 世纪，在与王权的政治和军事对抗中，贵族实力与王权渐趋接近，以公爵、侯爵、伯爵、子爵和男爵为序的五级贵族体制也大致成型。这一体制不是在某一特定时刻一次建立起来的，而是在漫长的岁月里逐渐形成，最终成为定制的。贵族阶层之所以能在中世纪占统治地位，形成我们所说的贵族政治，不仅在于他们有自己的集团意识，更重要的是他们是社会中财富土地的占有者，是国家的统治者。贵族拥有各种特权，不仅拥有参与政治、行使司法审判、进行经济剥削等方面的特权，而且他们的特权为各国的法律和习俗所确定和认可。

英国贵族体制的发展，具有强韧的生命力和连续性。形成这一突出特点的主要原因是：一方面，英国贵族在中世纪善于协调自身与王权的关系。多数情况下，贵族能够理智地分析各种利害关系，通过群体力量建设性地解决现实问题。他们反对国王独裁，是王权的对抗者、挑战者、监督者和制约者。可以断言，没有不列颠贵族的联合行动，就不会有《大宪章》《权利法案》等宪法性文件的制定，也不会有 17 世纪内战、“光荣革命”等重大事件的发生。但另一方面，他们又不愿意举行封建割据的无政府叛乱，以维护以国王为首的整个英国贵族的利益,因而又是王权的追随者、合作者和维护者。① 从中世纪到近代,贵族在很大程度上决定着英国政治发展的方向和性质,在重大的历史转折时期和历史事件中,贵族都起着不可替代的作用。

中世纪的政治在某种意义上是贵族政治,贵族在国家政治生活中发挥着重要的作用。参政议政是贵族的特权,他们拥有优先担任甚至独占国家公共职务的特权。通过与王权的合作与斗争,贵族成为各国政治生活中的中坚力量。最初他们可能只拥有某些方面的优势与特权,如主持王室法庭等,后来他们则将特权扩展到几乎所有的国家政治事务中。

法国启蒙思想家孟德斯鸠在《论法的精神》里指出,在一个由君王依照基本法律治理国家的君主制下,君主必须借助"中间途径"、从属的权力,即贵族的权力去执政。"从某种意义上说,贵族是君主政体的要素,其基本准则是:没有君主便没有贵族,没有贵族亦没有君主。然而,在没有贵族的君主国中,君主将会成为专制君主。"他甚至认为:如果废除君主政体中的贵族特权,"那样便会即刻出现一个平民政治的国度,或是一个专制的国家。"②可见贵族在君主政体下的重要性。

国王和贵族始终是中世纪英国政治舞台上最重要的两大势力。双方在土地等级分封制的基础上构成了一种颇具特色的既对立又合作的政治关系。国王作为最大封君,政治和经济实力远远超过任何贵族,他要求贵族效忠,提供军事义务,缴纳捐税贡赋;同时,国王还有责任保护贵族的切身利益,采取有效方式和途径,发挥贵族的作用。否则,贵族利益受损,积怨过重,则会联合起来与国王对抗,置王权于被

---

① 阎照祥:《英国近代贵族体制研究》,人民出版社,2006,第 13 页。

② 孟德斯鸠:《论法的精神》上册,孙立坚等译,陕西人民出版社,2001,第 22 页。

动状态。可见,英国最高封君国王与贵族封臣之间所维系的并非一种单向的主从关系。侯建新指出:“有独立的等级权利,令国王也不可小觑的贵族存在,是西欧中世纪一个相当重要的现象”,“英国《自由大宪章》和法国《三月大敕令》等文献表明,他们承认国王的权威同时也可以制约国王的权威,二者之间是相互的权利与义务关系,既紧张又协作的原始契约关系。这种关系受到法律习俗的承认和保护,充分体现出贵族对国王权力的分割和限制。在西欧中世纪的大部分时期内,王权与贵族之间的契约关系是颇为突出和典型的,以至于孟德斯鸠将有无稳定的、与王权平衡的贵族群体作为区分西方与非西方社会的重要标志。正是在这个意义上,我们称西欧中世纪为原始契约性的贵族等级制。”①

贵族与王权之间的这种既合作又相互制约的契约关系,对英国贵族在政治上保持相对独立的地位和作用尤其重要。而作为贵族权力和特权载体的贤人会议、贵族大会议和议会形成了王权之外的另一个重要权力中心,使贵族能在各个时期对国家行政、财政、立法和司法事务屡屡发挥关键作用,对王权构成了相当程度的制约,使得绝对专制王权成为不可能。

总之,诺曼征服以来,不列颠贵族和王权是互相遏制的两股力量。正因他们与王权长期保持着一种合作与对抗的关系,而且在相当长的一段时间内,双方不会在政治斗争中走得过远,说明不列颠贵族与王权之间已经存在着制衡的立宪细胞。英国世袭贵族对于英国民主制度的形成和发展,对于国民权利的争取和实现也起到了相当重要的作用。英国的贵族阶层在相当大的程度上是能与王权相抗衡,并能对其形成制约的社会力量。

---

① 侯建新:《社会转型时期的西欧与中国》,高等教育出版社,2005,第144页。

三、权力空间的缩小

国王、贵族和教会构成了中世纪英国多元权力格局的主体,他们相互制约又彼此支撑,任何一方都无法确立为专制独裁的统治地位。但是,在不断的政治斗争中,每一方都学会了如何重视平民社会的支持和拥护。到了乔叟时代,平民阶层逐渐凭借财富及其对王国财政的影响,作为一个整体在国会组成与贵族院一样的代议制机构,发出独立、平等的强烈诉求,而此前几乎在所有制度运作的背后都可以看到平民阶层的身影,统治阶级已经无法忽视它们的存在。换句话说,把持地方事务的"头面人物"的出现,不仅意味着贵族所享有的地方特权的空间大大缩小,而且意味着国家公共权力的殿堂已向平民阶层敞开了大门。

13世纪是庄园制的黄金时代,也是庄园制由顶峰走向衰落的转折点。农奴纷纷外逃、迁徙,不断涌现的自由新垦区和新城镇对庄园形成挑战,庄园被迫实行货币地租,继而是领主自营地先后分割,以依附佃户提供劳役地租为主要特征的庄园农奴制完全动摇了,在这种大、小环境下,庄官制度陷入困境。庄官不再为人们所敬畏,特别是庄头一职被视为畏途而唯恐避之不及。1381年农民大起义后,庄园组织每况愈下。乔叟时代旧的庄园管理机构趋于衰败,就庄园组织与农民的关系而论,庄园组织在一些地区已近于名存实亡。

与庄园组织衰落形成鲜明对照的是被称为富兰克林(Franklin)的富裕农民的崛起。这个阶层中的"头面人物"(Notables),不仅在村庄公共事务中发挥着愈来愈重要的领袖作用,而且走出了乡村,当过郡长和辩护律师,多次代表他的郡当选议会议员,甚至以公众代表的身份登上了参政议政的舞台。乔叟这样清楚地写道:"裁判官员们在审案会齐的时候,就是他(指 franklin,笔者注)主持着会议,十分威仪,他多次代表他的一州当过议员……他当过州官和辩护律师:哪里也找不到这样漂亮的小地主。"①

农民的上层阶级大约在 14 世纪末叶形成。每个村庄都有四五家耕种着 60~100 英亩或 100 英亩以上的土地、饲养着几百头牲畜的农民,他们常常被称为富兰克林。富兰克林的经济和社会地位介于骑士和全份额大农之间,他们中的大多数人却不必为承担骑士的花费而感到烦恼,按照 1379 年国会制定的人头税征集法令,将富兰克林与小乡绅的税额基本拉平,属于同一类别。15 世纪时,约翰·福特斯卡爵士这样评价富兰克林:"他们是有着相当经济来源的人,其经济实力使他们在骑士或乡绅不居乡时,可以领导起乡村社会。"②希尔顿也明确指出:"实际上代表农村共同体的都是农村的头面人物——他们是富裕农民的杰出人物,没有他们的合作,领主就难以进行管理……我们读过许多描写庄园总管等执事人员的著作,事实上农村共同体的管理权不在这些领主的代表们手中。庄园的或领主的法庭由富裕农民控制,他们解释惯例,解决争端,制定公共法则,颁布细则。"③他们的权威只有在极罕见的情况下才受到抵制,而那样的抵制被视为对整个村庄的冒犯。所以,在实际生活中,人们几乎没有发现对这种控制的反抗。最迟到 15 世纪中期,以富兰克林为主体的富裕农民阶层实际上控制了乡村事务。

富裕农民中的头面人物通常担任十户长(the chief tithingman)和

---

① 乔叟:《乔叟文集》,方重译,上海译文出版社,1979,第 340—341 页。

② 马克垚:《英国封建社会研究》,北京大学出版社,1992,第 188 页。

③ R. H. Hilton, *The English Peasantry in the Later Middle Ages*, Oxford: Oxford University Press, 1975, p. 54.

陪审员，但也不排除担任辩护律师、郡长乃至议会议员的特殊情况出现，比如乔叟笔下的那位富兰克林即是一例。令人不可思议的是，这位富兰克林竟然集专业人士辩护律师（auditor）、王室官员郡长（sheriff）和议会议员（a knight of shire）三种要职于一身，似乎不像一个富裕农民，反而倒像一个骑士或乡绅。事实上，现实中的骑士或乡绅也未必能有这位富兰克林所拥有的权势和影响力。乔叟曾担任过议会议员，也担任过林肯郡的治安法官，治安法官是仅次于郡长的地方官，他自然对郡长、议会议员的任职条件了如指掌，必不会生拉硬扯、胡编乱造、张冠李戴，把莫名其妙的头衔挂在一位富裕农民的头上。何以见得？窃以为，与乔叟时代的现实需要相适应，改朝换代造就了这位富兰克林，他优越的物质条件与他所处时代的现实需要相契合，换句话说，王权急需民间精英起来管理王国地方事务，进一步削弱僧俗贵族的权势和影响。

先看这位富兰克林的经济、学识、生活方式和交际范围。从经济上看，他的吃喝穿戴俨然贵族一般，"他早餐时最爱吃酒泡面包，他的面包和酒都是最上等的，谁也没有他藏酒丰富：家中进餐时总有大盘的鱼面糊，酒肴在他家里像雪一样纷飞，凡是人所能想到的美味他都吃尽了；他的饮食随着季节变换，他在笼里喂了许多肥鹧鸪，鱼塘里养了很多鲷鲈之类；他的厨师如果烧出的汤不够辛辣，不够浓烈，或者器皿不整齐，这个厨司就倒了霉……他的腰边挂下一把短刀，一个绸囊，白得像清晨的牛奶一样。"①乔叟说他是位少见的漂亮的小地主（vavasor），而从他穿戴之体面、家里物产之丰富来看，似乎又不仅仅像个小地主所能表现出来的阔绰和富足，很难想象他拥有多少亩土地、产量究竟有多高（一般富兰克林之家最多拥有 150 英亩的土地）。从学识

① 乔叟：《乔叟文集》，方重译，上海译文出版社，1979，第 340 页。

上看，他是一位辩护律师，也是郡长，这一身份说明他精通什户邑法庭和郡法庭的业务，对惯例和村法的条例更是了如指掌，否则，他根本不可能胜任上述要职。和他一同去坎特伯雷朝圣旅行的同伴恰恰也是一名律师（lawyer），据说还不是一位普通的律师，而是法学界的高级人物，可能影射当时一名著名的法官①，这从侧面暗示了这个富兰克林似乎也有不浅的法学功底。从生活方式上看，这个富兰克林具有唯贵族们才有的好客风度，豪爽、慷慨、热情和彬彬有礼，他延揽各方宾客，“他的家总是公开的，在乡下他简直是个款待宾客的圣徒，像圣求列恩一样……他的厅堂里的大餐桌是整天铺陈好的”②。试想，他几乎每天都款待宾客，开销一定大得惊人，一个普通的富裕农民绝对负担不起这样的开销，哪怕每周接待一次可能也是难以承受的。付出总会得到回报，这位富兰克林之所以能当上郡长和议会议员，就是因为他能够维持这种贵族般的生活方式，在社会各阶层乃至宫廷里赢得了热情好客的好名声。从社交方面看，他宴请的宾客应该都是社会名流贤达，从他下属的治安法官、验尸官到骑士、乡绅，从律师、学者到宫廷大员，要知道他的交际圈已扩展至议会下院，连他的官职郡长也抑或是国王亲自授予的地方大员，用以抗衡贵族在地方上的势力。

地方郡长（sheriff）代表国王的利益，是英国第一个受命于国王的王室官员。国王在分封教俗贵族的同时，就向地方委派由他任命的地方行政长官（sheriff），这是王权开始向地方直接渗透的重要标志。起初，这些王室官员的角色只是协助伯爵们治理各郡的寒微小吏或者王田上的管家。但随着王权的日益强大，这些委派到地方的行政官员，开始以国王代理人的身份，借助国王的力量逐步把封建领主的势力排

① 乔叟：《乔叟文集》，方重译，上海译文出版社，1979，第340页注①。

② 乔叟：《乔叟文集》，方重译，上海译文出版社，1979，第340页。

挤到他们各自的自营地中，于是先前的伯爵助理取代封建领主成为地方各郡的最高长官——郡长，郡法院的主持人。到13世纪末，郡长的职责是主持法院，他负责召集开庭，管理法院，受理诉讼；郡长规定诉讼程序，发布命令，但不进行裁判。当需要作出裁判的时候，郡长应当将这一工作留给郡法院的全体出席者——“审判人（the suitors as doomsmen）”。由于被当作国王的侍从，全郡几乎所有的事项——行政管理、军队、财政、司法、治安均被纳入郡长的控制之下。郡长还被授权征收盾牌钱、征召军队。在地方法律事务中，郡长的角色也随着职能的扩展逐渐冲破了法院主持人这一传统形象的限制，开始从英国最重要的法庭主持人，渐渐转变成为接受上级中央机关命令的传达者和独断的审判者。①

也许正是郡长的权力过大，王权扩张迅猛，极大地侵害了地方权贵的既得利益，从而引起僧俗贵族的强烈反对。作为英国历史上反抗王权的重要的成果，1215年签署的《大宪章》第一次用法律的形式对郡长权力设定了实质性限制，第24条明确规定：郡长、治安官、验尸官、监守官等王室官员均无权审理王室诉讼。1217年进一步规定：禁止两次集会的间隔不足一个月。此后，郡长按月召集郡法院逐渐成为惯例。郡长也从此回到了传统的角色，“郡长不是审判者，而只是郡法院的召集者和主持者”。到爱德华一世时，作为政治集会的场所，郡法院仍最为重要，骑士们代表它们出席议会，但作为一个法律实施机构，郡法院已失去了大部分的功能，只能审理低于40先令的诉讼，其管辖权被大大缩小。所以，郡长作为王室官员，代表着国王的利益，又直接联系着普通民众，利用习惯法和王室的双重效应，直接或间接地削弱

① S. F. C. 密尔松：《普通法的历史基础》，李显冬等译，中国大百科全书出版社，1999，第6页。

和压缩着贵族们在地方的权势和影响。

如果从更广阔的时空来看，国王借助郡长管理民团武装、整饬郡制以及推行陪审制度，有效地对贵族权、教会权进行干涉，成功地破坏了由某个等级通过垄断公共权力、瓜分国家资源来建立等级统治的企图，同样也避免了由此可能激发的等级对峙、社会分裂的普遍危机。无论是国家最高权力象征的王权，还是领主权和教会权，只是在各种势均力敌的斗争中，各方才会逐渐意识到要取得斗争的优势就必须赢得富裕农民和市民阶层的支持和拥护，因为他们已经成为英国社会底层最有力量的利益集团。

不难看出，除了庄园经济作为保障，贵族的政治地位主要因为他们在战争等非常时期负责保护教会和平民，在和平时期管理地方事务，与国王保持既合作又制衡的微妙关系。然而，雇佣军的出现，使国王不再过分依赖自由散漫、尾大不掉的贵族骑士；战争的规模已从小规模的局部私战转变为大规模的全局战争，长弓作为有效的杀伤武器以及下个世纪出现的火枪，已经开始代替了骑士们臃肿笨拙的马上格斗，战争性质也从国内战争演变为近代意义上的国际战争，贵族作为“作战者”的特权已不再为马上作战的阶层所专有独断。贵族与国王合作可以得到大量的封赠，政治地位也得到稳固，相反与国王疏离则会丧失国王的信任，反抗国王则可能被褫夺封号与封地。虽然贵族统治着议会上院，但是由骑士、市民组成的议会下院逐渐获得了征税的表决权，乡绅和富裕农民开始把持乡下法庭事务，逐渐把贵族在地方的司法权蚕食殆尽。

总之，通过对乔叟笔下贵族形象的简要分析，我们对当时贵族的结构作了梳理，五级爵位制形成之日也是贵族阶层衰落之始，贵族经济因庄园解体、农奴制废除而逐渐衰落，其政治地位也每况愈下。当然,贵族毕竟还是贵族,尽管在政治上依然是一支能够有效制约王权的重要力量,但在经济社会发展的整体上所起的作用在不断下降,已开始逐渐走下坡路。乔叟恰好就是贵族阶层由兴盛转向衰落的见证人。

第二章
世俗化的僧侣

在中世纪的英国社会中，僧侣以法律上的正统身份“说教者”(oratores)而享有“第一等级”的尊贵与荣耀，用10世纪英国修士艾尔弗雷克的话说，“系为我等求助上帝、并在基督的臣民中间弘扬福音，唯此专事圣职者方使我等蒙恩受惠”。[①] 但是，这一阶层在中世纪的地位和影响绝不局限于拥有在属灵领域的训导权，还享有政治、经济、社会、文化诸方面的等级特权。“单个的基督徒不是基督徒”，僧侣的背后是天主教会和修道院，在中世纪晚期封建社会的多元权力格局的角逐中始终处于举足轻重的优势地位，权势庞大、影响无所不在，对专制王权、领主权均起到很强的制约作用。本章拟从乔叟笔下的僧侣形象入手，通过对乔叟时代僧侣阶层的构成要素的梳理，简要勾勒这一时期僧侣阶层从腐化走向分化的过程，并试图分析和揭示僧侣阶层腐化、分化乃至衰落的经济社会原因。

---

① “说教者”(oratores)、作战者(bellatores)和劳作者(laboratores)所组成三等级社会结构，这一说法被认为是公元10世纪时由英国修士艾尔弗雷克最早提出的，12世纪末又结合其他等级观念流行起来。参见阿萨·勃里格斯：《英国社会史》，中国人民大学出版社，1991，第73—74页。

第一节　僧侣的构成

乔叟时代的英国僧侣是一些什么人？乔叟笔下的僧侣形象是否真实可信？这些形象究竟能对我们了解和研究那个时代的权势阶层有无些许启示？让我们从乔叟笔下的僧侣形象入手，结合当下笔者所收集到的乔叟研究成果，力图走近这一特权阶层，审视和勾勒当时英国贵族的结构性特征。

一、乔叟笔下的僧侣形象

乔叟笔下的僧侣形象全部采用了写实化的手法，嬉笑怒骂皆成文章，可谓写尽了僧侣的劣行与丑态，而不像描写贵族那样缩手缩脚，大多采用曲笔、隐喻、象征等写作手法，尽量不从正面描写主人公的形象，将自己的主观意图隐藏起来。

在《坎特伯雷故事集》的序言部分，乔叟用写实化的笔法，刻画了来自英国城乡的十个鲜活生动的僧侣形象。用乔叟的话说，他要“先谈一谈每个人的个别情况，由我的角度看去，他们是何种人物，属于哪一个社会阶层，穿着怎样。”也就是说，诗人先要对僧侣香客的身份作甄别，然后介绍他们的穿着打扮。对笔者来说，只要跟着诗人的眼光看去就可以轻松了解这群僧侣香客的经济社会状况，通过前者可看其名分、法律身份，通过后者则可看其职业，并从中透视其经济状况。

首先，乔叟对他笔下的僧侣都一一作了身份鉴定。在 29 个人的香客队伍里,僧侣香客共10人,占三分之一强,其中有修道僧(monk)、托钵僧(friar,又称游乞僧)、赦罪僧(pardoner)、小女修道院的院长(prioress)、小女修道院的修女(nun)、小女修道院的三个教士(priest)、堂区神父(parson)和教会法院差役(summoner)等10人。除了法院差役可能是平信徒,其他僧侣似乎都是神职人员。在中世纪的西欧社会,每个人所使用的不同名称本身便标示着他们各自不同的名分和法律身份。由此可见,这群僧侣香客几乎全部来自僧侣阶层的中下层,修道僧多于教士。换句话说,这些僧侣涵盖了修士和教士,从他们的名分基本上可以看清当时英国僧侣中下层的基本结构。

其次,乔叟从穿着打扮角度透示出僧侣香客们贫富不均的经济状况。从贫富角度看,小女修道院院长、修道僧、游乞僧、赦罪僧堪称富人,他们或住持僧院而生财有道,或骗术高超而搜刮不菲,或依傍家产而坐享其成。酷爱骑马、狩猎的修道僧是坐堂僧,按例可领双份薪水,在修道院内领一份圣俸,到修道院外的住持教堂再领一份额外的报酬,所以,他的马厩里有的是好马可骑,既有血一般红的马匹,也有干果一样棕褐色的马匹。“放荡不羁而自负”的游乞僧就没有坐堂僧的那份幸运,他是游乞僧,除了领取一份修院的圣俸,就只能在属于自己的区域内靠游说牟利,利用听人忏悔的方式赚取外快,主要是赚妇女的钱。为此,他每年还要给自己所在的修道院付出一笔钱,以免同行侵犯他在各路所独占的权益。他还要巴结富人和粮商,以便经营他自己的产业,甚至利用包打诉讼来赚取灰色收入。乔叟说,“他行乞所得,还多于他产业上的收入”。[①] 赦罪僧自然也有一份圣俸,捞取外快的办法是靠兜售从罗马教廷弄来的“赦罪符”和其他“圣物”,甜言蜜语,欺诈诡谲,专门骗取乡下的牧师与乡民。乔叟说,赦罪僧一日之间

① 乔叟:《乔叟文集》,方重译,上海译文出版社,1979,第338页。

所收集到的钱币,可以超过那些穷牧师两月的所得。小女修道院的院长自然有一份不菲的圣俸,更重要的是她的举荐人,通常是该修道院的创始人和恩主,从小女修道院所在的位置伦敦斯特拉夫地区来看,她的恩主一定是当地富商和显贵人物,甚至可能是她的直系亲属。乔叟时代有许多这样的修道院,创始人向国王申请特权令状,建成后推荐修道院院长和修道长,该院几成私产。相对而言,来自边远乡村贫穷的堂区神父和小女修道院随行的三位教士则是不折不扣的穷僧,因为他们只领取菲薄的圣俸而无外快收入,堂区神父通常还要接济比他更穷的教徒,靠炼丹骗取金银的教士骗人乏术,炼丹也乏术,难免穷困缠身,另两个教士大概连基本的生活保障都没有,只好对天发出世事难料、好人遭殃的哀叹。在富人和穷人之间还有一个教会法院差役(summoner),他虽无圣俸,但贪婪无比,巧舌如簧,威逼利诱,利用教会法院听差的身份四处寻租,其非分所得尚足以维持小康生活水准。

通过对乔叟笔下僧侣形象的法律身份所作的简要甄别,以及他们经济收入来源、贫富状况的分析,不难看出乔叟对当时社会现实的敏锐观察和深刻思考,所再现的人物和细节也是真实可信的。

乔叟笔下的僧侣不仅贫富不等,品行也良莠不齐,乔叟对富而无行者非常轻蔑,毫不留情,极尽鞭挞讽刺之能事,对贫而有德者则非常尊重,满怀敬仰,极尽褒奖礼赞之能事,甚至把来自边远乡村的堂区穷牧师称为僧侣界的道德楷模。

> 有一个好教徒,是一位穷牧师(神甫,笔者注),但富于圣洁的思念和功德。他还是一个有学识的人,身居教职,他一心宣传着基督的福音,虔诚地教导着他的教区居民。仁慈、异常勤勉、在困苦中能忍耐,这是他的常态。不付什一税的人他不愿轻易逐出教

会，却从教堂捐献中或自己的产业里拿出来接济穷困的教民；他自己的要求有限，很容易满足。他的教区辽阔，每家住户相隔很远，但不论是雷是雨，他必然访问最远的一户，大户或小户，有病或有任何不幸的事，他总是手里撑着一根拐杖，步行而去。在他的牧群中他以身作则，先自作出好榜样，然后再教导他们；这句话他摘自《圣经》，自己又加上一个譬喻说，如果让金子上了锈，铁还有什么办法呢？一个牧师是应得大家的信任的，假如他自己就腐败了，一般无知的人当然更要溃烂了；最可耻的是，愿每个牧师注意，牧羊人污浊，而群羊反干净。牧师必须自己纯洁，给群羊做着为人的模范。他绝不像有些牧师那样出租职守，让他们的群羊去陷入泥潭，同时自己却去伦敦圣保罗教堂，领一个圣堂祷唱的悠闲职位，或受聘于工商协会；他却始终留守羊群，唯恐野狼来乘隙为害。他并非唯利是图的商人，他是一个牧师。他一面圣洁善良，一面对于犯下罪恶的人也不冷酷，也不恶言相对，却仍是耐心说服，循循善诱；用自己的正直言行来潜移默化，引入天国，这才是他所关心的事。但遇到怙恶不悛的人，不管他是贵族还是平民，他责骂起来确实很严峻。比他还好的牧师我相信是没有的了。他不爱浮华，不爱奉承，也不矫揉造作；他只是传播基督及其使徒的道理，而一切从他自己做起。①

这简直就是一篇惩恶扬善、扶正祛邪的布道词，似乎比当代报刊的激浊扬清的长篇大论也有过之而无不及，却并不让人感到道德说教的厌烦和乏味。究竟何以至此？当在言之有物是也。要而言之，其原因大致有二：

---

① 乔叟：《乔叟文集》，方重译，上海译文出版社，1979，第334—335页。

一是诗人旗帜鲜明地支持以穷牧师为代表的罗拉德派运动。英国1381年爆发轰动一时的农民运动,主张取消农奴制。由教区牧师、游乞僧和大学里的威克里夫信徒所组成的罗拉德派,他们中有些人参加这一运动,甚至提出反教权、反领主权的激进主张,并宣传一种原始共产主义。这个模范牧师就被客店老板哈里·裴莱戏称为“罗拉”(即罗拉德派教徒)。威克里夫是罗拉德派的精神领袖,乔叟颂扬模范牧师的这段文字与威克里夫的写作颇有相似之处,也可以说,两者的精神意蕴是极其相似的,应该能够代表着一种要求改革的时代精神。同时这也说明乔叟与罗拉德派及其领袖之间的关系是相当密切的。

二是反对教会腐化、要求教会改革反映了世俗各阶层尤其是中下层民众的正义呼声,也迎合了当时王权兴起、民族独立的时代要求。在中世纪末期,西欧天主教会不但钳制人们的思想、限制人们的精神自由,而且阻碍蓬勃兴起的民族国家的建立,因而遭到社会各个阶层的一致反对和强烈声讨。

乔叟出生在伦敦殷实富裕的商人家庭,在伦敦的商人街区度过童年,少年时被送入伯爵府当差,先后在爱德华三世、理查二世和亨利四世的宫廷为官,一生与贵族和国王来往甚密,自然有机会接触到在宫廷里任职的高级僧侣,然而人们没有发现他与高级僧侣交往的任何记录,更不要说在僧侣中有什么好朋友。与前述对伪教士所体现出的假恶丑的抨击一样,对底层教区穷牧师所体现的真善美的褒扬,似乎既是出于道德与正义,并不掺杂着主观好恶与私人爱憎,也是出于王权、贵族和市民的共同诉求和现实需要的必然选择。因此,窃以为,乔叟与僧侣阶层或个人并无私怨,激浊与扬清是乔叟真实创作心态的两个方面。

二、僧侣的分层与流动

乔叟笔下的僧侣是不是当时社会中下层人士?英格兰的僧侣在当时的社会结构中处在何种位置?僧侣阶层内部的等级制度——教阶制又赋予他们怎样的权利和义务?他们能上下流动吗?要回答上述问题,就不得不从中世纪西欧社会的等级观念和僧侣等级制度的角度进行考察。

其一,从等级观念的角度来看,乔叟笔下的僧侣均属于"第一等级",从属于英格兰教会的统治阶级。

中世纪的西欧封建社会通常被认为是由"三等级"构成的等级社会。早在10世纪时,英国修士艾尔弗雷克就提出"说教者"(oratores)、"作战者"(bellatores)和"劳作者"(laboratores)构成三等级社会体制的新说法,并很快在西欧流行开来。这一现象说明"在建立修道教士会等改革大潮的影响下,当时欧洲的教会作者倾向于突出教士与修士的同一性,也说明贵族阶级观念的强化导致人们区分平信徒中从事征战的贵族与从事生产的平民"。① 有的学者则认为,由"说教者、

---

① Giles Constable, *Three Studies in Medieval Religious and Social Thought: The Interpretation of Mary and Martha, the Ideal of the Imitation of Christ, the Orders of Society*, Cambridge: Cambridge University Press, 1998, pp. 279-288. 按照中世纪早期的教会法理论,教士肩负的守贞和服从的义务使他们的生活方式与修道院的修士很接近,所不同的是,教士可以拥有财产,不一定要履行修士所必须恪守的清贫义务。作为圣品的教士可以要求加入修道院,修道院院长可以遴选一些修士,让他们获得圣品。11世纪,西欧教会里一些向往和实践修道生活的教士组成修道教士会(canonici regulares),建立自己的教堂,或者改造旧式的教堂,要求教士们过清贫的集体修行生活。13、14世纪以后,法兰西斯修会和多米尼克修会在教皇的支持下积极而又广泛地介入牧民活动,从而使教士与修士之间只存在极其微妙的区别。简言之,他们都必须履行清贫、服从和守贞的义务。

作战者与劳作者”三等级构成的社会结构说之所以为当前人们熟知，乃是法国年鉴学派学者以及其他历史学家的通俗著作使然。①

乔叟时代，英国处在大变动、大分化的历史时期，社会分工越来越细，社会关系日趋复杂，社会结构愈加模糊。僧侣阶层早已分化为很多不同的职业，很难用一个“说教者”的名称涵盖之。1159 年，索尔兹伯里的约翰还是沿用说教者、作战者和劳作者三个等级的划分，“说教者”这种称呼已经不能准确适应僧侣阶层的新变化，因为“此时僧侣已经分裂为许多不同的社会集团，而具有不同价值观念、充当不同社会角色的修士团之间也存在着冲突。僧侣中包括教师(教会垄断教育)、管理人与学者、语言家与哲学家、艺术家与音乐家。”②如果说上述这些人组成的社会集团可以具有教士和某一教职的双重身份，称为“说教者”也说得通，那么到了两个世纪以后的乔叟时代，虽然大学里还有这种双重身份的人，但不带有教士头衔的大学人群体已然出现，比如乔叟笔下的学者、内科医生、律师和伦敦法学院的伙食经理，他们的生活方式、社会角色、价值观念和收入来源与教士已迥然有别，倘若再称之为“说教者”，岂不是风马牛不相及也？窃以为，乔叟时代的大学及其大学人已经成为一个独立的社会阶层，成为继僧侣、贵族、市民和农民之后获得新生的知识者等级，是为当时社会结构的第五极，由于本书篇幅所限，兹不赘述。

但是，乔叟笔下的僧侣与大学人共同体无涉。他们既不靠教书和求学为业，也不认同大学的章程和生活方式，而是依托教会和修道院谋生。除了乡村教区穷牧师安于清贫之外，其他僧侣则不然，他们既

① 施治生、徐建新主编:《古代国家的等级制度》，中国社会科学出版社，2003，第 458 页。

② 阿萨·勃里格斯:《英国社会史》，中国人民大学出版社，1991，第 74 页。

领受教会的神职圣俸，又借助教会的职位之便向教民榨取不义之财。其实，穷牧师也大可不必在乡下坚守职责，他完全有条件找到兼职的工作，乔叟就向我们透露了这种“美差”，“他绝不像有些牧师那样出租职守，让他们的群羊去陷入泥潭，同时自己却去伦敦圣保罗教堂，领一个圣堂祷唱的悠闲职位，或受聘于工商协会”①。虽然这群僧侣人品各异，几乎可以用天壤之别来形容，但他们都是教会属下的神职人员，都受教会组织的管辖，在生活方式上也基本一致，他们都是“说教者”统治群体中的一员。

其二，从西欧天主教会内部的等级结构来看，乔叟笔下的僧侣是僧侣阶层的中下层人士。中世纪西欧天主教会等级结构的基础是神职人员与平信徒之间的界限和地位的差别，但是到了中世纪后期经济因素的影响越来越大。

根据教会法，教士内部划分为不同的教阶，统称为“圣品”（ordo/order），是为教阶制。教士享有人身保护特权、司法特权和免除赋役赋税特权等一系列特权，在法律观念上被界定为高于或优于俗人，但也

① 乔叟：《乔叟文集》，方重译，上海译文出版社，1979，第 345 页。

要履行一些特别的义务，比如清贫、服从和守贞的要求。①

教职界内部也划分等级，大致可以分为上、中、下三个层级。最上层是一些显赫人物，包括大主教、主教、修道院院长，其中一些人在国王的宫廷中担任要职，集僧俗两界的经济政治权利于一身；中层是称雄一方、蓄养众多私臣的大管家、管家和兼领多个教职的修道僧等，小修道院长也在此列；下层则是收入菲薄的游乞僧、赦罪僧和底层堂区教士等。一般情况下，圣品和神职是一致的，比如，助祭任助祭的职务，主教任主教的职务。圣品是不可无衔（无职务）授予的，接受圣品意味着担任相应的神职，比如成为神父，就意味着在指定的教堂从事神父的工作，领取一份相应的圣俸作为生活保障，否则圣品授任就变成教会法所禁止的“无衔圣品授任”（absoluta ordinatio）。12 世纪中叶以后，神职人员人数有较大增加，他们因为经济生活的多样化而有多样化的收入，而有俸职位的数量依然有限，教会于是允许无衔圣品的授任，同时允许有足够生活来源者领受无衔圣品。这一做法不仅降低了神职人员品行资质的考察标准，也为神职人员以职务之便行骗和敲诈钱财提供了身份条件。乔叟笔下游乞僧、赦罪僧和法庭差役的所作

---

① 圣品包括大品和小品，主教、神父、助祭和副助祭构成大品（major orders），小品（minor orders）包括四种教士：司门员、诵经员、驱魔员和襄礼员。平信徒一般不得直接升入大品，教士一般不得越级提升，于是小品的各个等级成为高一级圣品的预备阶梯；对教士在每一个阶梯上停留的时间，教会没有硬性规定，一般为一年到数年，以便考察教士的品行和让他们积累经验。接受小品的最低年龄为 7 岁，大品各等级的最低年龄分别为：副助祭 20 岁、助祭 25 岁、神父和主教 30 岁；到中世纪后期，教皇克莱门五世将副助祭、助祭和神父的最低年龄分别降为 18 岁、20 岁和 25 岁。除了年龄，担任圣品还必须具备身体健全、通晓拉丁语以及拥有自由人身份等条件。担任圣品者要履行一系列义务，也享有一系列特权。教会期望教士在道德生活上无懈可击，能够做信徒们的楷模，为此做了相当具体的日常生活规定，诸如留短发、衣整洁、不饮酒、不经商以及严禁放高利贷之类，一句话，要严格履行清贫、服从和守贞的义务。与之相对应，教士还享有人身保护特权、司法特权和免除赋役赋税特权。

所为、倒行逆施就是最好的例证。

在教阶制的背景下，英格兰教会罗致了社会各个等级的可用人才，已日渐成为机构庞大、人员众多的社会集团。13 世纪时被委以圣职的僧侣就达四万之多，僧侣们在教堂之内不过只鹦鹉学舌，文化水准很低，在教堂之外往往育有子女、酗酒、偷猎，尽管他们不断被告诫禁绝这些行为，以便在言行上为人楷模。事实上，到了乔叟时代，被委以圣职的僧侣数量自然随人口的增减而升降，应与 13 世纪的僧侣数量基本上保持平衡，但是僧侣们除了文化水准有所提高之外，其行为更加贪婪成性、放荡不羁，教会和修院名誉扫地，社会风气随之每况愈下，从而引起教会内外的普遍反对和声讨。

之所以说经济因素开始影响教会等级结构，是因为僧侣家庭的经济实力、出身背景会对该僧侣的升迁产生一定的间接影响。比如，乡村堂区牧师大多由当地的自由民选任，经济收入很低，几乎一辈子供职于乡村教区，而出身于显贵家族、无继承权的庶子，骑士、乡绅和暴发户的子弟，则加入城市主教教堂或修院的教士会，其薪俸来源和职位升迁之优越远非乡村堂区的牧师可比。再如，前者家庭的经济条件不足以供其获得牛津大学或剑桥大学的神学学位，后者的家庭则有足够的财力供其子女在大学里深造，双方在文化水平的竞争上处于不平等的状态。

僧侣的流动固然受经济条件的制约，但其他制约因素也不应忽视。一是自身因素。如果一个人立志进入教职界成为一名神职人员，他就必须具备宗教法规定的身份和条件。二是思想品德因素。随着岁月的推移一个思想品德端正的僧侣可得到缓慢的提升，品行不端者会受处分，降低圣品和圣俸，而异端分子大多被处以绝罚。三是职业能力和强有力的圣职举荐人。教育背景在一定程度上可以增强一个人的职业竞争力，牛津和剑桥的毕业生在学期间，不仅可以获得知识和文凭，还有机会建立起社会联系，便于寻找圣职举荐人。“坎特伯雷大主教亨利·奇切利（Henry Chichele，1414—1443）任职期间，重用学术界、知识界的优秀分子，任命了许多剑桥、牛津的毕业生担任高级教职。奇切利以后，越来越多的神学、法学博士在为国王政府服务的同时，在教会担任高级教职。”①

三、僧侣形象的启示

乔叟笔下的僧侣形象对我们认识当时社会结构特别是僧侣阶层的状况具有一定的史料价值，尽管这些形象仅限于中下层人士及其日常生活场景这个不大的范围内，但是字里行间给我们的研究留下了非常珍贵的启示。

启示之一：教会的世俗化。罗马教会的影响遍及西欧，英格兰也不例外。乔叟笔下的游乞僧就自我吹嘘说，“他当一个忏悔师比任何牧师（神甫，笔者注）都有资格，原来他是得有罗马教皇特许的”。不仅是游乞僧把教皇当作后台老板，赦罪僧就简直把教皇当作批发商和赚钱的工具，他说自己刚从罗马回到英格兰，身上装满了赦罪符以及一大堆假圣物，专门用来行骗。这两个细节不仅说明罗马教会的影响无所不在，而且无意中还暗示着教会腐败的根源在罗马教皇。

僧侣阶层内部纪律松弛，生活腐化豪奢。按照天主教对神职人员义务的法规，不管是教士，还是修士，他们都必须履行清贫、服从和守贞的义务。修道教士会（canonici regulares）甚至要求教士们过清贫的

① 刘城：《中世纪英国教士的职业生涯》，《经济社会史评论》2008 年第 1 辑，第 158 页。

集体生活。然而,乔叟笔下的僧侣们显然过着豪华奢侈的生活,与世俗大众的生活无异,堪与世俗显贵比肩。比如,小女修道院的院长衣着华美,行为矫饰,世俗而时髦,竭力模仿世俗贵族女子的做派,但是她发誓用"以圣洛哀为证"这一口头禅则暴露出她的阶层出身,原来圣洛哀本是公元590年当过一个金银匠的徒弟,后来成为法国里摩日城的珐琅艺品业的一个奠基者。她又讲斯特拉福地方的法语,则暗示她是英国斯特拉福修道院的院长,而这个修道院是当时伦敦一般市民所捐建的,是伦敦中层阶级家庭妇女的社交进修学院,女修道院长无疑系伦敦珐琅艺品业富有者的后代。再如,身材魁梧、善于骑射打猎的修道僧,放荡不羁而自负的游乞僧,还有刚刚从罗马归国行骗的赦罪僧,从其衣着打扮与行为举止的世俗化程度来看,他们不像以清贫、服从、守贞的修士,而更像一批从城市市民里突然冒出来的暴发户。

启示之二:思想品德的分化。随着僧侣们日常生活的世俗化甚至低俗化的滋长蔓延,人心硗薄,世风日下,一些僧侣从教会内部提出改革教会的主张,在思想品德方面出现两极分化的倾向。乔叟笔下的穷神父堪称道德楷模,爱民如子,悲天悯人,而富僧往往为富不仁,敲诈勒索,无所不用其极。乔叟时代,教会内部既有约翰·保尔式的敢于反叛的起义英雄,也有威廉·朗德兰式的憧憬灵魂得救的诗人,还有身居要职、参与国家机要的教职人员,他们的思想品德虽然存在着很大的差别,但要求改革则是他们的共同呼声。乔叟笔下的穷神父就是个罗拉德派,他与敢于反叛的起义英雄约翰·保尔,不仅在身份上极其相似,而且精神气质也十分接近,这一"巧合"也许不是诗人特意留给读者的暗示,但肯定是对正在思想品德日益分化的僧侣阶层的深刻揭示。

启示之三:罗致全社会各阶层人士。天主教会既有不平等的教阶制，也有对社会各阶层开放的准入机制。尽管神职人员内部的等级制——教阶制——限制了出身贫贱者出任高级圣职的概率，但是教会法规定的圣秩规定则消除了神职人员不同出身所带来的贵贱之分，农夫家庭出身的后代与王室出身的后代应该是地位平等的。从职能区分上看，前者不从事农活和手工业劳动，他们的任务首先是保持自己身体和心灵的清洁，品格完美，维护他人的道德；他们必须是自由人，不可受包括国王在内的任何人的奴役，因为他们是上帝指派的心灵医生、圣事的主持人，在天国里享有尊贵的地位。难怪马克思说，中世纪的“天主教不分阶层，不分出身，不分财产，在人民中间挑选优秀人物来建立其教阶制度，以此作为巩固教会统治和压迫俗人的一个主要手段。一个统治阶级越能把被统治阶级中的最杰出的人物吸收进来，它的统治就越巩固，越险恶”①。由此可见，虽然教阶制在一定程度上折射出世俗社会的等级性，但正如马克思所注意到的，天主教会的专职宗教人员并未形成一个像贵族等级那样只包括封爵贵族在内的封闭集团。

综上所述，通过对乔叟笔下僧侣形象的简要分析，我们从多个侧面发现了当时僧侣阶层出现分化的某些征兆，经济上贫富分化严重，精神上善恶交集，教会的世俗化与改革教会的要求并存。当然，以上只是从有限的文学文本中对研究对象的局部作一透视，也许不免管窥蠡测。下面让我们将研究的视角从文学转移到经济-社会史，在更加宽阔的背景下讨论乔叟时代英格兰僧侣阶层的状况。

---

① 马克思：《资本论》第三卷下，人民出版社，1975，第 679 页。

第二节　教会的世俗化

所谓教会的世俗化，是指教会将属灵权能扩展为经济权能和政治权能，从而凌驾于世俗势力之上。从 11 世纪教皇革命开始，罗马教皇通过发动十字军东征、推广以罗马法为基础创立的教会法和组建遍布欧洲、自成方圆的教会组织体系等一系列举措，逐步确立了大一统的教会统治，将势力渗透到各国事务中。但是在英格兰，王权和贵族阶层联合巧妙地抑制教皇势力的渗透，使教皇无法建立完备的教会组织系统，也无法推行大规模的教会法统治，从而形成了各阶层之间相互制约与妥协的平衡格局。

一、教会职能的扩展

在中世纪的欧洲，教皇坐镇罗马城，通过分支机构对各国教会进行控制，并与各国国王分庭抗礼，教会控制着欧洲各国的经济、政治，牵制着人们的思想和文化。这一局面肇始于 11 世纪的教皇改革，之后经过历代教皇的文治武功，教会势力急速膨胀，教会统治于 14 世纪初达到鼎盛，从此由盛而衰，迄至宗教改革时期才最终退出世俗统治的角逐。

11 世纪的教皇改革是从修道院改革开始的。10 世纪欧洲出现普遍的腐化堕落，致使国王和教皇相互合作的关系开始变得难以维持下去。随着第一个千禧年的到来，末日审判的焦灼再次唤醒人们对“基督救世”的热忱。为了恢复教会的神圣性和纯洁性，人们强烈要求僧侣严格遵守基督教的清规戒律，于是建立一个以教皇为首的统一的教会管理机构来实施教会纪律变得必要而紧迫。这就必须树立教皇的权威，尽快摆脱过去那种与世俗权力纠缠不清的混乱局面。

为了树立自己的权威，教皇采取了多种行之有效的手段和策略。其一，借助武力。每次十字军东征都与教皇有关。在冠冕堂皇的护教口号下，欧洲各王室和贵族把金钱和性命丢在了圣战之路上，这不仅极大地削弱了世俗势力，还为教会填补由此带来的地区权力的真空带来了良机。教皇充分利用这一时机，组建了圣殿骑士团，使教会真正拥有了自己的武装力量，为后来对抗王权、扫除异端做好了军事上的准备。其二，联合自由城市，鼓动市民反抗国王。西欧城市发展迅速，市民也愿意联合教会，给国王找一个强有力的对手。其三，以教会管辖权为由，确立教会法，构建教会组织体系，建立一种常规性的法律控制的长效机制。根据新颁布的教会法，任何具有必要的目的和机构的人所组成的集团，如教堂、僧侣团、修道院、主教区乃至整个教会都可以构成一个社团，都可以对其成员行使管辖权。也就是说，除非受到上位的干预，各个教会机构的领袖在各自辖区内都是最高法官、立法者和行政官，同时教会又可以被看作一个社团整体，最终的权力掌握在教皇的手中。这样，整个教会便如同金字塔式的等级结构被建构起来，为今后规范自身、控制社会打下了组织基础。在这个体系中，罗马教廷处于中枢位置，教皇在那里通过教皇法庭、教廷行政机构以及派往各地的教廷使节控制着庞大的基督教世界；旗下各个主教区、修道院也在各自的层面上围绕着主教和修道院院长建立各自较为完备的行政系统。

从现实层面上看，教会法的推行既达到了教皇革命的初衷，排除了世俗势力在精神事务上的权能，但也将其统治势力扩展到世俗领域。这一机制的建立剔除了最高政治权威的宗教职能，皇帝和国王从此被当作俗人，神性被解魅，从而在精神事务上完全不具有权能。与此同时，教会也开始具有了近代国家的绝大部分功能，作为天主教教会的首脑，教皇可以通过在教会体系中建立一种行政管理的机制来执行法律，也可以建立一种司法等级制度来解释和适用法律。因此，“教会行使着作为一个近代国家的立法权、行政权和司法权，而这一切均被纳入了与世俗管辖权并行的教会管辖权的法律范畴之内。在这个过程中，作为一种手段，教会法被迅速地推广，与之相应，教会权威在12世纪后也得到了空前的膨胀，教会势力渗透到各国事务之中。13世纪，教皇英诺森三世甚至要求任命或废黜国王，他宣称：‘世界上的一切都逃不了教皇的关注和控制。’”①

在长达四个世纪的漫长岁月里，罗马教皇在西欧大陆建立了庞大的教会统治的天主教帝国，教会地产收入远远高于世俗地产收入的总和，各国每年要向罗马教廷缴纳数额巨大的贡赋，教会法庭遍布城乡各地，甚至国王的命运也操纵在教皇手中。然而，在这个庞大帝国的西北边陲的海岛——英格兰，英国历代国王机警而策略地与罗马教皇巧妙周旋，不管是合作妥协，还是对立反抗，都在为自己的利益进行着坚持不懈的斗争，从而避免了西欧各国国王挥之不去的梦魇——教皇训政。

鉴于来自罗马教皇和整个天主教世界的压力，英王与教会大多采取合作与妥协的态度。1070—1216年，修道院的数量迅速增加，四大修会先后落户英伦，这一时期被称为“英格兰宗教界的修道院时期”。

① 周威：《英格兰的早期治理：11—13世纪英格兰治理模式的竞争性选择》，北京大学出版社，2008，第40页。

基督教的传播使得英国也成为一个被宗教意识包容的社会,基督教会的影响力无处不在。出生、婚配与死亡都有特定的宗教仪式,教会组织向普通民众传递着一切有关现世道德与来世永恒的启示,教会不仅热衷于仪式,也热衷于实施律法和鼓动善行赎罪,并借此积累财富与权力,他们认为羊群自有他们的牧羊犬和牧羊人来管束,宗教生活甚至直接影响到整个国家政治经济生活的日程安排,不仅重大的政治会期、法院开庭期以及开市的时间都与特定的宗教节日联系在一起,连市集的摊位也常常聚集在教堂的周围。① 由于教会在精神领域的训导功能,以及教会对英格兰民众所具有的精神导向上的影响力,国王必须借助宗教的力量来维持统治,自然要加强与教会的合作。教会的支持对国王的权威和王位的传承也具有决定性作用。威廉一世之所以能够完成诺曼征服的伟业,不仅得益于教皇亚历山大二世的鼎力支持,授予他十字军基督教战士称号,使他的军事征服活动神圣化,即为把英格兰教会从地方封建压迫中解放出来而战,还得益于英格兰教会的大力支持,大主教为他登基加冕祝圣,大批教士出任宫廷重臣,完成对全国土地与财产的清查造册。从亨利一世、亨利二世直至亨利四世的成功登基都部分得益于教会的支持。当然,英王中也不乏与教会为敌的反教权主义者,执政之初对教会采取漠视、冷落甚至对抗的态度,但他们最终还是回归到妥协上来,如"失地王"约翰、爱德华二世、爱德华三世和理查二世。

如果说中世纪的历代英王在教会的训导权和圣秩权上均做出合作的积极态度,那么他们在涉及教会治权这一原则性问题上则几乎没有表现出任何犹疑与怯弱,即使不能说达到剑拔弩张的程度,也可以用针锋相对、据理力争来形容,一定程度的妥协和让步也只会出现在

① 阿萨·勃里格斯:《英国社会史》,中国人民大学出版社,1991,第84页。

教会联合贵族逼宫的极端困境之下。教会的治权表面上看似属于主教所拥有,是其教区范围内财政、法律和组织建构的管辖权,实际上牵涉到国王能否完整地拥有和行使王国的主权,包括立法权、行政权、司法权和其他世俗权利,尤其是威胁到国王的钱袋子。对这样敏感而又危及切身利益的问题,国王的神经怎么可能保持轻松乃至于麻木呢?以下让我们从占有财产的变化和世俗权利的膨胀这两个角度来考察国王与教会之间展开的分化与反分化和渗透与反渗透的博弈过程。

二、占有财产的变化

罗马教会与其分支英格兰教会在占有财产方式上有相同之处,也有不同之处,这与诺曼征服后历代英王对罗马教皇的有效抵制和对英格兰教会的严密控制有很大的关系。与罗马教会推行财产公有制不同,在国王的有效干预和控制下,英格兰教会不得不执行一种"有限的私有制"的经济制度,使他们始终与国王和贵族捆绑在一起。

罗马教皇之所以能迅速崛起、控制欧陆教会,根本原因就是他利用罗马法的原则强化了教会法财产公有制,为他在各国和诸侯领地复制其分支机构、构筑庞大的教会组织体系提供了强大的物质基础和制度保障。教会借用罗马法的"社团"(corporation)概念发展了社团法,并使之成为组织化的手段和成果,是为教会法。教会法规定教会以财产公有制为基础,体现出对整体观念的强烈诉求。尽管教会法同时还规定了与财产公有制相对应的组织原则,其中包含着某些限权的内容和手段,但是教皇、主教们对各自管辖权的行使,是从上到下复制出的一整套复杂而专业化的组织体系,一切限权理论的实际效果已被大大削弱了。这是因为,只要教皇愿意,他可以通过教皇法庭管辖一切事项,通过派遣教廷使节限制主教,发展到后来便是教皇直接任命各地主教,直至高价变卖高级教职以聚敛财富。对主教而言,虽然理论上讲教会社团的财产仍归全体成员共有,但当主教们借助教会的行政系统取得了对其辖区内全部土地财产的实际控制权和支配权时,财产公有制度的全部意义就仅仅在于下级教士对教会的依附性。不难想象,即使在现代制度下,如果控制了一个人的经济来源,也就等于控制了他的个人意志。在外部监督缺位的条件下,教会法为限权所设立的少数服从多数的选举原则实际上形同虚设,权力滥用导致的腐败自然也在所难免。事实上,欧洲大陆的教会统治越来越显示出集权专制的倾向,使教皇、主教成为少数的统治者,而其下属的教士则更像他们的仆从,是由他们供养的领薪教士。教皇和主教们可以实际支配大量的巨额财富,生活奢侈糜烂,但他们并不能拥有个人私产,教会金库中即使有再多的钱也不归某个人所有,而是本教区所有圣徒拥有的共同财产。

在这种财产公有化的体制下,教会财政空前庞大,用以维持教廷行政开支,保障各等级僧侣的生活所需。一方面,多层化官僚机构下行政权力被放大,教皇、大主教、都主教、主教、修道院院长和修道长等高级僧侣实际上已演变为教会贵族,政治腐败堕落,生活奢华糜烂,大肆搜刮民脂民膏;另一方面,底层僧侣贫困化日益加剧,与高级僧侣产生矛盾与对立,造成底层僧侣分化,有的凭借职务之便坑蒙拐骗、巧取豪夺而致富有方,有的则反思己过,要求改革教会,铲除腐败土壤,整饬内部法纪。一句话,在财产公有制的体制下,教会产生专制与腐败,致使僧侣阶层内部日益分化,要求教会改革的呼声越来越大。特别值得一提的是,在西欧大陆,僧侣和世俗贵族一样享有免赋免税的特权,致使他们不但对国王征税漠不关心,还联合起来支持国王横征暴敛,加大对包括农民、市民等阶层在内的第三等级的残酷剥削与无情压迫。

反观英格兰教会，其占有财产的方式是多元化的，似乎也可以称之为半私有化，与欧陆教会的财产公有制相比，可谓大异其趣。虽然不能将之称为财产占有的私有制，但也可以说罗马教会的公有制与英格兰国王的私有制并存不悖，更应该称为半私有化体制。诺曼征服后的历代英国国王，不管昏庸还是圣明，几乎没有一个不把瓦解教会用以加强王权的经济基础作为一项要务。在这种体制下，英格兰教会及其圣徒不仅可以拥有合法的私产，而且主教的权利被控制在非常狭小的范围内，最终无法在英格兰形成大规模的教会法统治，无法建立起完备的教会组织系统，最终无法形成教会的绝对权力体系。

早在诺曼征服之初，威廉一世就巧妙地通过分封地产的方式，把教会置于封臣的从属地位，让主教和修道院长们在享有世俗的显赫身份的同时，又必须承认国王的封主地位，向国王宣誓效忠，向国王提供与土地等值的军役义务。作为分封土地的结果，所有的土地包括教会土地都被确认为国王的封土。同世俗贵族一样，英格兰主教（包括修道院院长）兼具国王的第一土地保有人、直属封臣的双重身份，有向国王负担军役之义务。诺曼诸王完成封建化后，教会完全被纳入封建化的轨道，成为英国最大的封建主。主教们通过再次分封土地，也都各自保有了一定数量的次级土地保有人（sub tenants），同样享受着封主的权力——设立领主法庭和庄园法庭，行使庄园管辖权这一封建特权。在英格兰土地法中，贵族（baron）原意为大地产者，是一个只与土地（barony，最初指代大片地产）相关的广义概念，它涵盖了全部教俗贵族（ecclesiastical baron and lay baron）。在11世纪和12世纪，教会曾不断地主张免除英格兰教会的封建义务特权（包括管辖豁免权），但都被一一拒绝。国王坚称土地是世俗的、国王分封的土地,凡涉及土地的纠纷都应当属于王室管辖权的范围,教会也不例外。国王对坚守世俗权利的成功,最终为不久到来的王室法院参与和争夺教会土地诉讼管辖权提供了法律基础。①

亨利二世时,这种带有半私有性质的土地关系进一步得到强化,国王赋予主教以下的所有圣徒(Saint)以财产所有权,这种有限的财产私有制迥然有别于罗马教会财产公有制。国王签发的《全国土地清查策》已经频繁使用 own 一词来表述圣徒的财产权,即“某某圣徒是某某土地的所有者”(the saint is the land owner)。“所有和保有”(to be owned and to be hold)的用法当时还比较混乱,圣徒们被视为土地的所有者的同时,该土地可能又被教堂所保有;反之,教堂被视为土地的保有者的同时,该土地所有权可能又被圣徒们所拥有。一般情况下,附着兵役的庄园土地被认为由修道院院长所保有,其他庄园则是教会的财产。尽管当时所有权的概念还不十分明晰,甚至在一段时间内还造成混乱,但是世俗财产与教会财产纠结不清的现实是国主们愿意看到的唯一结果。这样,主教仍是圣徒们的上司和管理者,依然可以发号施令,安排圣徒及其教堂的日常事务,收获、分配、享用各种地上的产品,主教却不能像支配个人财产一样支配主教区的土地。一个又一个世纪过去后,随着王室法院的司法介入和各种新的财产学说的发展确立,教会控制下的土地逐渐呈现出被分割为个体碎化的私有状况。土地分割不仅发生在教会与其次级保有人之间,也发生在主教与教士之间,人们越来越把土地视为个人财产。②

---

① 周威:《英格兰的早期治理:11—13 世纪英格兰治理模式的竞争性选择》,北京大学出版社,2008,第 43 页。

② 周威:《英格兰的早期治理:11—13 世纪英格兰治理模式的竞争性选择》,北京大学出版社,2008,第 44 页。

在这种半私有化的体系下,英国教会和僧侣们所享有的特权被大大地打了折扣。作为国王的封臣和下属,教会和僧侣必须像世俗贵族一样照章纳税,这就导致他们难免与国王斤斤计较、寸利必争,他们可以理直气壮地拥有自己的产业,对产业的经营也十分用心和投入,自然不会对国王的征税以及一切涉及他们切身利益的事情漠然置之。也许正因为如此,我们可以看到英国僧侣与其大陆同行可能不尽相同的特异之处。一方面,英国僧侣可以分享普世教会财产公有制下所给予的一般待遇,平均而不平等,吃圣俸的教士收入平均且有保障,年老离任后还可以领有一份养老金,而吃不上圣俸的教士收入低且无保障,要打零工、做多项兼职工作,始能维持生计,年老离任后领不到任何薪金。此点与欧洲大陆无异。另一方面,英国僧侣都有权拥有和经营世俗产业,不管你是大主教、主教、修道院院长,还是普通的教士和修道僧,对自己的土地和其他收入也享有用益权,但也因此承担相应的纳税义务。位尊权重者拥有大量的地产和其他产业,他们从中所得的收入也极为惊人,位卑权轻者只有少量的土地和小本买卖,其所得尚可维持在温饱之上。前者为了增加财富,后者为了改善生活水平,不约而同地关心自己的地产及其各项产业的收益,甚至不惜开荒、养羊和兴办纺织业。关于这一点,他们与大陆同行迥然不同,经商牟利在大陆教会广被诟病,实乃大陆僧侣不屑为之的“贱业”。

与大陆同行一样,英格兰僧侣享有圣秩权,其收入平均但不平等。教职人员依照收入来源可分为两类:持有圣俸的“有圣俸教职”(beneficed clergy),不持有圣俸的“无圣俸教职”(unbeneficed clergy)。圣俸(benefice)是“自由持有”(freehold)的产业,主要形式是圣职躬耕田(globe)与什一税(title)收入。圣俸是教堂的永久产业,教士一旦得到圣俸,不仅意味着有资格得到一份稳定的圣职躬耕田与什一税收入,而且意味着终生教职,除非年老退职或犯罪,极少有被剥夺的情况发生。因此,持有圣俸的教士有"教职界绅士"的美称。然而圣俸的数量是相对固定的,不足以使每一位教士都成为有圣俸教职者。没有寻找到圣俸的教士只能作为"无圣俸教职",寻找领取薪俸的临时性职位。一般来说,无圣俸教职者收入低且不稳定,通常被称作"教职界无产者"(clerical proletariat)。[①]

"有圣俸教职"者之所以享有"教职界绅士"的美称,就是因为他们的收入基本上可以维持小康的生活水平。"有圣俸教职"者中收入最低的群体是堂区主持人,通常情况下,堂区圣俸的年收入水平不超过10英镑。有的堂区圣俸年收入应能达到甚至超过10英镑,但许多堂区的年收入低于10英镑。15世纪时,相当多的堂区主持人年收入不足12马克(折合8英镑),这样收入水平的职位,坎特伯雷主教区有54个,赫里福德主教区有50个,奇切斯特主教区奇切斯特执事长有25个。不难看出,最低收入的"有圣俸教职"者足以过上比较体面的生活。乔叟笔下的修道僧就是教堂主持人,属于持有圣俸的"有圣俸教职"者,所以才摆出气势不凡的架势。

"无圣俸教职"者之所以通常被称作"教职界无产者",主要是因为他们的收入低且不稳定,大致只能维持在温饱线上。他们大多数的收入水平可以维持在6马克(折合4英镑)至12马克(折合8英镑)之间。"无圣俸教职"者包括堂区执事和副执事、忏悔神父等。有些堂区设有执事、副执事,在堂区主持人做礼拜仪式时充当助手。还有些教堂有附属的小礼拜堂(chapel),需要有忏悔神父(chaplain)主持。有些贵族家族设有礼拜堂,聘请"家庭忏悔神父"(household chaplain)作

① 刘城:《中世纪英国教士的职业生涯》,《经济社会史评论》2008年第1辑,第154页。

主持人。行会或某些慈善团体也可能聘请忏悔神父。追思弥撒礼拜堂(chantry)中也有一部分是领取薪俸的临时性教职。临时性教职的存在,不仅增加了教师的就业机会,而且有缓解教职供需矛盾的作用,因为除了少数幸运者外,大多数教士往往需要等候很长时间才能得到圣俸,间隔时间达十年之久也并不少见。1378 年,坎特伯雷大主教将副执事和忏悔神父的最低年收入定为 6 马克(折合 4 英镑)。15 世纪时,副执事的年收入为 12 马克(折合 8 英镑),比 14 世纪高出一半,忏悔神父则略有提高,年收入为 7 马克(折合 4 英镑 13 先令 4 便士,此为扣除膳食之外的净收入)。[①] 乔叟笔下的游乞僧和赦罪僧大概都属于“无圣俸教职”者,仅仅靠忏悔神父的微薄收入大概只能维持温饱,并不足以维持体面的生活,所以才利用各种手段诈骗钱财、为非作歹。

大主教、主教、修道院院长等高级教职除了享有圣俸,还大多享有“封土”性质的“世俗性地产”。“圣俸”连同“世俗地产”,可以为这些高级教职带来几百甚至几千英镑的收入,他们中的富有者与世俗贵族的收入不相上下。13—15 世纪,温切斯特、坎特伯雷、达勒姆、伊利四个主教区最为富有,年收入都超过 2000 英镑;位于威尔士的班戈、兰达夫、圣·阿萨夫是最贫穷的主教区,年收入都在 200 英镑之下。[②] 即使是最穷的主教,堂区主持人这样的“教职界绅士”也无法望其项背,与忏悔神父之类最下层的“教职界的无产者”更有天壤之别,由此可见英格兰僧侣的贫富差距之大。

尽管贫富差距的鸿沟也曾激起底层教士如约翰·保尔们的反抗,僧侣阶层的生产投入和致富热情却始终未减,在获赠地产、开垦荒地、

---

① 刘城:《中世纪英国教士的职业生涯》,《经济社会史评论》2008 年第 1 辑,第 157 页。

② 刘城:《中世纪英国教士的职业生涯》,《经济社会史评论》2008 第 1 辑,第 159 页。

兴办养羊业和纺织业上均收获颇丰。

从占有土地方面看,英格兰各地教会极力鼓动以善行赎罪。在1279年和1290年的《永久管业权法令》禁止任何人未经过允许而将地产赠送给教会作为“永久管业”之前,教会一直受惠于俗界的赠予。1200年时,英格兰教会四分之一的土地为各派修道团所有,各派修士也很看重他们的产权。土地的使用不仅受到世俗贵族的支配,也受到主教和修道院院长的支配,在这方面僧界与俗界的利益没有明显的区别。甚至倡导赤贫的法兰西斯派修士也接受俗界的赠予,到爱德华一世统治的中期,该派已经拥有100处房产,房产全部位于他们传播福音、执行特殊使命的城市。①

从开垦荒地方面看,教会尤其是修道院院长异常热心垦荒。据说在12世纪和13世纪对林地、荒地和沼泽地的大规模开采是肥沃良田的不足引起的。达特穆尔荒原得到开垦,威尔特郡与多塞特交界的山坡梯形地被开辟为农田,苏塞克斯巴特尔修道院的修士构筑了绵延不断的海堤,用来排干沼泽地。到13世纪末,业已开垦耕种的土地面积超过了20世纪两次大战之前的任何时期。这一伟大的垦荒运动固然是农民默默地劳动完成的“小人物的事业”,但大人物的拓荒热情也不容低估,修道院院长和世俗贵族一同主导着这场垦荒运动。如果没有世俗的利益作为驱动力,修道院院长和他的修士们会不会参与进来都可能会成为一个不小的问题。

在经营农副业、兴办纺织业和开拓贸易市场上,英格兰僧侣也不甘落后,千方百计地发财致富。早在13世纪,人们越来越关心对农业技术的改进,修道院也为之不遗余力。修道院常常是经营有方的楷模,坎特伯雷基督教修道长伊斯特里的亨利在当时是一名精明透顶的

---

① 阿萨·勃里格斯:《英国社会史》,中国人民大学出版社,1991,第78页。

地产监护人和管理人，亨利家族的沃尔特就是在坎特伯雷写下了著名的《亨利农书》。坎特伯雷大主教佩卡姆不仅关心僧侣的修行，还关心地租收入。到 13 世纪时，一些不十分著名的修道院院长已经成为称职的地产管理人。然而教会一再强调，修道院的设立是为了“修炼灵魂”，而不是经营地产，修道院院长理应既关心自己的说教，也应关心他的弟子们对教规的遵行，既关心劳作，又关心祈祷。事实上，二者不可得兼，取此舍彼又谈何容易！

养羊业也是修道院院长重视的产业。比如，仅克罗兰修道院一处就拥有为数可观的羊群，从 1276 年的 4000 只增加到 1313 年的 7000 只。随着养羊业的发展，纺织业逐渐兴盛起来，教会当然不会错过这个发财的天赐良机。素有纺织业中心之称的城市朗梅尔福德一直就受当地势力强大的教会的管辖。教会势力也很强大的科茨沃尔的丘陵地带是羊毛产区，自 1399 年起，这一地区的羊毛便经由里奇韦通往桑威奇的古道运往著名的羊毛集散城市加莱——经营羊毛出口欧洲大陆贸易的政府所在地。这一地区与南安普敦有经济上的联系，南安普敦设有一家大型的羊毛贸易商行。①

即便高级僧侣们不经营地产和其他产业，他们仅仅凭借在多个教堂的兼职就可以得到巨额财富。14 世纪时，枢机主教安尼贝尔多·盖太尼（Annibaldo Gaetani）在一段时期内身兼诺丁汉执事长、白金汉执事长，在林肯主教座堂和奇切斯特主教座堂教士团领取圣俸，所有这些教职为他带来的年收入是 783 马克（折合 523 英镑 3 先令 8 便士）。15 世纪末的一名教士亚历山大·李兼领九个大教堂的教职，年收入高

① 阿萨·勃里格斯：《英国社会史》，中国人民大学出版社，1991，第 113 页。

达800马克。①

由此可见,英国教会神职人员的收入来源多元化,既有来自圣俸的稳定收入,又有来自其他产业的不稳定收入,高级僧侣既享有圣俸,又享有"封土"性质的世俗性地产,堪称教职界的"大富豪"。在两种所有制的矛盾对立下,教廷很难把英格兰教会的财产定性为教廷的公有财产,英格兰教会贡赋的征收始终是令教皇头疼而又棘手的事情,英王则从经济上一直分享着罗马教皇对英格兰教会的一部分治权,从而在经济基础上分化瓦解着罗马教皇的专制统治。

三、世俗权势的膨胀

雄厚的经济实力必然导致世俗权利的膨胀,属灵权威的教会也不例外。在国王与教皇的博弈中,英格兰教会坐享了渔翁之利,既不用每年支付给教廷以巨额贡赋,又享有着国王授予的、也是为他们争来的私有财产权,财富越聚越多②,其世俗势力也迅速膨胀起来。一方面,教会与贵族有共同利益,经常联合起来对付国王,限制国王权力,

---

① R. N. Swanson, *Church and society in Late Medieval England*, Oxford: B. Blackwell, 1989, p. 53.

② 在英国,教会在经济上所占的份额越来越大,到中世纪后期甚至超过了国王而独占鳌头。597年,罗马教皇派奥古斯丁到英格兰传教,基督教传入英国并得到迅猛发展。到7世纪时,英国教会得到国王的青睐,也为了赢得教会的支持,国王不断地向教会赏赐土地。9世纪时,教会拥有的地产占全国土地总面积的1/10,到威廉一世统治末年,这一比例上升到1/4。到15世纪早期,除却什一税,英国所有修道院的纯收入为100,700英镑,教堂的总收入为126,000英镑。同一时期,英国所有世俗地产(包括国王的地产)的总收入为250,000英镑。教会的收入几乎占全国地产收入的一半。参见郭爱民:《中世纪英国多元权力社会结构与间接民主起源》,《北方论丛》2007年第4期,第91—96页。

使国王不能任意征税，损害教俗贵族的利益；另一方面，教会又借助罗马教皇和教廷的力量，不断给国王施压，从中获取更大的世俗权利。从英格兰教会的角度来看，为了对付国王的任意侵夺和蚕食，有着共同经济利益的高级僧侣不得不联合世俗贵族一起来制约王权，最突出的表现是《大宪章》及其后续文件的签署；罗马教皇为了扩大教廷统治势力，不断向各国王室渗透，英格兰教会借助罗马教皇和教廷的力量也不断给国王施压，以从中获取更多的世俗权利，最突出的表现则在于限制和阻止《克拉伦敦法令》的签署上。

1215 年，“失地王”约翰被反叛的教俗贵族击败，被迫签印著名的法律文件《大宪章》。《大宪章》旨在限制、约束国王的权力，但它一开始并不是法律，而是国王在反叛贵族的胁迫下被迫与之订立的一个协定。1215 年版的《大宪章》中有可由贵族用武力胁迫国王改正错误的条款（第 61 条），这一版《大宪章》很快就被教皇下令宣布废除。年幼的亨利三世为与贵族妥协，几次颁布过《大宪章》，每次都作了修订。现在公认的版本是 1225 年的《大宪章》，共 37 条，进一步申明：之所以颁布《大宪章》，是为了换取教俗贵族直至自由人都得向国王交纳 1/15 的税金。《大宪章》的内容主要是贵族要求国王改正他侵犯贵族权利的一些错误做法，其中最著名的第 29 条“自由人非经其同侪之合法审判，或本土法律的审判，不得逮捕、监禁，夺取其自由地产、特权，或放诸法外，或流放等”，当时只是教俗贵族要求国王不得对他们进行逮捕、监禁或随意没收财产的现实考量。“13 世纪以后大宪章逐渐被英国人所淡忘，直到资产阶级革命时才重又捡起作为和国王斗争的武器，于是上升到宪法的地位。”①

渗透和反渗透、分化和反分化这两种斗争形式或隐或显地贯穿着

① 马克垚：《英国封建社会研究》，北京大学出版社，1992，第 71 页。

中世纪教会与英国王权关系史的始终。罗马教廷时刻要把教会法的理念渗透到英格兰,把大一统的教会统治范式移植到英伦三岛,英格兰教会借机向自己的国王施压,而英国国王针锋相对地反渗透,采取一系列行之有效的措施分化罗马教廷。

早在1143年,大主教西奥波德(Theobald)抵达英格兰,随行的人员中有一位来自伦巴第的律师,名字叫维凯里乌斯(Vacarius),他在英格兰宣讲罗马法时,斯蒂芬国王曾立即出面阻止过他。但是,维凯里乌斯绝非徒劳无功,罗马法的影响十分明显地体现在随后亨利二世的一些改革当中,有专家就推测当时年轻有为的亨利二世曾聆听过曾被他父亲阻止过的维凯里乌斯的罗马法讲座。① 正是由于斯蒂芬王的及时制止,对罗马法的宣讲在英格兰只留下苍白的一些概念和空洞的法律思想,流传的范围也十分有限。尽管宣讲的律师借鉴了社团法中的“社团”(corporation)这一术语。所以,有学者这样评论:“在很长的时间里,直到布莱克顿(Bracton)使用‘universitates’,即‘人的集合体(a group of person)’,这一最接近社团的法律概念之前,英格兰的法律只能甄别出一些特殊的‘自然人’主体,如主教、修道院院长、大学校长、市长、自治市民等等。应当看到,在遭受路德宗教革命冲击之前,盛行于西方罗马世界的一个集权的教会行政体系是与教会财产体系结合一体的,但是在财产纽带不复存在的英格兰,即便是作为法律理想,我们也很怀疑一种精致的教会组织系统是否曾经存在过。事实上,教会并没有对英格兰‘社团’制度的产生和发展作出过多少实质性的贡献。当13世纪初布莱克顿论述‘universitates’的时候,唯一提到的实例是

① F. W. Maitland, *The Constitutional History of England*, Cambridge: Cambridge University Press, 1920, p. 11.

自治城镇(burgess)。”①

到亨利二世时,教会与国王在司法权力之争上达到矛盾的顶点。双方妥协的结果便是普通法司法模式的颁行,最终为管辖权之争提供了一个“成功的范例”。

诺曼征服前,英国还没有专门的司法审判机构,世俗法庭审理国内的一切案件,主教、修道长参加当地的审判工作。教皇亚历山大二世以支持威廉一世的诺曼征服为条件,换取了教会的司法独立。1072年,威廉一世按照事先与教皇的约定,令主教和修道长退出世俗法庭,成立教会法庭。举凡涉及宗教信仰和教会利益的案件,由教会法庭予以审判,世俗官员不得参加教会法庭的审判工作。按照封建法的原则,教会是国王的封臣,承担着相应的封建义务。然而,教会随着羽翼日丰,不断与国王争权夺利。1147年,教皇尤金三世“命令主教、修道院长、大主教和其他的教会高级僧侣皆不得让教会事务服从俗人的裁决,也不得因俗人的禁止而终止实行教会的正义”。英国教会也发布了同样的禁令,这表示,国王无权对那些不过是继续履行其审判宗教案件职能的教会法官以怒相向。②

在亨利二世之前,国王对于教会的管辖主张十分有限,国王只在少数几个“国家审判”中对主教的叛国罪实施过管辖。但是,在斯蒂芬乱世之后,教士管辖豁免权已成为一个重大的社会问题。乱世中,许多犯下罪行的人都通过改变身份成教士,而逃避世俗法庭的惩罚。教会法有适用宣誓涤罪的条款,只要当事人宣誓证明自己清白,教会法

---

① 周威:《英格兰的早期治理:11—13世纪英格兰治理模式的竞争性选择》,北京大学出版社,2008,第45页。

② 哈罗德·J.伯尔曼:《法律与革命:西方法律传统的形成》,贺卫方等译,中国大百科全书出版社,1993,第323页。

庭便可以对抗来自世俗法庭的指控。即使被判决有罪，对教士的处罚也相当宽松。这样，对教士管辖豁免权的激烈争论便引发了亨利二世与贝克特大主教之间的最后决战。

1164年，亨利二世拟定了旨在全面控制教会的《克拉伦登宪章》。该宪章规定，第一条"凡涉及圣职推荐权的诉讼都应在王室法庭进行"；第三条"凡被控犯罪的教士应先在王室法庭回答法官的提问，然后由主教法庭定罪，若有罪则要返回王室法庭接受惩罚"；第七、八、十条国王的直属封臣被褫夺教籍和从英格兰的教会法庭向罗马教皇上诉时，都要首先征得国王的同意和恩准；第十五条则严正声明不得因为债务诉讼中有当事人违反誓言的事实就剥夺王室法庭对此类案件的司法管辖权。最初，国王得到了国内舆论的支持，大乱之后人心思定，整个王国都弥漫着要求恢复秩序的浓厚氛围。《克拉伦登宪章》是国王与世俗贵族们在克拉伦登会议上经过反复磋商才作出的共同宣言，一部分主教也站在了表示支持国王这一边。

经过沉思之后，作为英格兰僧侣阶层的最高领袖，坎特伯雷大主教贝克特断然拒绝了亨利二世的要求，使《克拉伦登宪章》的颁行被迫中断。英格兰共设有两个大主教区：坎特伯雷和约克。由于坎特伯雷大主教是唯一的教皇使节，一向有许多约克大主教没有的特权，如为国王加冕，充当灵界与王室政府、教皇与国王之间沟通人的角色，因此他又被称为英格兰的总主教，享有英格兰僧侣阶层最高领袖的尊贵荣誉。

令人意想不到的是，亨利二世的一句愤懑之言挑动四名鲁莽的骑士刺杀了贝克特大主教，这不仅没能解决任何问题，反而使亨利的处境极为不利。贝克特大主教被追封为圣徒，亨利二世遭到来自整个基督教世界的谴责，不得不以苦行赎罪，被迫放弃了《克拉伦登宪章》中的大部分侵犯性条款。这样,亨利二世的委曲求全也避免了一场更大的政治风波。

国王的管辖主张并没有停止,两年后确立的巡回法庭标志着普通法司法模式的形成,英格兰从此走上了真正法治的轨道。从此,王室法院扮演着入侵者的角色,并不断取得成功。也可以说,亨利二世与贝克特大主教的冲突最终为解决管辖权之争提供了一个"成功的范例"。国王对教会肆意的干涉和蛮横无理的主张无法得逞,在英格兰的历史上,教会内部事务主要由教会自行处理,英格兰教会保持了相当的独立性;但他们并没有游离出英格兰的法律秩序之外,王室法院通过司法程序的合理化设置以及陪审制度公信力的保障,逐步将王国中发生的、重大教会和教俗争端吸引到王室法院来解决。1166 年,巡回法院创设不久,就有高级教士就圣职授予诉诸王室法院,而不是教皇法院,以寻求司法救济。

乔叟时代僧侣权势的膨胀终于引发整个社会敌视教权的情绪。市民与教会的冲突由来已久,市民起义时有发生。1371 年,集权倾一时的高级僧侣威克姆的威廉被免去大法官职务之后,议会就教会税收问题展开激烈的争论,甚至出现了没收教会财产的动议,虽然这个动议没有被通过,但是开了都铎时代没收教会财产的先声,这是平民阶层组成下院以后参与国家大事所发出的时代强音。1378 年,天主教教会分裂之后,互相对立的两任教皇分别将教廷设在罗马和法国城市阿维尼翁,相互争斗,相互攻讦,这一事件进一步加剧了教会的分化与腐败。1393 年,英国制定颁布了《王权侵害罪法》,重申教皇权不得逾越王权。①

综上所述,教会的世俗化由来已久,教俗权力之争贯穿整个中世

① 马克垚:《英国封建社会研究》,北京大学出版社,1992,第 256 页。

纪。在西欧封建化初期,僧侣阶层有辅佐国王巩固统治、限制专制王权的积极作用,但是到了乔叟时代,英国进入封建社会末期,僧侣阶层也在不断分化,教会腐败成风,随着世俗权势的积累,教会不但长期与国王和贵族等统治阶级争权夺利,而且不断加大对市民阶层和农民阶层的盘剥和压迫,从而引起全社会各阶层的普遍不满和强烈声讨。

第三节　教会中的改革派

14、15世纪末叶,罗马天主教会的腐败和衰落已尽显无遗。天主教会为了维护自己的统治,一方面大肆搜刮钱财,通过各种渠道向西欧各国兜售赎罪券,极大地损毁了天主教会的声誉和威望;另一方面又指控一切不同意教会倒行逆施的人士为"巫士",以"异端"之名治罪,对所谓"异端"进行残酷镇压,这些倒行逆施在广大信徒心里产生了极大的反感情绪,从而导致了以"异端"为名的平民起义。除了来自平民的起义外,不仅有来自国王、贵族、市民和知识者等阶层的一致反对,还有来自教会内部的弱小者对当权者的不断反抗,他们主张在教会内部进行反腐败的改革,并逐渐发展成为以改革教会为诉求的社团组织,其中,在英国以约翰·威克里夫和罗拉德派最为著名。威克里夫最早提出了纯洁天主教会、自由阅读《圣经》的改革诉求,由他的信徒组成的罗拉德派不断将其主张付诸实践,从而形成影响深远的罗拉德派运动,自14世纪中叶即已为16世纪荡涤整个欧洲的宗教改革运动拉开了序幕。

一、教会腐败评估

在不受制约的情况下,任何权力都不可避免地滋生腐败现象,教会也不例外。天主教教会的腐败由来已久,到了乔叟时代已病入膏肓。这是因为乔叟时代发生的两件大事,即"阿维尼翁之囚"和随后将近四十年的“大分裂”，直接导致天主教内部的分裂，罗马教皇威信扫地，教士目无法纪、腐化堕落，民众不堪重负、愤而起义，反教权主义风起云涌，各国王室纷纷摆脱教皇控制和经济压榨。

1377 年 1 月，教皇格列高里十一世将教廷迁回罗马，同年 3 月暴卒。意大利、法国和德国各立维护各自国家利益的主教为教皇，于是在天主教会中有两个教皇对峙或三个教皇鼎立的尴尬局面，双方相互指责、相互攻讦的大分裂长达四十年，使教皇在信徒心目中威信继续下降。彼此对立的教皇互相开除对方的教籍，同时向各国征收租赋和税金，演出了自毁形象的闹剧。各国国王又按照各自的政治需要和经济利益来拥护一位教皇。当时，英格兰、波西米亚王国、德意志的大部、斯堪的纳维亚半岛上的诸国和意大利中北部拥护罗马教皇，法国、西班牙、撒丁尼亚、意大利的那不勒斯和西西里以及德国的一小部分地区拥护阿维尼翁教皇，这里已经看不到教皇以往凌驾于诸王之上的威风，而需诸王的支持才能与其对抗的教皇抗衡。因此，当时各国的天主教教会实际上已经操控在各国君主的手中。

此时教皇已乱了方寸，为满足发动战争和无度挥霍、奢侈享受等需要，大肆兜售赎罪券和赦恩状，不惜典当教产和出卖教职。1371 年，阿维尼翁教皇克雷门七世向勃艮第公爵借款，条件是同意由公爵委派一百二十名神职人员候选人。罗马教皇为收罗钱财则派出特使到处兜售赎罪券和赦恩状。罗马教皇博尼法斯九世为筹集军费，曾把教廷的许多主教解职，以便腾出职位来进行卖职筹款。罗马教皇格列高里十二世即位以后也变卖教产，他在 1407 年把教皇的法衣以七千四百个金币的价格典当给佛罗伦萨的商人。1409 年，在比萨选出的教皇亚历山大五世一登基就开始忙于出售神职捞取钱财。他的继任者约翰二十三世为了大肆挥霍和发动战争征集军费等需要，除了公开出卖神职之外,还多次向佛罗伦萨人借钱,最后甚至连教皇的皇冠也一起典当给佛罗伦萨商人。① 天主教会四十年的大分裂以及混乱,同时那些搜刮钱财、加重剥削量和生活奢侈腐化等行为,都使他在信徒中已丧失了信仰基础,逐步变成了当时社会中令人厌恶和嘲笑的对象。

大分裂结束后,教皇为了对付政敌,同时维持穷奢极侈的生活享受,不得不巧立名目、巧取豪夺,以应付大量的开销。他们联合各国国王和贵族一起兜售赎罪券,将所得收入与国王和贵族平分。当时教皇每年还从罗马城的妓院中取得两万杜卡的收入。到英诺森八世(1484—1492 年在位)统治时期,罗马城的六万居民中,妓女就有六千八百人。其后的继任教皇更加腐化,教皇卡立克特斯的一个侄儿依靠贿赂枢机主教团登上了教皇宝座,是为亚历山大六世。亚历山大六世教皇生活糜烂,光他承认的儿子就有八个,其中一个儿子名叫西萨里·鲍吉亚,六岁即当神父,十六岁当大主教,十八岁就任枢机主教,曾把五十名妓女招入教皇的宫廷中举行裸体舞会。

与罗马教廷一样,西欧各国教会也是腐败成风。当时,大多数主教和修道院长都由贵族或贵族子弟兼任,其中大多数人连字都不识,根本不管教务,有的大主教在任三十五年竟然从来没有主持过一次弥撒。由于教会的腐化,不少女修道院实际上变成了贵族和神职人员的妓院。1512 年,方济各修会修士托马斯·慕纳在讲道中揭露,有一个女修道院的院长是该修院中私生子最多的一个。一些主教为了搜刮钱财,用出卖据说具有“赎罪”功效的圣徒遗物对教徒进行欺诈。比如,迈因兹的大主教自称收藏着四十二具完整的圣徒尸体以及九千件圣徒的遗物。这些“圣物”包括“赎罪券”的功效被吹嘘得神乎其神,

① 张绥:《中世纪“上帝”的文化:中世纪基督教会史》,浙江人民出版社,1987,第 186 页。

却可以拿钱来赎买抵罪,这就使人们头脑中原有的道德观念逐渐被这些可以用货币购买的赎罪价值所冲淡,社会整体的道德水准也被不断降低,教会的威信也因而下降到令人难以置信的程度。其实,14 世纪 80 年代的英格兰,赦罪僧早就把“赦罪符”和古怪灵异的“圣物”兜售给乡下的牧师和信徒,游乞僧则凭借教皇颁发的执照以听富人和妇女忏悔赦罪来骗取财物,至于女修道院院长那一副从巴黎青楼女子学来的轻佻打扮似乎暗示着伦敦僧界流行的放浪行径,这一切恰好被大诗人乔叟一一记录在案。

当时天主教会为维护威信、提高权威,对民众的质疑和抗议一律诬以“异端”的罪名,交由异端裁判所来进行惩治。当时有不少群众因不愿购买赎罪券而被异端裁判所以“巫士”“巫女”论处。据估计,从 14 世纪至 16 世纪的近二百年中,在西欧被控为“巫士”“巫女”罪名而处以死刑者在十万到三十万人之间。天主教会的血腥镇压换来的是民众更激烈的反抗,各国反教皇主义蓬勃兴起,伴随着宗教改革和民族解放运动的呼声,宗教改革前西欧各国民众起义的浪潮此起彼伏。

由此可见,天主教会为了维护自己的统治,一方面大肆搜刮钱财,通过各种渠道向西欧各国兜售赎罪券,极大地损毁了天主教会的声誉和威望;另一方面又指控一切不同意教会倒行逆施的人士为“巫士”“巫女”,以“异端”之名治罪,对所谓“异端”进行残酷镇压,这些倒行逆施在广大信徒心里产生了极大的反感情绪,从而导致了以异端为名的平民起义。除了来自平民的起义,还有来自国王、贵族、市民和知识者等阶层的一致反对,更有来自教会内部的弱小者对当权者的不断反抗,他们主张在教会内部进行反腐败的改革,并逐渐发展成为以改革教会为诉求的社团组织,其中,在英国以约翰 · 威克里夫和拉罗德派最为著名。

二、威克里夫的探索

罗马天主教会的腐败和专权，不仅遭到国王、贵族、市民和知识者等阶层的一致反对，而且教会内部的有识之士也起而反抗，他们主张在教会内部进行反腐败的改革，并逐渐发展成为以改革教会为诉求的社团组织。其中，在英国以约翰·威克里夫和罗拉德派最为著名。威克里夫最早提出了纯洁天主教会、自由阅读《圣经》的改革诉求，由他的信徒组成的罗拉德派不断将其主张付诸实践，从而形成影响深远的罗拉德派运动，自 14 世纪中叶即已为 16 世纪荡涤整个欧洲的宗教改革运动拉开了序幕。

约翰·威克里夫(John Wycliffe，1324？—1384)被称为自 14 世纪下半叶至 16 世纪中叶的欧洲宗教改革的先驱者。他生于约克郡的利普斯维尔，曾在牛津大学的巴略尔学院求学，取得神学博士学位，后担任该院院长，并长期担任牛津大学的神学教授，以学问渊博著称，在哲学观上主张“实在论”，与当时流行的“为名论”相对立。

1374 年，约翰·威克里夫被英国国王任命负责鹿特沃斯(Lutterworth)教区，同年又被任命为英国王家神学顾问，奉命出使法国进行停战谈判，并以英王全权代表的身份在布鲁杰斯同当时尚在阿维尼翁的教皇格列高里十一世的代表谈判，其内容为英国三十三年来挪用教廷在英国的收入和英国教会神职叙任权等问题。他按照英国国王和议会的意见，拒绝教皇在英国有神职叙任权，否认英国是教皇的侍臣国，提出教皇法庭应限制英国人上诉，并指出前任教皇所提出的交还累年教廷在英国的收入是毫无道理的。因此，这次谈判没有达成任何协议。回国两年后，他在牛津大学以《平民主权》为题发表演讲，反对教会奢侈浪费和滥用权力，特别强调上帝派政府管理俗务，就如同派教会管理属灵事务一样。同时，他还积极支持英国国王的叔父兰开斯特公爵发动的没收教产运动，支持英国国会公开谴责罗马教廷。

1377 年，教皇格列高里十一世一连发出五个通谕谴责约翰·威克里夫，并命令坎特伯雷大主教逮捕他，伦敦主教也传唤他前去受审。在英国国王和兰开斯特公爵的支持下，约翰·威克里夫拒绝出庭。一年后，格列高里十一世去世，天主教会也在当年发生大分裂，相互对立的教皇彼此攻讦，天主教会乱作一团。威克里夫则坚持改革教会的思想，用英文著书立说，认为圣经才是教会的法律，全体信众才是教会的中心，教皇是否是上帝的选民，也要看他是否为教会造福来决定。

1381 年，英国爆发了瓦特·泰勒起义，起义队伍进入伦敦城，处死了坎特伯雷大主教，并要求没收教会的一切财产。一些未经教会认可的穷教士利用威克里夫的思想来抨击罗马教会，并宣传不向教会缴纳什一税，号召人们把英国教会从穷人身上榨取的财富夺回来，因此，威克里夫引起教会上层人士的仇视。英国国王、贵族、议会和教会联合起来，共同镇压农民起义，国王同意教会对威克里夫的处理意见。翌年召开的牛津宗教会议形成决议，禁止威克里夫的一切公开活动，这使他被迫幽居起来。在此期间，他把《圣经》由拉丁文译成英文，并著述神学著作《三人对话录》。1384 年，他在幽居生活中去世。

威克里夫的死并没有消弭天主教会对他的深切仇恨和恶毒诅咒。1414 年，康斯坦茨宗教会议判处威克里夫为异端首脑，下令对其著作进行焚烧，掘出其遗骸焚尸扬灰。但是，威克里夫关于圣经是信仰的权威的思想，以及他翻译的《圣经》英文本，对此后二百年的宗教改革运动产生了重大影响,一直被后世尊称为“宗教改革运动的启明星”①。

约翰·威克里夫不仅用实际行动支持了英国国王对教会的治理权,还从学理的角度研究论证了皇权与教权的关系问题,从而建构了反对教会腐败与专权的理论基础。

1376年,威克里夫写成《平民主权》(*On Civil Lordship*)一文,并在牛津大学以此为题发表演讲。他认为:上帝是最大的君王,一切民政与属灵职位均由上帝派定,均当隶属于上帝,其他人只是受主之托,并不具有主权。一些身居民政与属灵职位的人虽然可以动用世物,但并无所有权,假如他们奢侈浪费,或者滥用权力,就会失去主的托付,因此也就失去了职权,他的财产就应该由政府没收。上帝派政府管理俗务,就如同派教会管理属灵事务一样。当时许多高级圣职人员同时在政府中身居要职,或管理教会庞大的地产,威克里夫认为这是造成其生活腐败的重要条件,要改变这种状况,就必须使教产世俗化,也就是剥夺教会财产,从而使所有教士都过清贫的生活,简化教会仪式,提高宗教热情。他的上述思想,当时在英国贵族、多明我修会和芳济各修会的修士和广大群众中反响强烈,并受到热烈拥护。

---

① 张绥:《中世纪“上帝”的文化:中世纪基督教会史》,浙江人民出版社,1987,第201—202页。

两年后，威克里夫用英文著书立说，继续坚持改革教会的思想①。其主要论点是，圣经才是教会的法律，全体信众才是教会的中心，教皇是否是上帝的选民，要看他是否为教会来造福，如果身为教皇而一心只为攫取世俗的财产和权势，想尽办法来征税敛财，这样的教皇就是“敌教皇”，只有耶稣基督才是教会真正的元首。除了学理论辩，他还提出三项令天主教会感到头疼的改革举措：一是英国教会效法东正教派，与罗马教廷分离，成立国王统治下的国家教会，坎特伯雷大主教应由英国人担任，英国的钱不能流进罗马教皇的口袋里去；二是神职人员不应拥有财产，应该没收教会的财产分给贵族，教会向教徒征收的什一税应该改为自愿奉献；三是违反教规的神职人员所主持的洗礼等仪式无效。

不难看出，威克里夫的异端思想是从谴责大多数教士缺乏认真的宗教生活开始的，不久进一步发展为反对天主教的变体说、提倡剩余物说。也就是说，主张《圣经》是教义的唯一根据，个人得救可以直接求助于圣经、直接与上帝对话，无须神职人员作为中介，所以应该废除弥撒等奢侈的宗教仪式，废除教廷和整个教阶制度。

在被迫幽居的最后三年里，威克里夫把《圣经》由拉丁文译成英

① 威克里夫学说被一些对财富、特权、权力、教条或对教会及其等级制度采取严厉批评者普遍信仰。1382年威克里夫信条在英国被谴责时，首度被官方引用。威克里夫尖锐地抨击当时的教会，攻击教宗和教士层级，以及教士在宗教名义下拥有巨大的世俗财富和财产、特权、权力的享受及滥用教会生活的永恒。在教条方面，威克里夫为反抗教会要求全面的服从而建立福音书的箴言。他诉诸圣经的权威而非教会，这对中世纪的教会而言是一项很大的挑战，因此教士们皆视他为危险而有毁灭性的异端者。威克里夫认为，如果每个人都知道并依照圣经的教义而生活，则每人都有直接接近上帝的机会。

文,并著述神学著作《三人对话录》①。威克里夫第一个将《圣经》从拉丁文译成英文,这被认为是将得救的钥匙交到每个人手里。这种对基督教正统教义的“修正”,引起统治阶级特别是罗马教皇和天主教会的仇恨,同时也引起巨大的社会反响。阿萨·勃里格斯这样评价:“人人皆可阅读圣经(英译本)的要求已经成为罗拉德派主张的核心内容,尽管动用了一切手段阻止威克里夫的英文全译本圣经流传,仍有百余本得以保留下来。虽然劳拉德派的主张在当时未获得任何结果,但是它在民众中间传播的不满情绪为16世纪宗教改革准备了社会条件。”②

恩格斯在《德国农民战争》一文中这样评价马丁·路德的翻译圣经对宗教改革运动的巨大作用。他写道:“路德因为翻译了圣经,于是就给了平民运动一个强有力的武器。路德在圣经译本中使得公元最初几个世纪的纯朴基督教和当时已经封建化的基督教形成鲜明的对照,使得一个不知层次重叠的、人为的封建教阶制度为何物的社会和正在崩溃的封建社会形成鲜明的对照。农民们利用这个武器来从各方面反对诸侯、贵族、僧侣。”③如果我们把路德的名字换成威克里夫的话,恩格斯的这段话应该也适用于宗教改革前英国民众的社会现实需要。从这个角度来看,无论怎样评价威克里夫的英译本圣经的开创之功,似乎都是不为过的。

由此可见,威克里夫的“异端”学说虽然也迎合了某些世俗大封建

① 威克里夫和弟子普尔威(John Purvey)和赫里福德(Nicholas Hereford)着手整理、编着英文圣经的译述。这些翻译对于日后的英文圣经有深远影响,尤其是16世纪宗教改革时。威克里夫的罗拉德派信徒都非常珍视这份财产,因为信徒们从采用威克里夫的信条中发现了正义。

② 阿萨·勃里格斯:《英国社会史》,陈叔平等译,中国人民大学出版社,1991,第106页。

③ 《马克思恩格斯全集》,第Ⅶ卷,第409—410页。

主的一些要求,但从基本方面讲,主要表达了农民群众要求从旧秩序中解脱出来的强烈愿望,也得到了民众广泛的同情和支持,但也只限于同情和支持而已,并未达到引发大规模的暴力运动的程度。据说,当时英国每四个人中就有一个罗拉德派学说的拥护者。

三、罗拉德派的诉求

14 世纪末,在威克里夫的宗教改革思想的影响下,英格兰出现了持续时间长达两个世纪的宗教异端运动,史称罗拉德派(Lollards)①。威克里夫对罗拉德派运动的贡献在于他在牛津大学讲学长达二三十年,使一批思想活跃的知识者团结在宗教改革的旗帜下。罗拉德派的宗教改革主张以温和渐进为主,正如威克里夫所倡导的那样,旨在改变人们的思维方式与行为方式,而在疾风暴雨式的农民起义来临之际,罗拉德派却也能发出振聋发聩、激动人心的革命呼声。

公元 1348 年,一种号称"黑死病"的鼠疫第一次袭击英格兰。据说遭感染而死亡的人数高达其总人口的一半,至少四分之一,仅牛津

---

① 罗拉德派系(Lollards)威克里夫派中的激进派,14 世纪,由一群牛津学者形成于英国,后影响到一批世俗平信徒,以主张过清贫生活而被称为"贫穷教士"者为核心,发展于下层群众中。"罗拉德"一词,源出荷兰文 Lollard,意为"喃喃祈祷者"。其反对者称之为"罗拉德派"。主要代表人物为保尔。其信仰要点集中体现在 1395 年该派呈示议会的《十二结论》中。反对封建制度及教会占有土地;主张社会平等以及财产平等;要求废除教会的什一税并剥夺教会的财产;反对教会等级制、变体论、教会独身制和教会的世俗权力等;反对战争。14 世纪末,该派拥有自己的神甫,在议院中有代表席位,影响日增。随着运动的不断发展,逐渐加入一些激进人物,领导该派进行反抗活动,甚至推翻政府。该派中许多人参加 1381 年英国瓦特 · 泰勒农民起义。15 世纪,该派遭迫害并隐匿民间。至 16 世纪初,该派渐渐归入新教。该派对 16 世纪英国宗教改革运动有一定影响,为英国新教路德宗的传播以及不从国教者奠定了群众基础。

大学就有三分之二的学生死于这场流行的鼠疫，沃尔特·曼尼爵士为伦敦市民购置的墓地里埋葬了五万具尸体，在诺里季有几千人死亡，同时在布里斯托尔活着的人都来不及去埋葬死人。然而，瘟疫并没有使贪婪的主教、修道院院长和贵族产生一点儿怜悯之心，恰恰相反，为了追求更加奢侈的生活，他们不顾平民百姓的悲惨境遇，采取各种手段榨取财物，这不但激起社会底层群众对不平等制度的反抗和起义，而且引发天主教会内部有识之士对所谓神圣秩序的深刻思考。

被称为“肯特的疯修士”的弗鲁瓦萨尔不顾教会所给予的迫害，在长达二十二年(1360—1381年)的讲道生活中，把对天主教会神圣秩序的怀疑和否定转达给社会中下层人士。他说：“善良的人们，只要货物不属公有，只要还有农奴和绅士，英国的事情就永远不会有所好转。那些我们叫他们作老爷的人们凭什么权力是比我们更了不起的人呢？他们有什么根据应得这个权力呢？为什么他们把我们当成农奴？假如我们都是出于同一父母，亚当和夏娃，他们怎能说或证明他们比我们高明，假如不是他们驱使我们以我们的劳动来替他们挣钱，他们怎能那样得意地挥霍呢？他们穿着天鹅绒的衣服，裹在温暖的皮衣和貂袍里，我们却是鹑衣百结。他们有醇酒、香料和洁白的面包，我们吃的却是燕麦渣和干草，喝的是生水。他们有闲暇和精致的住宅，我们只有辛苦劳动，在田野里栉风沐雨。但是，只有我们和我们的辛劳才使这些人保有他们高尚的地位。”这是典型的罗拉德派式的激进宣言，不仅大胆质疑农奴制和教阶制的正义性，而且号召穷苦劳动者奋起反抗不合理的社会制度。

正如威克里夫倡导的那样，以改变人们的思维方式与行为方式为宗旨。罗拉德派确实也践行这一原则，以温和渐进的方式宣传宗教改革，但是在疾风暴雨式的农民起义来临之际，有的个别成员却也能加入起义者的行列,毅然决然地发出振聋发聩、激动人心的革命呼声。1381 年,英国爆发瓦特·泰勒领导的农民起义,起义队伍进入伦敦,处死了坎特伯雷大主教和财政大臣,并要求没收教会的一切财产,要求彻底废除农奴制。一批未经教会认可的"穷教士"参加了起义,用威克里夫的思想抨击罗马教会,号召人们把教会从穷人身上榨取的财富夺回来。作为起义的领导人之一,教士约翰·保尔坚决主张不仅应当去除贵族,还应当去除大主教、主教、修道院长。"亚当耕种,夏娃纺织,那时候谁是一个高贵的人?"保尔·约翰的惊世之语几乎成了起义前后人们在田间地头、茅舍酒店里到处流传的热门话题。起义首领瓦特·泰勒显然也接受了罗拉德派自由平等的思想,他宣传说:"我们是按照基督的相貌创造出来的人,可是我们却被当作牲口来对待。"在阶级矛盾十分尖锐的情况下,国王、贵族、议会和教会联合起来镇压起义,处死瓦特·泰勒和约翰·保尔等起义领袖,幸免于难的起义者受到了严厉的惩处。虽然起义被镇压下去,但起义也取得了成果,农奴制名存实亡,人头税也中止了,议会下院比以往任何时候都更加强烈地要求"国王应当自供自给"。

罗拉德派的宗教改革主张以温和渐进为主,他们敌视教会的权威,忠诚地阅读圣经原著,坚持圣经的原始教义,也就是坚持以自己的方式解读圣经,争取与耶稣基督直接对话的权利。这些主张是对罗马教皇及其英格兰教会的主教们所拥有的权威和利益的公开挑战。

其实,罗拉德派开始是温和渐进的改革派,后来才被少数激进派接受。"罗拉德"原意指祈祷者中咕咕喃喃的人。1380 年,威克里夫在牛津大学的一些同事和学生,在赫里福的尼古拉的领导下成立研究小组,这个小组的成员遂被认为是最早的罗拉德派。1382 年后,英格兰人用"罗拉德"一词作为对一种以牛津大学为发源地的、中世纪英格兰唯一的宗教异端运动的谑称。罗拉德派并不局限于牛津地区,很快便蔓延到首都伦敦和其他地区,在理查德二世统治时期甚至宫廷中出现罗拉德派政治,在大学中出现罗拉德派学术。这是罗拉德派发展相对自由的时期。

随着威克里夫的保护人兰开斯特公爵放弃反教权主义的立场,教会势力开始抬头。1382 年召开牛津宗教会议,通过决议禁止威克里夫的一切公开活动。威克里夫被迫幽居,两年后死去。1399 年,亨利四世即位,依靠宗教势力维护自己的统治,王权与教会的关系得到改善。1401 年,在主教们的请求下,英格兰教会通过了《火焚异端法》,主教们开始从肉体上消灭罗拉德派异端。1411 年,罗拉德派异端学说在其发源地牛津遭到诛灭,将威克里夫掘墓扬灰。坎特伯雷大主教警告说,不根除罗拉德派,社会就将动荡不已。其实,包括威克里夫在内的罗拉德派并不主张起义,他们只是希望促成思维方式和行为方式的深刻变化。1381 年的起义者并未大量接受威克里夫的宗教学说,他的学说主要是在煽起农民起义的议会中赢得支持。

但是,对罗拉德派的镇压导致少数激进分子接受了威克里夫的学说,使其成员结构发生变化。在失去了知识界的源泉和有权势的保护者以后,罗拉德派转而向英格兰下层渗透,后来逐渐演变成为一种在英格兰中部工业城镇和威尔士边境地区的工匠、手艺人和底层牧师中流行的、支离分散而又十分顽强的"地下"运动。他们不仅群居在反教权主义的中心伦敦,而且分布在白金汉郡的奇尔特恩丘陵地带与肯特郡滕特登一带的乡村地区,在伯克郡也有一个"令忠诚的追随者引以为荣的秘密组织"。

15 世纪对罗拉德派的镇压造就了一批英雄人物,约翰・奥尔德卡斯尔爵士就是其中之一。1413 年,坎特伯雷大主教以"藏匿、支持、保护异端分子主犯"的罪名传唤他出庭受审，奥尔德卡斯尔在他的城堡中闭门抗拒。在法庭宣判他有罪后，他隐蔽在外，企图借助工匠和农民的力量举兵反叛，事败后又转入秘密活动。1417 年底，他被抓获归案，经议会审判后，在伦敦塔被处以绞刑和火刑。奥尔德卡斯尔事迹的某些情节揭示了罗拉德派的"地下活动"，甚至使罗宾汉式绿林好汉的传奇故事成为 14 世纪末、15 世纪初文学作品中流行的主题，因为"一些英雄传奇将罗宾汉式的人物描绘成正义的化身，其所作所为不是加害社会，而是纠正社会弊端"①。

虽然威克里夫的宗教改革思想传播只得到罗拉德派等少数人的信奉与响应，在英国没有引发大规模的反教皇的武装起义，但很快被广泛传播到捷克、瑞士等地，最终成为点燃 16 世纪欧洲宗教改革运动的火种。

起源于威克里夫去世和宗教改革爆发间的罗拉德派是一种难以溯源的运动，同时也不好辨别谁是真正的罗拉德派。其较清楚之点，是 14 世纪末期许多英国人支持威克里夫者，并非来自他与教会的争执，而是因为他强烈反教权的信念及他决定缩减教会在王国内政治和俗务方面的权力，但这种人并非真正的罗拉德派。真正的罗拉德派是威克里夫精神上的跟随者，人数并不多，但在信仰上相当固执，即使遭到严酷的迫害，仍坚守立场。威克里夫派教徒因表现狂热，常有少数人遭迫害，因此他们废除教会教士制，攻击教士独身的教条，并谴责信教自由的滥用及整个中世纪的忏悔组织。罗拉德派常与教会在非精神的箴言方面发生争执，同时要求社会改革和经济改革，这种行动有时候几乎要形成公开的叛乱。由泰勒(Wat Tyler)领导于 1381 年发生

---

① 阿萨·勃里格斯:《英国社会史》，陈叔平等译，中国人民大学出版社，1991，第 106 页。

的农民起义究竟与罗拉德派联合多久,至今仍有争议。一些罗拉德派的传播者确实参与其事。14 世纪为穷人争自由和正义的运动是主流而非异端。15 世纪后,该派逐渐衰退,并成为导致社会不安的地下运动,吸引贫穷阶级,且经由使用威克里夫派圣经所造成的宗教色彩来巩固罗拉德派地位。现代研究者大多已推翻此种说法。现在的证据显示,罗拉德派在 15 世纪最后 20 年间并没有衰退。事实上,罗拉德派在众多英国宗教异议派中,仍具有雄厚实力。16 世纪的前 15 年欧陆宗教改革的影响首次降临英国时,在旧罗拉德教徒之间激起了对于异教新的沸腾。亨利八世时,主教们欲镇压的许多异教运动,都是罗拉德教徒受再洗礼主义的影响所致。罗拉德派的宗教地位与再洗礼派教徒较密切,而非信义会。另外,罗拉德派在后来的一段时间,则与加尔文派较密切。英国的再洗礼派在都铎王朝时曾因英国国教的建立而遭迫害。

威氏去世不久,在捷克出现了一批谴责神职人员中存在罪恶行为的宗教界人士,也可以称之为国外的罗拉德派。他们要求关闭修道院,要求剥夺教会财产,要求宗教改革。其代表人物有时任布拉格大学校长的约翰·胡司。胡司不仅接受了威克里夫的思想,在大学民众中大力宣传反教皇权威、民族独立的激进主张,还写成与威克里夫观点相同的《教会论》(*De Ecclesia*)一书,更使他的影响遍及西欧许多地区。1415 年,天主教会判处胡司犯有“异端”罪行,剥夺神职,后交世俗司法机关处以火刑并焚尸扬灰。这一做法不仅不能缓和尖锐的阶级矛盾和民族矛盾,反而使原来已经十分复杂的阶级矛盾和民族矛盾有了引发的导火索,在波希米亚引发了一场轰轰烈烈的农民战争,史称“胡司战争”。其后,威克里夫及其罗拉德派的改革思想,又被德国的马丁·路德和瑞士的加尔文等“新教”思想家和改革家不同程度地借鉴和发展,并以之指导其各自国家的改革实践,最终为16世纪声势浩大、影响深远的宗教改革运动拉开了序幕。

总之,乔叟时代,教会和修道院均直接参与经济社会生活。一方面,经济权力过大,涉足经济太深,教产土地占全国土地面积的三分之一;另一方面,政治权力也过大,除了掌握着教会法庭的司法权,在立法和行政等诸多方面也享有重要权利。僧侣阶层变成了第二贵族,拥有巨大的权力,干预生活的方方面面,把自己置于世人与无数神灵之间。僧侣剥削农民和市民,教会上下腐败成风,终于酿成全社会反教权的浓重情绪。从根本上说,社会外部和教会内部都要求改革,教会必须从经济职能和政治职能中摆脱出来,因为教会主要体现为精神职能或曰属灵功能,将权力限定在宗教范围内。

第三章
活跃的市民

中世纪的英国是一个等级社会，市民[1]似乎游离于这个社会的三大支柱之外，既非"作战者""说教者"，也非10世纪时英国教士艾尔弗雷克所说的"劳作者"，即"系为我等提供衣食之人，为犁耕播种者专事于此"[2]。教士们之所以对在城市里居住、以经营工商业谋生的人群视而不见，大概还是不论是居城的主教还是世俗封建主都依靠自己的庄园过活的缘故。大约从12世纪开始，英国包括伦敦在内的一些旧城市逐渐繁盛起来，尤其引人瞩目的是一批新城镇的出现，这是一批不同于往日旧城堡的工商业城市。新旧城市的兴起的确让人耳目一新，不只是在普通乡村的背景上涌现了城市的景观，更给人以前所未有的希望与憧憬，这些中世纪晚期的城镇好像是在乡村奴役的汪

① "市民"这个名称用法很多，含义也不尽相同。在中世纪的英国，指称"市民"的词比较常用的大概有四个，burgess 指的是法律意义上的市民，在特权城市中也只占少数，cives 指的是古老传统意义上的公民，还用 poortmanni 和 poorters 这两个词指代市场意义上的市民，在中世纪晚期废而不用。港口 portus 一词，不是指海港，而是指用墙围起来存放或转运商品的地方，有市场的意思，所以 poortmanni 和 poorters 的词义就是市民。本书用 townpeople 或 townmen 来指代市民，即在经济社会意义上的城市居民，一般包括常住人口和流动人口，举凡在大小城市中从事非农业的各色人等均皆纳入其中，既把上述 burgess（堡民）、cives（公民）、poortmanni 和 poorters（市民）涵盖在内，也可将不足2000人的小城市的非农业人口纳入考察范围。

② 阿萨·勃里格斯：《英国社会史》，陈叔平等译，中国人民大学出版社，1991，第58页。

洋大海中葆有政治社会相对自由的孤岛。乔叟时代的城市充溢着一种想要成为城里人和宣扬城市生活的热情,市民的理想是经济,即自由地赚钱,知识者的希望则是科学,即自由地去批判,此二者为那个时代注入了自由的精魂。

本章以乔叟笔下的市民形象为线索,通过对乔叟时代市民阶层构成要素的梳理,简要勾勒这一时期市民阶层充满活力的经济活动及其争取自由权利、参与社会事务的发展过程,并试图进一步分析市民阶层异常活跃的经济社会原因。

第一节　市民的构成

乔叟时代的英国市民由哪些人构成？乔叟笔下的市民形象是否真实可信？这些形象能否对我们研究那个时代的劳动者阶层有些许启示？让我们从乔叟笔下的市民形象入手，结合部分中古英国城市及工商业的研究资料，走近这一阶层，勾勒当时这一阶层的结构性特征。

一、乔叟笔下的市民形象

在《坎特伯雷故事集》中，乔叟以写实的笔法如实描写了当时英国市民阶层的各色人物，既有经营国际贸易的大商人，又有积累了相当经济实力和营销经验的船手、工商业主和巴斯妇，还有从事饮食业的店主、厨师、伙食经理以及亦工亦农的磨坊主。他们是构成市民社会的主体，也是遍布英国大小城市、以工商业和服务业为生、赢得自由权利的一个相对独立的非农业群体。

乔叟笔下的市民已不能仅用“劳作者”来概括。虽然他们中间有的人也在城里或城郊耕种小块土地以养家糊口，但是其身份是自由的，享有自由劳动的权利以及其他政治社会权利，他们收入不菲，在经济上已富裕起来，彼此之间自然有了贫富差距。他们大都身兼多职，对城市公共事务非常热心，乐于为城市慈善事业慷慨解囊。所以，从总体上看，这些市民不仅生活普遍达到小康水平，而且充满一种积极乐观的进取精神。

先看商人(merchant)。他“高高骑在马背上,留着叉形胡须,穿的是花色衣服,头戴一顶法兰德斯的獭皮帽,一双整洁的鞋子用华贵的扣子扣起。他夸大自己的见解,为的是谋取利润;他认为世上最重要的事就是维持密得尔堡和奥威尔之间海上的安全,不使受海盗骚扰。他知道如何在交易场上卖金币。他是一位精打细算的人;能讲价,善借贷,谁也不知道他有债务在身。他的确是一个人才。”①这是一位衣着华丽、精明理性而又举止文雅的大商人,他外表上财大气粗、身价不菲,既时髦又阔绰,显得咄咄逼人、野心勃勃;在业务上则精打细算,能说会道,善于讲价和借贷,可谓交易场上的行家里手。更重要的是,他为了赚钱牟利不惜到海外冒险,他的资金比较雄厚,可以在交易场上倒卖金币赚钱,当然也可以在国外市场贩运大宗商品获利,这说明其经营范围已经从国内市场转移到国外市场,可以与实力雄厚的意大利商人、法国商人以及汉萨商人相抗衡。

再看船手(shipman)。他“远自西方而来;据我所知,他是达得茂斯的人。勉强骑着一匹小马,一件粗毛长袍罩过膝部。他的一把刀挂在围颈的线带上,拖在腋下。炎夏把他的皮肤晒成棕色。老实说,他倒是一个‘好手’:在法国波尔多,趁着商人们睡着的时候,他很喝到过几口酒。他顾不着什么好心眼;在大海中航行,如果同旁人打架而占了上风,他就让他们掩目走跳板,落海不偿命。但讲起他的本领,譬如计算月亮的盈亏、潮水的涨落、水流,以及临头的危机、海港和驾驶,从赫尔到喀他吉那之间,找不出一个和他同样的能手。他凡做一事都是勇而有谋。他的胡子已经过了不少风浪。所有从瑞典和布列塔尼的任何一条溪流他也知道。他的船名叫摩德伦。”②达得茂斯是英国西

① 乔叟:《乔叟文集》,方重译,上海译文出版社,1979,第 338 页。
② 乔叟:《乔叟文集》,方重译,上海译文出版社,1979,第 342 页。

南海边的一个港口,在当时以出海盗而闻名遐迩,"好手"是当地俚语,意思是"恶棍"。这个号称"恶棍"的船手可不是一般的水手,他有自己的船,又勇而有谋,很可能是经营外国贸易的大商人的合伙人。

泰巴客店老板(the host of the tabard inn)。他"是一个漂亮人物,当得起一个宴会的司仪,身材魁梧,眼光明亮,谈吐豪爽,聪明温雅,确有丈夫气概:在奇白赛街市上再没有比他更好的市民了。他饶有生趣。"①这个仪表堂堂、诙谐幽默的客店老板是乔叟《坎特伯雷故事集》中不可或缺的人物,在全书各个章节中都有他的身影。他俨然是这支由骑士、女修道院院长、律师、学者、自由农、商人、僧侣等各色人等组成的朝圣队伍的领袖,他却谦虚地自称做大家的"向导",其地位和作用实在不可小觑。在"骑士的故事""磨坊主的故事"和"庄头的故事"都讲完之后,厨师与客店老板搭讪,直接称呼他的名字"哈利·裴莱"。据查,1380—1381 年的萨得克捐献簿上确有一个当地的客店老板名叫哈利·裴莱,并且是当时有相当地位的人物。②

接着看五位互助协会的会员(guildmen)。他们分别是帽商(heberdasher)、木匠(carpener)、织工(weaver)、染工(dyer)和家具商(arras—maker),"穿的是同样的服装,属于同一个名声赫赫的互助协会。他们的配饰都很鲜明。他们所带的刀并非铜制,而是细刻的银质,腰带、挂袋莫不整洁精巧。每一个人看来都是能干的人,不愧当个互助协会会长。财物收入既然丰裕,我想他们的妻子们也一定会赞同的!除非他们有所差缺;否则,那应是一桩称心的事,被人称为夫人,斋戒祈祷的日子好走在旁人的前面,还有一件外套显耀地被人抬着做前导。他们带着一个厨师同路,为他们烧鸡和髓骨,酸粉馒头,和莎草

① 乔叟:《乔叟文集》,方重译,上海译文出版社,1979,第 350 页。

② 乔叟:《乔叟文集》,方重译,上海译文出版社,1979,第 352 页脚注①。

根。他对于伦敦酒最内行！他能煨、煎、焙、炖，能做精美的羹，又善于烤饼。他的碎烧阉鸡实在是数一数二的。”①乔叟这里所说“名声赫赫的互助协会”大概就是英国最早兴办的伦敦呢绒业公会（company）和皮革业公会，前者由织工行会、漂洗工行会、染工行会等共同组成，后者由原来的手套匠行会、鞋匠行会、钱袋行会等合并而成，因为其成员穿着相同的服装以区别于其他人，所以又被称为制服协会（livery company）。后来其他城市也有类似的公会产生，这种公会是各行会不平等的产物，某个势力大的大行会把属于同一生产过程的其他小行会合并为一个组织，还是沿用原来行会的规章制度，基层仍然是许多小手工业者，只是在他们的上面耸立起一些大商人、资本家，控制着公会的活动，小生产者和市场的直接联系被切断，逐渐变成受大商人控制的生产者。乔叟被英王任命为伦敦海关副关长，自然对这个声名赫赫的协会非常熟悉，说他们“每一个人看来都是能干的人，不愧当个互助协会会长”也绝非溢美之词。他们不光穿戴整洁漂亮，气派非凡，外出时还专门带着一个厨师给自己烹制美味佳肴，财物收入上更称得上“丰裕”，在城里节庆或斋戒祈祷的日子，他们的妻子就可以因捐赠财物多而走在旁人的前面，还有一件外套显耀地被人抬着做前导。这种炫耀式的游行就是中世纪行会举行慈善事业的庆典仪式之一。

说到互助协会的游行，就不得不提巴斯妇（the wife of bath）。她是“从巴斯附近来的一位好夫人，她善织布，简直超过了伊普勒和根特的技能。在她的教区中，任何人都不让走在她前面去捐献，否则她就不顾情面，大发脾气。她的巾帕是细料的；她在礼拜天所戴的头帕称起来倒有十磅重呢。她脚上的袜子是鲜红色，绑得很紧，鞋子又软又新。她一脸傲态，皮肤洁净红润。她一生煞有作为；在教堂门口嫁过

---

① 乔叟：《乔叟文集》，方重译，上海译文出版社，1979，第 341 页。

五个丈夫，年轻时其他有交往的人不计在内。耶路撒冷她去过三次；渡过的大川巨流也不在少数；朝拜过布罗涅和罗马的教堂，还到了加里西亚的散地亚哥和科隆。她足迹遍各地，扩大了见闻。不瞒读者说，她却是缺牙露齿的；她遛着马，骑得很稳，头上缠好围巾，戴着一顶帽儿，倒有盾牌那样大。宽厚的臀部穿着一条短的骑裙，脚上一双尖头马刺。在人群中她很能说笑。相思病应如何治理，想必她很懂，因为她是过来人了。"①巴斯妇的五任丈夫中有三人是年高而富有的商人，死后都留给她一笔丰厚的遗产，她自己又是一个纺织能手，既有钱又能干，所以，在行会举行慈善捐赠时她一定不甘落后，自然是全城捐献最多、也最风光的"好夫人"。后两任丈夫都年轻体壮，一个是富商，另一个是穷酸的牛津大学毕业生。我们很难想象巴斯妇有多么富有，居然到过耶路撒冷三次，朝拜过罗马、科隆、布罗涅和散地亚哥等地的大教堂，能合法地从前四任丈夫手中取得足够的钱财，至于她是否还善于经营呢绒产业，乔叟并未提及，但从她有高超的织布技术这一点来看，我想她对呢绒的销售大概也不会是一个外行。

前面说过厨师，在伦敦法学院里，伙食经理（manciple）是厨师的助手。他"在伦敦法学院采办伙食，其余的管事人都可学一学他的采购手段。不论是付现或记账，他购买起来十分精明，必然占得便宜。这样一个粗俗的人反比大堆的学者聪明，岂非天赋的好本领？他有三十多位主人，都是好学的法律专家，其中倒有一打当得起英国任何地主贵族的房田产家宰，能让他维持体面，或节俭度日，让他依靠租粮，永不负债，除非他自己行为荒唐；也许在多事之秋还可以赒济州郡。可是这位伙食经理的才干还在这一伙人之上。"②乔叟对伙食经理的穿

① 乔叟：《乔叟文集》，方重译，上海译文出版社，1979，第343—344页。

② 乔叟：《乔叟文集》，方重译，上海译文出版社，1979，第346页。

着打扮只字未提,却反复强调这个粗俗的聪明人精于贪污。当时的伦敦法学院规模并不大,教师和学生总共不超过四五十人,教师给学生开设的课程也并不限于法律,民商法包含着经济学的内容,所以该学院培养出来的人才并不全部从事司法工作,有的人给教俗贵族当管家,还有的人则进入工商界谋生。所谓伙食经理,就是厨师的助手,负责到市场采购各种炊事物质,也就是今天大学食堂的采购员。与厨师一样,伙食经理也不是大学中人,而是地地道道的下层市民。

最后看亦工亦农的磨坊主(miller)。他"是一个健壮的人,肌骨都很粗大,也善于卖弄他的膂力。腿边挂着一把刀和小盾,他的嘴倒有炉子那样大。他是饶舌不休,满口淫猥,脱不开粗俗罪孽的家伙。他懂得怎样偷麦,磨坊里磨下的麦粉,他从中搜刮到三倍于他所应得的数量;他有的是一只'金拇指'。他穿着一件白色上衣和一件蓝色兜颈。他善于吹奏袋笛,就是他的笛声伴着我们送出城来。"①磨坊主是当时地位不高、收入不少的职业,其出身通常都不高,介于自由农和普通市民之间,虽有少量的土地,但经济收入主要靠磨坊收益和额外搜刮。关于磨坊主或磨面伙计因克扣而致富,相传有一句民谣"磨坊主,金拇指",意思是说磨坊主把磨好的面粉积扣下来积少成多也能够迅速致富。至于磨坊主的出身和地位,乔叟在"庄头的故事"中通过庄头的叙述作了细致的交代,原来一个名叫蛮汉西姆金的磨坊主,在剑桥附近一条小河边开了一座磨坊,为城镇和乡村的客户磨面偷面粉,十分机敏且毫不懈怠。他娶了镇上一个牧师的女儿为妻,牧师给女儿的嫁妆中有许多铜锅,好让磨坊主配得上他那家世。磨坊主不想随便娶妻,除非她教养得好,并且是个闺秀之女,因为他本人就是一个约曼农。牧师的女儿是从小在修道院中长大的,她认为自己是上等人家的

① 乔叟:《乔叟文集》,方重译,上海译文出版社,1979,第346页。

人,并且在修道院中受了教育,妇女们都该来奉承她。但她的名声并不好,除了盛气凌人,还与自己的女儿一起帮着磨坊主偷面。[①] 不难看出,磨坊主的这门亲事是不对等的,他娶镇上牧师的女儿显然是攀了高枝,以致牧师在将近二十年后对此还耿耿于怀,他预备让他十七岁的外孙女承嗣他的动产和房屋,对于外孙女的婚姻因而非常苛求:"他想为她做门好好的亲事,要找一家高贵的人家。神圣教会的产业必须为神圣教会的后裔所承受;因此他要荣耀神圣的血统,即使吃光神圣的教会也在所不惜。"[②]我想,牧师当初之所以同意这门亲事,大概还是因为看中了磨坊主的经济实力,既有乡下的几亩地可种,又有一座磨坊赚取不菲的收入。

乔叟笔下还有学者、律师和内科医生,应该也属于市民阶层,因为他们在城镇居住,以非农业的职业谋生。事实上,早在 12 世纪中叶,在国王和教会的双保护下,大学作为一个享有特权的社团组织已开始取得自治地位,学者给大学生们开设课程,在大学的讲坛上进行自由的论辩。虽然国王、贵族和教会以不同方式资助大学,也力图控制大学,但大学的市场因素一直存在,通过开设课程向大学生收取听课费是学者和教授们的权利。有幸取得毕业文凭的大学生大多被王室和教会收罗殆尽,那些没有取得毕业文凭的大学生也能很容易找到工作,有的到教俗贵族家中当管家,有的进入商界自谋职业,有的干脆成为个体职业者,诸如替人打官司的辩护律师和开私人诊所的内科医生之类。然而,这些人不是工商业者,也不靠工商业谋生,因而不在本章讨论的范围之内。

乔叟出身于酒商之家,在伦敦著名的商人聚居区度过童年时代,

---

① 乔叟:《乔叟文集》,方重译,上海译文出版社,1979,第 412—413 页。

② 乔叟:《乔叟文集》,方重译,上海译文出版社,1979,第 413—414 页。

其父曾任英国王室的内务府副主管，利用职务之便把少年乔叟送到乌尔斯特女伯爵府上当童仆，接受了正规的"宫廷教育"，成年后在王室和政府任职，几乎长年生活在伦敦城中，除了晚年到林肯郡担任过治安法官，还有几次比较短暂地离开伦敦，随王出征到过法国，陪同公爵迎亲到过西班牙，为百年战争借款到过意大利的热那亚、佛罗伦萨等城市。值得一提的是，1389 年 7 月乔叟被理查二世任命为王室工程总管，负责建设和维修王室的宫殿、房屋、教堂和其他建筑设施，如威斯敏斯特的宫殿、伦敦塔、温莎和其他地方的宫殿别墅、圣·乔治教堂、1390 年举行的骑士比武的赛场等工程均由乔叟负责，他的办公地点主要在威斯敏斯特，但要经常到各地巡视、监督，并为相关事务奔波，他的主要工作是招募工人、发放工资、提供建筑材料、保证工程质量和顺利施工，还要解决劳工纠纷、防止偷盗等，至于工程预算、记账、结算更是他的日常工作。他还曾三次被抢劫了 40 余英镑，并遭到殴打而受了伤。正如皮尔索所说，"那绝不是一个拿干薪的职位"，而是一份"十分辛苦""责任重大"、头绪繁多的差事。① 所以说，乔叟交际范围非常广，上自王公贵族，下到普通市民乃至乞丐、优伶和强盗，他对城市里的三教九流、各色人等无不熟悉，对英国市民阶层生存状况也是了如指掌，必不会生拉硬扯、胡编乱造上述市民形象。

二、市民的分层与流动

英格兰的市民在当时的社会结构中处在何种位置？市民阶层内部有没有分层现象？他们能上下流动吗？要回答上述问题，就不得不

① Pearsall, *The Life of Chaucer: A Critical Biography*, Oxford: B. Blackwell, p. 210.

从中世纪西欧社会的等级观念和市民经济社会条件等多角度来进行考察。

从等级观念的角度来看，乔叟笔下的市民既不属于“作战者”和“说教者”，也不属于专事耕种的“劳作者”，他们居住在大大小小的城市里，以工商业为生，尽管还受英国教俗封建主剥削和压迫，但也享有一定自由的劳动权利以及政治权利和社会权利。按照当时英国对等级的划分方法，区分等级使用的是双重标准，既使用法律身份，又使用经济地位标准。随着经济社会的发展，到了乔叟时代，等级划分的方法也开始变化，法律身份逐渐被淡化，经济地位的标准渐渐得到强化，主要以职业和经济收入的多少来划分等级，等级本身不含贵贱之分。

按照传统的社会等级的标准来衡量，市民是英国社会第二大的职业群体，占全国总人口的20%左右，以工商业者为主体，如果非要用等级来命名这一日渐壮大的群体，似乎应该称之为“第三等级”。

从职业划分上看，市民比农民的分工要复杂得多，因为城市比农村拥有更多的非农业职业的分工，城市规模越大，社会结构和消费水平越复杂，非农业职业的分工相应也就越多。比如，14 世纪伦敦有 175 种职业，郡城有超过 100 种职业，而市镇约有 20 种。[①] 小城市通常有 20~40 种非农业职业，1348 年以前，职业姓名显示哥德曼彻市有 38 种非农业职业。城市法庭档案或人头税记录表明，赫顿等市镇有 28~35 种商业和工商业。[②] 伍斯特郡的黑尔索温城有 35 种非农业职业，其中，一半是手工业，另一半是粮食加工业。即使最小的市镇，拥有土

① C. Dyer, *Making a Living in the middle Ages*: *The People of Britain*, *850—1520*, New Heaven: Yale University Press, 2005, pp. 202、190.

② C. Dyer, “Small Towns 1270—1540”, in P. Clark, general ed., *The Cambridge Urban History of Britain* (*Volume 1*: *600—1540*), *Cambridge*: *Cambridge University Press*, 2000, *p*. 513.

地、商店和摊位的市民通常也是专门的工匠或贸易者。① 乔叟笔下的市民几乎个个携带武器，他们拥有当战士的权利，平时在城市生产和经商，战时应征入伍作战而为“作战者”，在国王的军队里也有市民的身影，尽管他们数量很少、职务也不会太高。在1381年农民起义中杀死起义领袖瓦特·泰勒的就是伦敦市长，他本人就领有“骑士”的头衔。显然，“劳作者”的称谓已不适用于这些市民的职业特点。

从经济地位的标准来划分也是如此。大商人、船手、呢绒业公会富商、巴斯妇以及客店老板等一干人等，应该都已经脱离了体力劳动，更不会为再种多几亩地去养家糊口而犯愁，他们已经达到为慈善事业捐献钱物的富裕程度。亦工亦农的磨坊主在经济收入上也足以达到小康水平，种地也许只是习惯使然，并非出于经济上的考虑，从磨坊主的老婆希望妇女们都该来奉承她这一点来看，想必她不用干又脏又累的农活，其家庭收入水平也理应不会在普通市民之下。

从市民等级内部来看，乔叟笔下的市民等级至少可以划分为三个阶层。上层由掌控城市公共事务权力的市长、长老以及财大气粗的大商人组成，他们的财力和影响力足以覆盖整个王国，其中大部分人是大城市的人望和翘首，担任该市的重要职务，直至被选进议会下院；中层由大城市的行业公会领袖、生意兴隆的客店老板、经营海外贸易的船手等组成，他们是拥有一定财产又善于经营的小商人兼手工业主，在百年战争和黑死病流行的背景下迅速致富，能够自行组织本行业的生产和销售，正从家作制向近代手工业工场过渡；下层由经营小本生意的伙食经理、亦工亦农的磨坊主等组成，虽然社会地位不高，但收入比较稳定，即使其搜刮的不义之财不计在内，他们的经济收入也足够

① R. H. Britnell, *The Commercialisation of English Society 1000—1500*, Manchester: Manchester University Press, 1996, pp. 79-80.

维持全家的温饱。当然,城市里还有乞丐、优伶、骗子、盗贼、妓女之类,因无正当职业而生活在贫困线上。这类底层的人群是亟待社会救助的特殊群体,其人口为数很少,非本书讨论的主题,故存而不论。

乔叟时代的市民阶层是开放的,呈现出很大的流动性。仅以乔叟笔下的市民形象为例,亦工亦农的磨坊主原来还是约曼农出身,因为经济上的富足状况而迎娶了镇上牧师的女儿,约曼农摇身一变就成了半个城里人,当上了神圣教会牧师的女婿,牧师又预备让外孙女继承他的动产和房屋,给她找一门好婆家,要找一家高贵的人家,磨坊主一家就这样从农民变为市民,下一代又瞄上了更高等级的人家。呢绒业协会的五个富商,在没合并为大的公会之前,一定是各个小行会的头面人物,他们有体力,有技术,又有经营头脑,所以能够很快在本行业众多的师傅中间脱颖而出,也许他们年轻时就是逃进城里的维兰。巴斯妇嫁了五个丈夫,其中四任丈夫都是富商,也都给她留下了大宗的遗产,使她可以凭借足够的财力在本城中成为风云人物。船手原本出身于海盗,现在凭借海外冒险而积累了一定的经济实力,已经拥有自己的商船,俨然城里一位从事海外冒险的有产者。

三、市民形象的启示

乔叟笔下的市民形象给我们认识和把握当时市民阶层结构性特征以重要启示。择要言之,启示有三:一是尽管市民阶层出现贫富分化的倾向,发财致富的手段更加多样化,生产分工也更细致复杂,但是他们充满活力的经济活动推动了英国城市市场结构的形成;二是通过对市民享受生活的热情、参与地方公共事务和追求绅士风度的描写,透露出中上层市民已具备“向社会上层看齐”的价值取向;三是英国不存在城市贵族。

启示之一：充满活力的经济活动。乔叟时代的市民贫富差距进一步拉大，但发财致富的手段更加多样化，生产分工也更细致复杂，他们充满活力的经济活动推动了英国城市市场结构的形成，工商业的繁荣使市民们迅速积累起不菲的财富。仅以劳动工具计，15 世纪的大商人的货船等价值高达 200～300 英镑，城市小商人和工匠的生产资本有 30 英镑或更多，虽然小裁缝工具的价值只有 11 先令，但他的收入与工匠的收入相当。可见，市民的生产生活是多么富有而充满活力。

启示之二："向社会上层看齐"的价值取向。乔叟笔下的市民人物，既有经营国际贸易的大商人，又有积累了相当经济实力和营销经验的船手、工商业主和巴斯妇，还有从事饮食业的店主、厨师、伙食经理以及亦工亦农的磨坊主，他们构成了市民社会的主体，也是遍布英国大小城市、以工商业和服务业为生、赢得自由权利的一个相对独立的非农业群体。英国的富商们并非为富不仁，他们慷慨捐赠慈善事业，比如伦敦制衣协会的五位富商，当得起互助会会长，自然也就积极捐献，既可得到一个好名声，以此赢得出任城市官员的机会，又可以让妻子在城里的游行队伍里风光一把。巴斯妇就是这样一位爱出风头的富商妻子，她自己是一个纺织能手，既有钱又能干。乔叟本人就是伦敦大商人的后代，他在少年时代就被送到贵族的府上当差，接受了正统的宫廷教育，为日后成为两代英王信任的大臣和"英语诗歌之父"铺平了道路。可见，捐建教堂、兴办教育并送子女接受高等教育逐渐成为市民们"向上流社会看齐"的共识。

启示之三：英国不存在城市贵族。与意大利等城市国家不同，英国自诺曼征服以来就是一个统一的君主国，国王、教会和世俗贵族形成多元权力结构，虽然市民们拥有一定的个人权利和自治权利，但还是受王室和教俗贵族的多重制约和压迫，教俗贵族控制的城市自不必说，就是国王特许自治的大城市，市长由市民选举产生，但他同时又是国王的城市官员，既要管理好城市，为市民服务，又要维护王室的各种利益。所以说，乔叟时代的市民阶层与王室和僧俗贵族有着千丝万缕的联系，不存在像意大利等城市国家那样与僧俗贵族平起平坐的城市贵族。

通过上述对乔叟笔下市民形象的简要分析，可以发现当时的市民阶层已分化为贫富悬殊的不同层次，但由于工商业保持繁荣，整个市民阶层的生活水平得到很大提高，争取自由权利、积极参政议政和“向社会上层看齐”已成为富裕市民的自觉选择。市民的诞生标志着西欧内部历史的一个新时期的开始。①

以上是从文学的视角看乔叟时代市民阶层的结构性特征，下面我们将从经济社会史的视角对这一时期英国市民阶层的状况及其对英国经济社会结构变迁的影响作一考察。

---

① 亨利·皮雷纳：《中世纪的城市》，陈国樑译，商务印书馆，2006，第131页。此前，社会只有两个等级：教士和贵族，市民在他们旁边取得了自己的位置，从而使社会得以补全，或者更确切地说，使之臻于完善。从此以后直到旧制度结束，社会的成分再无变化：社会具备了它的一切构成元素，几个世纪来社会所经历的变化，只不过是由这些元素组成的合金的各种不同化合方式而已。

第二节　充满活力的经济活动

乔叟时代的英国城市充满着蓬勃的生机与活力。随着农业生产率的提高和城市劳动分工的复杂化,英国市民凭借自己的劳动和智慧不断创造着大量的财富,在黑死病蔓延的恶劣环境下依然保持着工商业的繁荣,不仅发展成为国内城镇市场的实力派,而且积极向海外市场拓展,建立起以伦敦为中心的市场网络,吸纳和保证为数更多的人群到城市生活,使英国的城市化水平与同期的西欧国家并驾齐驱。

一、城镇市场的实力派

农业的发展孕育着市民经济的成长,随着农业生产率的提高和城市劳动分工的复杂化,英国市民凭借自己的劳动和智慧不断创造着大量的财富,在黑死病蔓延的恶劣环境下依然保持着工商业的繁荣,逐渐发展成为国内城镇市场的实力派。

尽管黑死病疫情造成英国人口的锐减,劳动力明显不足,但商业贸易依然保持活跃,手工业在14—15世纪经历了不小的变化,一些相关行业也有了较大发展,特别是毛纺织业。

建筑业依然兴盛。除了修建教堂、修道院、行会大厅,贵族和富商还为自己修建了华丽的城堡和住宅。当时,一个大建筑一年开支高达四五百英镑,工期经常持续好几年。例如,康沃尔勋爵修建的塔特沙尔城堡,有一个高达62英尺的大塔楼,耸立在底层厚达12英尺的围墙之上。该建筑从 1433 年一直修到 1446 年,每年要支付 450 英镑的费用。此外,他还在德比郡和另一地方各修建住宅一处,费用与塔特沙尔城堡相近。建筑工人所得工资要高于其他行业的工人,不受国家限制工资法令的约束。比如,15 世纪初,修建伦敦桥的石匠每周工资为 3 先令 9 便士,节假日也有工资,比 13 世纪高出很多。①

采矿冶金业也有所发展。锡依然是英国的主要矿产品,长期以来供应欧洲大陆的需要。铁在这时也面临技术改造的难题。一是浅层铁大都已经挖完,要向深层发展就要使用水力鼓风使井下通风;二是从 15 世纪开始使用鼓风炉炼铁也提出了改进设备的问题。除了鼓风机,后来还出现了水力锻机以节约人力。此外,炼铁还面临着资金短缺和木材紧缺两个难题。木材的紧缺使煤矿开采业发展起来。这时,煤还多用来取暖、烘干鱼、熏肉、制啤酒时加热等,还未用于冶炼。煤矿出产于东北部的泰诺河谷,有一部分通过纽卡斯尔输往大陆。不过,中世纪晚期的煤产量一直不高,其原因部分是由于开采技术的问题,如井下排水、鼓风装置等问题,还有就是煤矿多为教会、修道院掌握,他们对采煤持消极态度。

从 14 世纪开始,英国已由羊毛出口国变成了呢绒出口国,毛纺织业逐渐成为最重要的手工业。毛纺织业兴起的一个重要原因在于百年战争。英国一向盛产优质羊毛,大多出口到弗兰德斯或意大利,从那里再进口呢绒自用。百年战争爆发以后,爱德华三世开始限制羊毛出口,并鼓励本国呢绒工业的发展,比如一度禁止羊毛出口和呢绒进口,鼓励大陆主要是弗兰德斯的呢绒工人到英国定居以发展呢绒工业,对出口羊毛征收重税而对出口呢绒则征收轻税等。

---

① J. L. Bolton, *The Medieval English Economy, 1150—1500*, London: J. M. Dent, 1980, p. 274.

毛纺织业持续扩大。肯特、牛津、格洛斯特、兰开斯特、约克以及东盎格利亚诸郡的广大农村，许多地方都成为毛纺织业的基地。这时，毛纺织业发展的特点是深入农村，因为在那里可以摆脱手工业行会的诸多限制，从而采用新技术、新组织发展呢绒业，还可以找到合适的河流装备漂呢机以提高生产率。这样，呢绒工业逐渐得到发展，其质量也在不断提高。在肯特、牛津、格洛斯特、兰开夏、约克以及东盎格利亚等地的广大乡村，许多地方都成为毛纺织业的基地，它们大都分布在河流附近，便于使用漂呢机。

毛纺织业的生产组织也已经摆脱了行会制度的束缚。生产者大多是独立的小手工业者，或者直接就是原来当地的农民，转而从事毛纺织业，妇女纺纱，男子织布，小本经营，后来逐渐成长为具有较多资本的呢绒商人，他们在市场上购买羊毛，然后散发给在家中纺纱的纺工，由他们织成毛线。呢绒商付给纺工工资后收走毛线，再把毛线发给在家中工作的织工织成粗呢，同时付给工资。最后，这些粗呢还要经过漂洗、精整、染色等工序，才能成为可以出售的合格呢绒。这些工序大都集中在呢绒商设立的厂房中，由若干雇佣劳动者进行。这种生产组织被称为“家内制”(domestic system)，即纺工、织工等仍然在自己的家中生产，拥有自己的生产工具，但他们已是为别人生产、受人雇佣的工人。呢绒商组织生产，纯粹是为了市场而且大多是远方的市场生产，为出卖而生产，而不是为了自己消费。这种企业被认为是带有资本主义性质的。

黑死病的确给英国商业以巨大打击。由于人口锐减，流通自然萎缩，一段时间市场、集市都有所减少，但是市场和集市的衰落并不等同于商业贸易的衰落。因为这时有些买卖马匹、牲畜和羊的集市依然兴盛；城市的兴起取代了集市的地位，成为新的贸易中心；还有大量的交易是在市场外进行的,像粮食、羊毛、燃料、建筑材料等物质都在市场外进行大宗交易。另外,信用在交易时也已大量使用,货币流通量也只能作为商业是否繁荣的一个不太明确的证明。笔者认为,相对于长时段的商业贸易走势,疫情的传播和流行是极其短暂的;在疫情猖獗时,人们的消费水平未必很低,相反可能会有所升高,甚至大量购买平时很少问津的奢侈品;商业贸易的兴衰最终取决于农业和手工业的生产力水平,英国农业和手工业的持续发展能够支持其商业贸易的繁荣。

商业主要是指货物在市场上的流通与交换,商业存在的前提是市场和货币的存在,交通运输则是商业流通的充分条件。

商业的发展依赖于商品生产的存在与增长。中世纪英国封建主和农民,其生活必需品的相当部分仍然依靠自给自足,但是他们并不满足于庄园上简单的商品交换,封建主的消费需求已经面向当时的一些奢侈品,如精良的纺织品、美酒、精细的手工业品之类。而农民在生产自给的同时,也不得不需要购买一些自己不能生产的东西,贫困的小农尚且要到市场上购买自己的基本生活必需品,富裕农民则有非常可观的剩余率和储蓄率,必然要把农产品拿到市场上去换取货币,再以货币购买自己需要的各种商品。市场是经济发展的产物,需要交换产品的农民、手工业者、商人,到教堂、渡口、大路边等交通方便的地方进行交易,这就自发形成了市场。在11—12世纪,英国自发形成的市场远比人工建立的市场增长得快。

设立市场之权在王室,但英国王室把这一权力分赐给教俗封建主以及城市。1198—1483年,王室共分赐此类特权证书2800件,有的市场设在城市,有的建在乡村,甚至有的建立市场的地方只有十几户人家,有的市场因为地点不适合而没有发展起来。马斯切尔认为,

1200—1350 年,英国有上千个市场建立,即使建立在农村,这些市场也并不只是地方性的城乡交易场所,而是为了联系地区之间的贸易。①

不仅如此,城乡分工也必然导致商品流通的出现。虽然中世纪的英国还带有很大的农业性,但总的说来,城市是手工业生产的中心,而乡村以农业生产为中心。城市的粮食不足以供应全城人口的需要,必须依靠附近或者比较遥远的乡村供应,城市则用乡村所缺少的手工业品供应农村,这样就形成了城乡之间的商品交换。中世纪晚期英国农业生产率提高,农民的农业生产有了相当可观的剩余率和储蓄率,这是城乡商业交换的物质基础。

商业流通还需要便捷的交通运输条件。中世纪的英国,交通运输条件差,封建主割据独立,随便在大路上掘井、挖沟,对统一的道路交通加以破坏,政府也对此予以制止和惩罚。到 14 世纪,王国的交通网已基本建成,由伦敦通往各地,许多道路可通行车辆,并且逐渐用马车取代了牛车。不能行车的地段,起码可用牲口驮运。更为方便的是水运,英国河流纵横,水路发达,据统计有可航行的河流 140 条,航道 2400 公里,海岸线也很长,水运极为便利,运量比陆路要大得多。当然,无论陆路还是水路,行人、货物都有被拦路抢劫的危险,所以经商在当时是一项风险很高的行业,从业者须有足够的冒险精神。

随着市场的建立,地方经济活跃起来,地区间贸易有所加强,商人们逐渐成了市场的主人,不断积累的财富拉开了贫富差距,也增强了富裕商人的经济实力,实力雄厚的富商实际上把持着行会和市政的领导权。

市场的活跃加速了财富的积累,也加剧了城市阶层的分化,其突出表现在于财富向少数人手中集中,大行会合并小行会成为公会组

---

① 马克垚:《英国封建社会研究》,北京大学出版社,1992,第 256—257 页。

织。有这样一组数字可以说明财富向少数人手中集中的程度，根据1525年诺里奇缴纳补助金的统计，该城市40%的居民是赚工资者，而60%的财富掌握在只占6%的缴纳补助金的人手里，还可以推断该城市有2/3的人生活在贫困线以下。上层市民多为大商人，也是城里的富人，富商成为实际上控制市政权利的上层集团。

中世纪晚期城市中的行会也发生了变化，一方面是行会内部的不平等加剧了；另一方面是各行会之间的不平等也更明显了。比如制服公会，这是一种封建行会组织，基层依然是许多小手工业者，只是在他们的上面，耸立着一些大商人、资本家，他们控制了行会的活动，小生产者与市场的直接联系被切断，逐渐变成受大商人控制的生产者。原来各行会的首领，特别是大行会的首领，在这时大都已经脱离生产而成为大商人，控制和指挥着其他行会成员的活动。各行会的不平等则导致了行会的合并，即某个有实力的行会把属于同一生产过程的其他小行会合并，组成一个新组织，这个新组织就被称作公会（company）。这一现象最早出现在伦敦，像伦敦呢绒业公会就是由织工行会、漂洗工行会、染工行会等共同组成，皮革业行会则由原来的手套匠行会、鞋匠行会、钱袋行会等合并组成。[①] 这些公会的成员穿着相同的服装以区别于其他人，所以又被称为制服协会（1ivery company）。后来其他城市也有这种公会产生。

总之，从阶级斗争的模式来看，贫富分化必然导致阶级之间的斗争，城市内部充满着各种各样的斗争，而从经济社会发展的角度看，富商凭借不断积累的财富，掌握了城市的权力中心，从而加强了这个阶层的整体实力，使之对外有足够的力量参与国际竞争，对内则可以制衡僧俗贵族乃至王权的专制。

① 马克垚：《英国封建社会研究》，北京大学出版社，1992，第326页。

二、涉足海外冒险

从13世纪初至14世纪中叶，英国商人在国内市场积累了大量财富与商业经验，尚无法与实力雄厚的意大利商人和汉萨商人相抗衡，在竞争中处于弱势地位，而到了14世纪中后期，通过大集市羊毛贸易和英国羊毛贸易集中地制度的推行，英国商人在竞争中逐渐壮大起来，并顺利地完成了从羊毛业向呢绒业的转型。

羊毛业的兴盛带动了英国集市贸易的发展，特别是一些国际性的大贸易集市对遍布全国的小市场起着龙头作用。一般说来，集市的规模比市场大，持续时间也长，大约在每年的五月至九月举行。许多集市经营的是国际贸易，有很多外国商人参加。这样的集市是自发产生的，因而也大小不一，因为可以在集市上征收交易税、摊位税和司法审判收入等，给封建主带来货币收入，所以封建主大建集市，13世纪集市数目大量增加，封建主也因此获益。作为龙头的巨大的国际性贸易集市，在英国就是波士顿、斯坦福、圣伊斯夫、温切斯特等地的集市，每年开市一次，时间长达数周，也有每半年或一季度举行一次的。集市不像城市那样限制外来的商人，所以外地的商人都可参加，而且批发零售兼营，所以参加者既有国际大商人，也有附近的农民、为领主采购的管家、出售剩余农产品的乡村农户。波士顿集市每半年开一次，主要经营羊毛和呢绒的出口贸易；温切斯特的圣吉尔集市是英国东南部与法国进行贸易的集散地，远道而来的还有图卢兹、诺曼底、西班牙和德国等地的商人。圣伊斯夫集市原来只是一个乡村小城，坐落在一个庄园内，每年的复活节后就转变成一个巨大的贸易中心，时间长达3~4周。为了给大批涌来的客商准备住处，沿街的房屋都改成了临时客栈,从拉姆齐修道院来的农奴还得盖一些木制的商店,同时也有许多面包商、屠夫、厨师来此营业。这里是皮革、羊毛、呢绒的集散地,也是各国商人活动的场所。有一条街名叫法国人巷,主要居住着杜埃的商人,还有一个石头建筑的大厅居住着伊普斯的商人,还有林肯、贝威里、考文垂、约克等地的商人的商店街道。大集市上还有一些奢侈品,如丝绸、高级呢绒、香料、蜡烛、名马、猎禽、珍贵皮毛等,以供应封建主和大商人的需求。显然,这样大型的国际集市对进行地区性贸易的中等集市和地方性的乡村集市具有很强的辐射作用,商人们既可以把外国的价廉物美的消费品分销到各郡,为乡村集市提供了一些本地不易买到的产品,也可以把中小市场的生产资料运来销售给外国客商。不过,这种大集市的繁荣仍然控制在意大利商人、佛兰德斯商人手中,到14 世纪英国本国商人才逐渐壮大起来,掌握了对外贸易的主动权,主要在羊毛的输出上建立了集中地制度,不再在本国的许多集市上收购羊毛,遂使大集市逐渐衰落。随着在大集市与外商交易经验的不断积累,英国商人的经济实力与日俱增,也开始涉足对外贸易。比如,英国商人学会利用信用借贷来弥补流动资金的不足。信用发生于交易中的借贷关系,即由于货币不足,交易时暂不付款,等以后再付,并加付一定的利息。在中世纪,英国主要存在两种信用形式:一是出售信用,即英国进口、出口的货物,无论是本国商人,还是外国商人,都使用信用进行交易,或在大陆交货而到英国取款,或者在英国交货而到大陆取款;二是借款或投资信用,借款信用是指商人之间做生意时,或借英镑而还外币,或借外币而还英镑,投资信用则是商人在合伙做生意时进行的借贷。

信用的流行导致了信用手段的产生。金融信贷的发端,一种是债券(obligation),记有借方与贷方的姓名、债务数目、还款日期和地点、还款时的货币名称以及兑换率等,非常详细。后来债务可以转移,即债权人可以把这种债权转移,由第三者代取,于是发明了汇票(letter of payment),这是中世纪晚期英国在对外贸易中常用的手段,并且形成了固定的格式。它包括有四方面人士:出票人、原先的债权人、汇票收取人和收款人。中世纪晚期,在商业中使用信用手段已经十分流行,比如 15 世纪的塞利家族保存有完好的账簿,他出售的每 12 笔羊毛生意中,就有 11 笔是用信用支付的。①

英国最初从事国内贸易的商人以伦敦商人为主,大集市的国际贸易培养和壮大了英国商人的实力。到了 14 世纪,羊毛贸易的集中地制度在国王的支持下建立起来,标志着英国商人已经掌握了国际贸易的主动权。

英国商人最初主要从事国内贸易,以伦敦商人为主。伦敦商人主要包括锡器商、香料商、呢绒商、金银器商等,他们优先供应王室需要,因此被称作王室的采购员。比如,商人亚当·德·贝森在 1242 年向王后提供了送给西蒙·德·蒙特福特的银盘,1250 年为亨利三世提供了金银镶嵌呢布、天鹅绒等贵重物品。② 贝森的整个资产没有资料可供计算,但是他在 1251 年拥有一张 300 英镑的国王账单,在 1252 年则是 200 多英镑。③ 虽然英国商人主要进行的是奢侈品的进口,与羊毛、粮食、皮革等商品的出口也许是不对称的,贸易上处于进出口逆差的劣势地位,这也说明虽然英国商人的实力尚显不足,无法与大陆商人相抗衡,而在 10 世纪中叶,伦敦早就已经成为英国开展海外贸易的桥

---

① M. M. Postan, *Medieval Trade and Finance*, Cambridge: Cambridge University Press, 1973, p. 21.

② J. L. Bolton, *The Medieval English Economy, 1150—1500*, pp. 174-175.

③ E. Miller&J. Hatcher, *Medieval England : Rural Society and Economic Change 1086—1348*, London& New York: Longman, 1978, pp. 228-229.

头堡。

13 世纪英国的对外贸易大为发展，却主要被外国商人控制。英国的对外贸易主要是和西欧大陆的贸易，特别是大陆沿岸的弗兰德斯、布拉班特、加斯科尼等地。英国向大陆输出羊毛、铅、锡、粮食、皮革等商品，而从大陆输入酒、高级呢绒等奢侈品。1230—1270 年，主要是弗兰德斯商人控制着英国的对外贸易，因为当时弗兰德斯的呢绒业较为发达，英国出产的羊毛是其主要原料。与此同时，英国的呢绒业却较为落后，满足不了国内需要。弗兰德斯商人于是利用与英国国王亨利三世的良好关系而控制了英国的国际贸易。1270 年后，英国和弗兰德斯的关系恶化，布拉班特的商人遂乘虚而入，他们得到了许多从英国输出羊毛的特权证书，同时把自己生产的呢绒也输入英国。此外，意大利商人因为向英王大量贷款而获得了许多贸易特权作为回报；加斯科尼的商人则垄断了酒的输入；德国商人经营传统的北海贸易等。此时，英国商人也通过国际贸易而逐渐壮大起来。① 例如，1279—1290 年，英国平均每年出口羊毛 26，750 袋，英国商人已经占有 30%～35% 的份额，而其余的为外国商人所控制。②

1300 年的前后二十年间，围绕羊毛贸易引发各方利益冲突，英国建立羊毛出口集中地制度使得英国商人实力大增，并最终取得国际贸易的优势地位。外商希望自由贸易，这样他们可直接到英国各地收购羊毛。英国本国专营出口的大羊毛商则要求排挤外商，由他们垄断这项贸易。但从事国内羊毛贩运的中小商人和生产羊毛的封建主和农民也希望与外商直接接触，以免被大商人控制。王室则要把羊毛贸易作为一件有力武器，不但在经济上取利，而且在政治、外交上有利于英

① 马克垚：《英国封建社会研究》，北京大学出版社，1992，第 327—328 页。

② J. L. Bolton，*The Medieval English Economy，1150—1500*，pp. 174-175.

国与法国争夺佛兰德斯。英国商人过去习惯于把羊毛运到大陆的一些地方作为交易的集中点,大部分羊毛都运输到安特卫普、布鲁日等地转卖。这是一种羊毛商人的自发行为,没有约束力和强制性,也有别的商人不经这些地点径自运输羊毛到其他地方销售。爱德华一世和威尔士、苏格兰、法国同时开战,为了筹措庞大的军费,最早于1275年开征每袋羊毛6先令8便士的关税,后因遭到各方反对而作罢。1303年英王与外国商人谈判,在允许他们自由贸易的基础上,外商答应输出的每袋羊毛除了原来的旧税外再加收40便士。英国商人对此表示反对,因为进口税的增加导致外商提高货物进口价格、压低出口价格以把损失转嫁到英国人身上。不过事实证明,这有助于英国羊毛商人的强大,逐渐排挤、压低外国商人的羊毛贸易份额使其只占1/3左右。到1313年,新王爱德华二世被迫取消了1303年的关税,又恢复了1275年的关税,本国商人和外国商人一视同仁。1313年,为了解决财政困难,爱德华二世建立了羊毛出口的集中地制度,因为本国和外国商人到处出口羊毛,使国王收入减少,所以要求以后所有商人都必须把羊毛运送到大陆上的圣奥梅尔进行集中销售,以便国王在此统一收税。圣奥梅尔不在佛兰德斯伯爵领的管辖之内,所以英国商人有经商的自由。1315年集中地转移到安特卫普,1325年又移至布鲁日。但集中地制度也引发了新的矛盾,外商因运送的目的地受到限制而反对它,本国的中、小商人和羊毛生产者因依靠外商对羊毛的收购也反对它。从1326年起,英国在国内建立集中地,包括伦敦、纽卡斯尔、约克、林肯、诺里奇、威斯敏斯特、埃克塞特、布里斯布尔等地,规定出口的羊毛必须先集中在那里40天,目的是阻止外商直接向大生产者购买羊毛,有利于中、小商人和生产者。到14世纪末,本国商人出口一袋羊毛交关税40先令,外商则交高达53先令4便士的税,英王也由此获得巨额关税。1317—1336 年关税年平均为 14,750 镑,1338—1339 年为 65,000 镑,1345 年曾把关税以五万镑包出,到 1351—1362 年关税年平均更高达 87,500 镑。经过一系列的变化,在羊毛出口上,英国本国商人到 14 世纪中期终于取代了外商的地位。

自 1363 年始,加来成为英国的羊毛贸易集中地,并形成了羊毛贸易的集中地公司。这时,许多意大利银行家已经破产,不能再贷款给不断要求货币的国王,英国商人的力量大增,成为爱德华三世可以依靠的力量。在由 200 余家商人组成的羊毛贸易集中地公司中,最具实力的是伦敦商人,他们取得了羊毛贸易的垄断权,外商的贸易也须经过他们的认可。1342 年,商人会议曾做出决议,规定任何人如不运输羊毛到集中地或未交纳关税将被排斥于本国商人之外,无论本国或外国商人均不得与之往来。羊毛贸易税进一步增加,15 世纪时每袋羊毛的税收,外国商人为 66 先令 8 便士,本国商人为 33 先令 4 便士。外商虽然可以经营出口贸易,但高额的关税使他们日益败落下来,最终让位于英国商人。结果是羊毛出口逐年下降,14 世纪 50 年代高达每年 40,000 袋以上,到 1400—1430 年则下降到年平均 13,000 袋,整个 15 世纪的年出口量也仅维持在八九千袋。至此,英国的羊毛出口已被呢绒出口替代。①

英国政府的力量也推动了英国对外贸易从羊毛业向呢绒业的转型。严格说来,在加来集中地组建的贸易公司不是商人自己组织的公司,而是半官方的组织。该贸易公司由 200 余家羊毛商人组成,其中最有势力的是伦敦的大羊毛商,英王把对加来的统治权也交给了这个公司,由 24 个大商人组成加来的市议会,另外两人担任市长,一人管理市政,另一人专门管理集中地羊毛贸易。贸易公司具有羊毛贸易的

① 马克垚:《英国封建社会研究》,北京大学出版社,1992,第 330—332 页。

垄断权,所有羊毛都必须经过加来出口,即使外国商人的羊毛业也不例外。

在羊毛出口下降的同时,英国的呢绒出口却不断攀升,这也使一个以经营呢绒出口的商人冒险家(merchant adventures)群体应运而生。14世纪60年代英国呢绒年出口量仅为1万匹,到16世纪30年代则增长到年13万匹,其中,伦敦所占的份额也从10%上升到80%,呢绒已成为英国出口的大宗商品,这也显示出英国工业生产水平的发达状况。商人冒险家本是经营对外贸易的一些公会成员,通过经营丝绸、香料、葡萄酒、粮食等贸易致富而成立公会,因为从事外贸风险较大,所以被称为冒险家。集中地商人是在政府指定的地区专营一种商品的贸易,冒险家商人则不同,他们散布在全国各地,奔走于欧陆各地,运销呢绒和其他商品,或派遣代理人到各地去经销。冒险家商人主要来自伦敦和英国的沿海大城市,如约克、赫尔、诺里奇、埃克塞特、伊普斯维奇、纽卡斯尔等,14世纪时英王曾授予在佛兰德斯和汉萨地区的商人以在那里经商的特权,并由他们自己任命领袖。到15世纪,许多城市的商人纷纷组建商人冒险家组织,进行呢绒贸易,并得到英王颁发的特许状。

商人冒险家公司比集中地贸易公司那种松散的组织有所进步。加入商人冒险家公司的商人须交纳一定的会费,根据公司的规定单独贸易,自行决定,自负盈亏。每个商人在国内购买呢绒后,本人或通过代理商在尼德兰出售,出售所得款项汇回国内,但大半是在当地购买进口货物运回本国销售。他们也要严格遵守公司的规定,比如,在安特卫普或其他尼德兰的市场出售呢绒时,大家要在同一时日、同一地点展示货物,以互相监督、防止不正当竞争。

由此可见,英国商人从国内大集市的贸易市场,中经羊毛贸易的集中地，最后进入欧洲大陆的商贸中心销售呢绒，再把英国需要进口的货物运回本国销售牟利，不仅积累起越来越雄厚的经济实力，还组建成维护自身利益的贸易组织，已经成为与意大利商人、汉萨商人相抗衡的自治群体。随着商人乃至整个市民阶层的不断壮大，英国国王除了要向他们借款用于对外战争，在国内事务中也不得不联合他们并借助其力量以制衡教俗贵族势力对王权的威胁。

三、以伦敦为中心的市场网络

生产的发展必然造成市场的建立、巩固和繁荣。英国城乡之间何时形成了市场网络，也就是建立区域市场和国内市场，学界对此一直存在争议。与国外学者一样，我国学者对此也有两派分歧较大的观点，过去的观点认为中古市场网络形成于 13—14 世纪，而现在的观点认为早在诺曼征服之初英国市场网络即已出现。

过去的观点一般认为，13—14 世纪英国似乎已经形成了全国性的市场。其一，根据百户区卷档和 1/10、1/15 税等财产调查记录，马斯切尔把它们所记下的城市、市场情况等加以整理，计算其财富多少、商品积累量等，然后把地区性贸易城市定为第一级市场，当时英国共有 51 个第一级市场，如伦敦、牛津、考文垂、约克、雅茅斯、诺里奇等各都首府及重要的商业城市；第二级的是小城市中的市场，一般是中等的市场；第三级的是农村市场，是最小的市场。第二级和第三级是很难区分的，中世纪英国城市规模较小，城乡差别不大，所以区分市场等级也十分不易。其二，城市之间贸易争讼的案例也说明他们之间存在着贸易往来。其之所以争讼，是因为原来各城市所得到的特权证书上就存在矛盾。赐给一个城市以特权，往往是要说明该城市的商人在全国各地经商享受免税特权，即他们到全国各地都不交税。可是，各城市在自己的城中一般都有权对外地商人征税，而只对本城市的商人免税。这样就会产生矛盾冲突，这种矛盾发展到了严重程度，有时是到国王法庭告状，有时是把外来商人的商品扣押，自然也要到法庭解决争端。法庭一般判决的原则是获得特权证书在先的城市被判胜诉。检视某个城市的这些法庭记录即可知道它和别的城市的商业往来。马斯切尔统计了 1200—1350 年之间英国各城市的讼案，算出了发生贸易摩擦的城市的距离，其距离一般在 20 英里之外。比如，雅茅斯城的文件是 1290—1312 年间的 90 封，和它发生争执最多的城市依次是诺里奇、伊普斯维奇、科切斯特尔等，这些城市主要是在东盎格利亚的地方，还有相距 200 英里之遥的纽卡斯尔，甚至南方的港口城市朴茨茅斯、维茅斯等，而内地较远的城市则有温切斯特、诺丁汉等地。由于英国是一个小国，地方小，河道纵横，交通发达，全国性市场形成也比较容易。当时商人长途贩运的货物主要可分两类，第一类是羊毛、呢线和酒，第二类是粮食、牲畜、皮毛和鱼，第三类是金属、香料、染料、盐和木材等。从这些商品的流通中，英国商人也逐渐壮大起来。①

新近的观点则认为，英国早在诺曼征服时期英国市场网络即已形成。徐浩认为，“以往的研究者认为中世纪英国是一个低城市化水平的社会，而晚近的研究证明这种认识是不正确的。根据现在对城市化水平的衡量标准，中世纪英国不是城市化的‘低水平状态’，很可能在 13 世纪晚期和 14 世纪早期起进入了城市化的‘一般发展状态’，并在人口锐减的条件下基本保持下来，为工业革命后攀登‘中等发展状态’

① 马克垚：《英国封建社会研究》，北京大学出版社，1992，第 259—260 页。

这个城市化的第三个台阶奠定了非常重要的历史基础。”①徐浩根据以上因素分别考察了1086年、1300年和1377—1520年三个时期的英国城市化水平，从中可以判断英国市场网络发展的宏观态势。

根据末日审判书判断1086年英国的城市化水平，当时全国拥有112个特权城市，还有44处供农村人口进行交易的市场，后者像较小的特权城市，也是拥有非农业居民的共同体。上述数据没有包括全部城市，伦敦、温切斯特和布里斯托尔不在其中。盎格鲁-撒克逊后期开始的城市化还是初步的，城市数量较少，有些城市被指责“毫无城市的特征”，城市体系发育不全。伦敦是金字塔的顶端，约克、温切斯特、诺威奇和林肯作为第二层次紧随其后，1000人居民以上的29个城市属于第三个层次，而位于金字塔底座的小城市层级还没有建立起来。1086年英国的全国人口数据确定为200~225万人，当时的城市人口为20万人，城市化水平为8.89%~10%，在欧洲绝非末流。

12世纪后期至14世纪前期，中世纪英国城市化进入第二个阶段。多数学者认为，城市数量迅速增加，存在着更多的城市。据戴尔估计，1300年英国大约有700个城市，尚不包括威尔士和苏格兰的50个。伦敦稳居城市金字塔的塔尖，有8万人口，在西北欧也是最大的城市之一。其下是布里斯托尔、诺威奇和约克等万人以上的城市作为第二层级，第三层则是几十万人以下至2000人以上城市，包括省城和东部、南部沿海的港口城市，以上所有城市之和大约为50个。2000人以下的市场城市或小城市有600个以上，聚集了工匠和商人，距离周围

① 徐浩：《中世纪英国城市化水平研究》，《史学理论研究》2006年第4期，第104—115页。近年来城市化水平的再评估成为研究的热点，由于小城市的“正名”，以及随之面临的小城市数量及其居民人数众多的事实，中世纪英国城市化水平亟待重新评估。城市数量、城市人口数量和全国人口数量三个因素决定重估的结果，而他们在11—16世纪期间又多有变化。

农村居民只有10~20公里,它们构成了金字塔的深厚基础。至此,由四个层级组成的城市网络体系建立起来。小城市的人不超过200人,但没有底线,大多数在30人以上。14世纪早期,总人口为500万~600万人,城市人口为80万~90万人,城市化水平上升为15%~16%。布瑞斯奈尔认为,14世纪早期城市人口占15%,与农村从事工商业的人口合计占总人口的1/5,即20%。戴尔也认为,13世纪晚期英国城市化水平已经达到了20%,其中,2000人以下的小城市人口占到一半。

1377—1520年,黑死病爆发后的一个多世纪,中世纪英国城市化进入第三个阶段。城市数量是稳定的,没有明显下降。戴尔主张,城市数量在中世纪晚期和中期相同,1270—1510年大中城市为52个,此外还有600个左右小城市,两个世纪里城市始终不少于62个,而城市人口数量显著减少。黑死病的死亡率平均在1/3以上,1348年的黑死病实际上不是当时城市人口减少的唯一原因,不少城市的人口谷底出现在15世纪中期至16世纪早期。越重要的省城在黑死病以后遭受损失的比例就越大,1377年的前10名城市中有9个、前20名的城市有16个在1522年人口减少。伦敦稍有例外,1377年人口从14世纪初的8万人降至5万人(一说4万人),到16世纪20年代也不过6万人(一说1500年也许有7万)。尽管中世纪晚期的总人口在16世纪前期不停地减少,但还有部分城市人口在1377年至16世纪20年代期间保持了稳定甚至出现增长。据统计,当时排名前57位的城市中,22个城市增加了人口,11个城市变化不大,24个城市人口下降,还有相当高比例的小城市增加了人口。这说明中世纪晚期城市的衰落是相对的。徐浩据此推断,如果1377年英格兰人口为250万人,至少42.5万人,很可能是50万人在城市居住,城市化水平为17%~20%;1524—1525年,白金汉郡、多塞特郡、格洛斯特郡、萨福克郡、埃塞克斯郡和萨塞克斯郡的城市化水平最高为27.4%，最低为12.6%，平均为20.6%。全国57个人口最多城市有168,000人，占全国将近7%，如果把伦敦和几百个小市场城市也计算在内，城市人口总数为476,000人，全国人口250万人，占19.04%，城市化水平接近20%。至此，近代早期的人口城市化过程开始。①

通过本节对中世纪晚期英国市民积极开拓国内市场和国外市场的简要考察，笔者认为，英国市民的经济活动是充满活力而又卓有成效的。在乔叟时代，以伦敦为中心的市场网格已建立起来，英国市民凭借自己的劳动和智慧不断创造和积累着大量的财富，工商业保持繁荣，吸纳和保证为数更多的人群到城市生活，使英国的城市化水平与同期的西欧国家并驾齐驱。

① 徐浩：《中世纪英国城市化水平研究》，《史学理论研究》2006年第4期，第104—115页。

第三节 “向社会上层看齐”的价值取向

乔叟时代英国工商业的繁荣是英国市民充满活力的经济活动的必然结果,也是市民阶层争取自由权利、积极参政议政和追求绅士风度的物质基础。英国社会各阶层都普遍存在着一种“向社会上层看齐”的社会认同意识,从法律角度来看,风起云涌的农奴解放运动推动了市民争取自由权利的斗争;从政治角度来看,积极参政议政使新兴市民成为管理城市和国家的不可或缺的重要力量;从文化教育角度来看,市民们刻意追求绅士风度,包括追求阔绰炫耀的生活方式、为宗教庆典的慷慨解囊和对文化教育事业的热衷。

一、争取自由权利

作为西欧中世纪制度的组成部分,西欧城市在经济上与乡村有着不同的职能,在政治上也与乡村的农奴制相对,所谓“城市的空气使人自由”。西欧中世纪城市最重要的标志不是城墙,也不是钟楼,而是自由劳动的特权。尽管这里的“自由劳动”不是近代意义上的,是相对庄园农奴制而言的,但市民们毕竟挣脱了人身奴役制的枷锁,第一次拥有了劳动的自由。

诺曼征服带来了王国的统一,促进了两岸贸易,也大大推动了新兴城市的建设。征服者在封建化的过程中,拒绝承认自主地的存在,这就意味着所有城市都会属于某领主,由于大部分城市被划归到王田之上,因此一般意义上的自治城市指的是那些通过从国王处购买特许状而获得自治权的城市法律共同体。当初完全出于一种经济考虑,自治权的大小范围取决于城市市民为得到特许状而支付的价款。自治城市在王国行政管理系统中处于郡与乡镇之间。最初的城市居民只是试图建立一个完全由自己管理的百户邑,并以此摆脱地方封建控制。英国农奴解放的历史进程大约从 12 世纪揭开序幕,最后以农奴制全面崩溃而告终。侯建新教授认为,英国农奴逐步挣脱农奴制枷锁主要有以下三条途径:

第一,奔向城市和新垦区。12—13 世纪以后,伦敦等一些旧城市逐渐繁盛起来,更引人注目的是一大批新城市的兴起。有人统计,从 1100 年到 1300 年这 200 年间,英国共出现 140 个新城市。一些欧美学者遂称之为城市的复兴,并将新建城市归于国王和贵族领主活动的结果。显然,领主建城的作用被夸大了。这是因为,如果不是包括农业农奴和工匠农奴在内的广大农村劳动者首先创造出一定数量的剩余产品,工商业城市的复兴或新建就根本没有可能;如果不是他们首先提高了劳动生产率,也根本不可能使相当大一部分劳动力从农业和农村中分离出来并到城市里去从事以工商业为主的活动。换言之,如果没有相当数量的农村居民已经拥有了足以脱离庄园去从事工商业的必要的技术、资金和交往能力,那些国王或领主们即使划出一块地皮宣告建立城市,至多也不过招来一些既无技术、资金,又缺乏交往能力的破产农民,很难给“建城者”带来繁荣的工商业和丰厚的工商业捐税,那些国王和领主们也就不会有兴趣去建立城市。

事实上,不仅城市复兴或新建初期曾为农奴敞开过大门,而且一直不断地接受“外来者”,其来源的范围也越来越大。例如,13 世纪诺维奇的市民名单表明,这些市民来自诺福克和萨福克地区不下 45 个村镇。许多庄园法庭档案也一次又一次地记载着逃亡者的姓名，一次又一次地向其亲属或担保人下达将他们带回来的指令，而逃亡者就在邻近的城镇，找到他们并不难，但极少有将他们真正追回或罚款的记录。可见，逃往城市成了难以阻挡的趋势。

王室法律也有助于逃亡农奴获得自由。根据王室法律，逃亡农奴只需在城里住满一年零一天便可获得自由身份。即使在不满一年零一天就被领主抓回，他还可以再逃，显然一个农奴一旦决心逃走，领主就很难阻止。领主也曾采取种种防范措施，一般是要求可疑者作出保证并抵押一部分财产。在一些庄园还要找出保人，以确保逃亡嫌疑人不将其财物和牲畜从庄园转移出去，有的则把大牲畜抵押在领主手里，但是这些手段并不能阻止农奴的逃亡。①

在涌向城市的逃亡者中，许多人是已经积累了一定动产和技术的人。虽然逃亡者中也可能有一些一贫如洗的逃荒者，但许多人看来却是积累了一定动产和技术的人，“逃亡农奴已经是半资产者了”②。应该说，他们不是一般的流民队伍，而是有目标地走向某个城镇，成为新型市民阶级的重要来源。

在领主批准建立的自治市中，一部分是由农村直接转变过来的，在这种情况下，农奴往往全体被宣告为自治市民。比如，1251 年圣乔治的德比伯爵颁布自治市特许状，宣布 88 人获得自由，“从此以后，伯爵和伯爵继承人不能占有他们和他们的家庭以及所有他们的土地、牲畜，对他们及其后代也不能课征任何劳役”。③ 这类自治市一般都保

---

① 亨利·斯坦利·贝内特：《英国庄园生活：1150—1400 年农民生活状况研究》，龙秀清、孙立田、赵文君译，上海人民出版社，2005，第 306—307 页。

② 《马克思恩格斯选集》第一卷，第 85 页，注①。

③ Barbara English, *The Lords of Holderness, 1086—1260: A Study in Feudal Society*, Oxford: University of Hull Publication, 1979, p. 218.

持着明显的乡村特点,市民拥有耕地,城市内有牧场和放牧的牲畜,不少市民亦工亦农,或者亦商亦农,甚至不少城镇还保持着相当一部分庄园式的捐税和劳役。这说明要取得完全的自治特权,居民往往还要经过长期的艰巨斗争。

对于建立新型城镇,国王比一般领主表现出更大的积极性,因为新城市建立既可满足王权眼前的经济利益,又可削弱诸侯势力。以国王名义宣告建立的新城镇,不少是在垦荒区,当他们的人口容量还没有满盈之前,总是向一切愿意迁居到那里的人们敞开大门。皮朗指出,迁徙到新垦区的农奴和其他劳动者,开创了与老庄园组织制度毫无联系的新天地,它们是"彼此不相干的,就像两个不同的世界一样。"①

第二,法庭合法斗争。领主无疑总是要利用庄园法庭统治和压迫农奴,农奴也能利用领主法庭以及领主法庭以外的国王法庭等场合进行合法斗争而赢得自由。中世纪法律中保存了许多古代日耳曼人的自由传统,司法有一定的独立性,法庭已不掌握在领主个人手里,裁决要由包括农奴在内的农民组成的陪审团进行。除领地法庭外,还有与其组织和利益都不尽相同的教会法庭、城市法庭,在它们之上还有越来越倾向于新兴市民的国王法庭。在追捕逃亡农奴和辨明农奴身份等方面,国王法庭的态度往往与庄园领主背道而驰,从而给农奴的合法斗争造成许多可能取胜的机会。

第三,劳役地租折算以及货币赎买。对于大多数村民来说,他们的生计是与耕地、牧场等联系在一起的,很难一走了之。农奴在本庄园争取自由时,往往是一项一项争取消除自己身上不自由身份的标

---

① 亨利·皮朗:《中世纪欧洲经济社会史》,乐文译,上海人民出版社,2001,第66—67页。

志。这些标志主要是承担周工劳役以及向领主缴纳塔利税、婚姻捐、继承捐和迁徙税等,其中最重要的是任意性较强的塔利税和周工(week works)。作为法学家判断农奴身份的标志之一,塔利税(tallage)"是人身依附关系与政治从属关系的分界线"①。但从13世纪起,农奴们逐渐创立了这样的惯例:塔利税的数额和征课次数都应当是固定的,或根据庄园惯例而行。这肯定是农奴顽强斗争的结果,因为去掉塔利税的任意性无异于否定这项税收中所包含的农奴身份。税额一旦固定,离赎免也就不远了。有的地方经过交涉和斗争用巨款一次性赎免了塔利税,有的地方把固定的塔利税并入他们持有地的租金,而地租是固定的,虽然缴纳的数量并没有减少,但任意性进一步被消除,塔利税淹没在地租中,农奴感到自己的人格提高了,因为又一个农奴标记从他身上消失了。劳役折算为货币地租,实际上是生产关系的重大变革。周工的消除标志着以劳役制为支柱的庄园经济走向解体。在英国,货币地租代替劳役地租于13世纪末叶逐渐流行起来,黑死病后发展尤为迅速。虽然13—14世纪农民处境越来越艰难,但这一时期农奴身份中不稳定的劳役负担正在消失。劳役折算成一笔固定的货币后,地租中的任意性几乎完全终止了,农奴实际上成为领主的承租人,与自由佃农已没有任何区别,尽管在法律上还保留着一个农奴身份的外壳。越来越多的人连这个外壳也要抛掉,一次性交付一笔款项,取得完全自由的身份,实际上这样的例子随处可见。圣奥尔巴尼庄园承认一个农奴获得自由,条件是他缴纳2英镑的赎款,大约

① 亨利·斯坦利·贝内特:《英国庄园生活:1150—1400年农民生活状况研究》,龙秀清,孙立田、赵文君译,上海人民出版社,2005,第138页。

相当于 25 只羊的价钱。①

第四,集体反抗斗争。到 14 世纪,英国农奴反抗农奴制的斗争逐渐形成高潮。特别是 1360—1400 年这 40 年间更是以"动乱"年代著称,其中在 1381 年汇合成向首都伦敦进军的大起义。虽然这次起义最终被镇压下去,但是他们要求废除农奴制、保证贸易自由、每英亩土地租金不得超过 4 便士的合理要求还是逐渐实现了。许多村庄的农奴或带有农奴标志的佃农,正是通过这样团结一致的集体抗争而逐步摆脱农奴制枷锁。

英国农民以各种形式挣脱农奴制的斗争持续到 16 世纪下半叶,但从主体上看,农奴制在 14 世纪末期已不复存在了,最晚到 15 世纪中叶,英国农村中的绝大多数人都已是自由人,而且其自由地位已不可逆转。这一地位为农民获得可以自由迁徙到任何城市的劳动权利奠定了基础。

新兴城镇与新垦区一样,其出现主要是自由移民的结果,更确切地说,是自由劳动运动的产物。新城镇明显不同于旧庄园,一旦立足,就有一种无限蔓延的趋势,从而对旧庄园的生产和生活方式产生强烈的冲击。

最迟不过 13 世纪晚期,庄园经济内部经历着一场深刻的变革,最重要的表现为劳役地租向货币地租的过渡,又称为"货币折算"。在交纳一笔固定的年金后,农奴佃户的劳动力基本不再受领主支配,从此,佃农吆喝着自家牲口在领主自营地上耕作的情景将一去不复返。庄园内部的这种变化与其外部的变化不无联系,事实上它们是互为因

---

① G. G. Coulton, *The Medieval Village*, Cambridge: The University Press, 1926, p. 159. 转引自侯建新:《社会转型时期的西欧与中国》,高等教育出版社,2005,第 66—67 页。

果、互相启动的一个整体,在一定意义上农奴的逃亡斗争、城市的兴起、新垦区的开拓、庄园内部的劳役折算等都是表现着同一主题,即农民要求自由支配自己的劳动力,或者说要使自己的劳动力归个人所有。到13世纪初叶,英国已经有超过半数的成年男子成为领取报酬的日工或短工,强制性的劳动已经让位于雇佣劳动,因为维兰以向领主缴纳货币的方式代替了亲身服劳役。当代法国经济学家亨利·勒帕日指出:"这种对自己劳动力的第一个'所有'是现代权利的真正鼻祖",他还把取代劳役的货币地租称之为"赎买个人劳动力的年度税"。①

新城镇推动了农奴的解放。其实,仅仅市民的存在这一事实本身就必然立即对农民产生影响,并且逐渐缩小了起初把市民和农民分开的差别。城市的形成立即动摇了农村的经济组织。此前,农业仅仅用于维持农民的生活和提供向领主缴纳的贡赋。中世纪早期商业衰落以后,没有任何理由促使农民向土地要求不可能卖掉的多余产品,因为再也没有销路。他们满足于应付每天的生活,确信有隔宿之粮,不盼望改善境遇,因为他们不可能想象出还有这种可能性。城镇和城堡的小市场太微不足道,再说需要的总是那些东西,因此不足以激励农民摆脱常规加紧劳动。但是,中世纪后期,工商业的发展使这些市场热闹起来,买主的数目大增,农民很快确信他们拿到市场去的农产品可以卖掉,他们怎会不利用这样的大好机会呢?只要他们生产得出来,想卖多少都行。他们立即耕翻以前任其荒芜的土地。他们的工作具有了新的意义,使得他们能够赚钱、积蓄和过着愈勤劳愈舒适的生活。由于土地收入的增加部分属于他们本人,且向领主缴纳的赋税是

---

① 亨利·帕勒日:《美国新自由主义经济学》,李燕生译,北京大学出版社,1985,第71页。

按照领地的惯例固定在不变的比率上的。所以他们的境遇不断得到改善。人们通过交往,通过参与,拥有了共同生活、权利和责任。公共事务的管理和公共生活的安排,是由地方自主决定的,而不是自上而下灌输的。占据主导地位,日益频繁的交往腐蚀着等级和地理的界限,追名逐利使得更多人有机会跻身于上层行列。

于是,一种新型的农民出现了,这种新型的农民完全不同于旧式的农民。后者以农奴身份为特征,而前者享有自由。这种自由也是仿效城市的自由,产生这种自由的原因是农村组织受到城市的影响而出现的经济动荡。新城市的居民其实是农村的市民。他们得到显然是从城市制度中借用来的司法组织和地方自治,因而可以说城市制度逾越城墙扩散到农村,把自由传送到那里。这种自由在进一步发展过程中,很快渗入旧领地,那里过时的组织再也不能保持在经过革新的社会之中。或者通过自行解放,或者通过释放或僭取,领主们让自由逐步代替长期以来作为他们的佃户的正常身份的农奴身份。土地制度改变的同时,人的身份也改变了,因为两者都是一种正在消失的经济状态的产物。长期以来,领地竭尽全力自给自足的所有必需品,现在商业都可以供应。再也没有必要每个领地都生产自己用的一切物品,只要到附近城市去就可以买到。

流动资本也开始出现。农奴的解放仅仅是经济复兴所造成的后果之一,城市既是经济复兴的结果,也是经济复兴的工具。在经济复兴的同时,流动资本的重要性日益增大。在中世纪的领地时期,除了地产别无其他财富,地产确保持有者的人身自由和社会威望。但是,市民的出现日益有力地显示和证明着这样一个简单的道理,单凭经营销售即生产交换价值就可以生活和致富。商业解放了那些被禁锢的银币,恢复其原来的用途,由于商业的繁荣,货币又变成交换的工具和衡量价值的单位。因为城市是商业的中心,货币必然大量流向城市。由于以货币为工具的交易数量的增加,货币的流通量随之提高;同时,货币的使用也逐渐普遍起来,实物支付逐渐为货币支付所代替。

于是出现了一种新的财富概念——商人的财富概念,不仅包括土地,而且包括货币和可用货币估价的商品。从11世纪起,许多城市中已经存在着名副其实的资本家。① 他们虽然很早就将其部分利润用于购置地产,首先就在他们住的城市,然后在乡村,他们尤其是成为放债人。商业闯进社会生活所造成的经济骤变,使得不能适应这种情况的领主拮据甚至破产。这是因为经济聚变加速了货币流通,结果使得币值降低,从而提高了所有物品的价格。城市形成的那个时期是生活费用很高的时期,这个时期对于市民中的商人和工匠有利,而对于不能增加收入的土地持有者是难受的。从11世纪末起,他们之中的好些人为了生活下去而不得不求助于商人,流动资本开始显示自己的力量。

市民最不可少的需要就是个人自由。没有自由,贸易就无法进行。因此,在颁布的城市特许状中,说明给予市民人身自由,并取消带有农奴标志的结婚税、继承税等,通常占有重要位置。有的地方以一扫无遗地解除所在地居民的全部农奴义务而开始城市的历史。如在费勒斯,当其1251年被批准为城市时,那里的88人全部被正式解放。而对大多数城市的市民来讲,市民是移民,来自远方,尽管他们不是自由人出身,但他们离开了出生的庄园,事实上已获得了自由。不过,事实还必须变成法定的权利。为取得这种权利,英国和其他西欧城市都规定移民必须在城市范围内住满1年零1天。

为使农奴在初来的1年零1天之内感到安全,不担心被强制送回

① 亨利·皮雷纳:《中世纪的城市》,陈国樑译,商务印书馆,2006,第136页。

他们逃出的庄园，城市普遍实行司法自治，使之成为超然于庄园习惯法之外的司法独立的地方。自治的司法体系给予市民个人自由较高的保障，比如不得随意传唤市民出庭，不得随意逮捕，审讯和判决之前不得监禁，最重要的是市民只接受自己城市司法机关的审判，城市之外任何机关都无权审理，作出的判决也无效。比如，1306 年，一个维兰出身的伦敦市长在回老家探亲时被原领主抓捕并非法拘禁了几个小时，但在伦敦法庭的帮助下，他很快就恢复了自由，而原领主反而受到被罚款 100 镑的制裁。

城市的土地也是自由的。这种自由并不是说它是资产阶级法律意义上的绝对的私有财产，而是说他的土地领有条件是自由的。换言之，市民领有土地，但不负担沉重的劳役，不发生人身依附关系，也不受领主的审判，一般只是交纳一笔货币。城市土地主要不是用来耕种，而是用作宅基地盖房子，城市发展起来更是如此。14 世纪以来，地价迅速上涨，而地租是一笔固定的货币，受货币贬值和地价上涨两方面的影响，那笔货币地租就变得越来越没有意义。随着城市自治运动的深入，市民与领主的封建联系逐渐被斩断。

早在 12 世纪，英国城市就开始争取自治的斗争。为了得到战争亟须的现金，国王曾大量出售城市自治的特许状，给各城市以自选市长的权力，12 世纪最后 10 年，伦敦和另外 10 座城市都获得选举市长和市议会的权力。到 13 世纪末，除修道院统治下的少数城市外，几乎所有大小规模的城市都赢得了一定程度的自治，并形成了一种保卫城市和市民利益的所谓“市民精神”。显然，市民的个人自由使其在其他居民中成为一个特权阶级，成为“一个与城墙以外所有的人完全不同的人。一离开了城门与壕沟或是另外一个世界，或者说得更确切一些，就是另一种法律的领域。取得市民资格，正与受封为武士或出家为僧侣一样,意味着取得一种特殊的法律地位。与僧侣与贵族一样,市民也属于一个特殊的等级,不受普遍法律的约束”①。

二、积极参政议政

随着市民经济力量的不断壮大,他们的社会交往面也越来越宽广,他们首先成为国王身边的谋臣,掌握着城市的各种经济社会领域的实权,又与各郡的骑士一起组成议会下院,逐渐成为正在崛起的“第三等级”。

在中世纪早期,许多英国城市从国王、教会和贵族手中取得特权证书,成为自治市(borough)。自治市的自治权利主要包括以下内容:第一是人身自由,即市民应为自由人,受普通法保护;第二是土地自由,即市民领有土地的条件是自由的;第三是拥有自己独立的法庭,一般即为市政委员会,它所依据的法律为其享有的各种特权和本身的习惯,市民除非其案件涉及国王或领主的司法权力,一般不受其他法庭的审判;第四是财政自由,即城市每年向其领主缴纳一笔固定税款以取代各种捐税;第五是自由贸易,如定期举行市场或集市贸易,市民经商免交市场税等。此外,自治市还有权选举自己的市政官员,如城守、市长和法官等。② 马克斯·韦伯就指出:在中世纪,(城市)显见的特征是各有自己的法律和法庭以及不同程度的行政自治。中世纪的市民之所以为市民,正因为他受这种法律的管辖并参加推选行政官吏。③

从诺曼征服开始,英国的自由城市或自治城市便在国王的控制之

---

① 皮雷纳:《中世纪欧洲经济社会史》,陈国樑译,商务印书馆,2006,第 50 页。

② 马克垚:《英国封建社会研究》,北京大学出版社,1992,第 227—228 页。

③ 马克斯·韦伯:《经济通史》,姚曾廙译,上海三联书店,2006,第 200 页。

下。由于市民阶层经济力量的不断壮大,国王越来越依靠城市这个巨大的财源,所以历任国王都把他们所管辖的城市作为一个行政单位,赋予城市以财政、司法、军事、商务管理等方面的特权。这样,市民上层凭借雄厚的经济实力资助国王,为国王出谋划策,成为国王身边的重要谋臣。要而言之,国王给予城市以各种特权有如下几项:一是财政权。主要指财政独立,即把城市应交的各项税款,统一由市民代表上交一笔总数,如同封建主土地以出租制交给承租人一样,由此郡守不再前来收税,而由城市直接把款项上交财政署。但是,国王由于财政资金紧缺,仍然想方设法提高已经固定的这一数目,并且不断开征新税。其中,很重要的一项是任意税,亨利二世时开征,理查、约翰、亨利三世都曾向城市征收此项税款,一直到爱德华一世,一般每过三四年征收一次,由王室官吏和城市当局协商决定征收数目。比较正规的税收是动产税,开征于爱德华一世时期,后来成为王室收入的大宗,它又称 1/10 税或 1/15 税,一般城市交纳每户居民动产的 1/10。除此之外,城市官员还要负责为王室收关税。如南安普敦负责向到达该地的运酒船只收取关税。13 世纪,开征以羊毛出口税为主的正规关税,各城市均选举两名税收员,负责收出口税,主要有羊毛、毛皮、皮革等,然后上交财政署。1374 年 6 月 8 日,乔叟获得伦敦港海关征税人(controller)的职务,主要负责征收伦敦港的羊毛和毛皮等货物的出口税,年薪 10 英镑,外加 10 马克的额外津贴,伦敦市政府给他一套房子。乔叟于 1374 年 6 月 12 日宣誓就职,一直到 1386 年离职,一干就是 12 年有余。①

二是司法权。城市法庭有自己的法庭,但市民应出席巡回法庭并提供陪审员。不仅如此,还应负责在其区域内执行王室法律,如根据

① 参见本书附录:乔叟年谱。

亨利一世时的克拉伦登敕令,市民应协助郡守逮捕城市中的盗贼、杀人犯、放诸法外以及触犯森林法之人犯。在城市中有国王的地产时,其占有之转移也由国王命令市政官员实施。城市还时常被命令看守朝廷的罪犯,如果在看守期间罪犯逃走,城市为此要付罚金。

三是军事权。从1181年起,亨利二世颁布了军事敕令:如其他自由人一样,市民有义务奉诏服役,并自备马匹、武器等,按一定比例参加作战。如1212年约翰所征召的市民数为:坎特伯雷40人,多弗20人,罗切斯特20人,金斯顿10人,奇切斯特40人,温切斯特410人,南安普敦20人,瓦林福特10人,伦敦100人,科尔切斯特40人,赫里福德10人,诺里奇20人,雅茅斯20人,剑桥20人,亨廷顿20人,总计400人。13世纪中期,市民参军的敕令仍然施行,市政官员应负责统率市民军。同时,增加了城市警卫的职责,即每个城市应为每个城门出12人,小城则为6人,负责夜间守卫。1285年颁布的温切斯特法令重申了城市市民有参军和警卫的任务,以后继续执行达300年之久。城市还有义务为王室提供海军。12、13世纪时,王室并无海军,全由港口城市提供。后来国王也有少部分战船,另外征调港口城市的船只以供战时使用。①

四是商务管理权。许多城市是港口城市或国内商业中心,所以一些商务的管理自然落在城市官员身上,征收关税就属于这个项目。此外,国家出于战争、外交等目的也时常发布命令禁止某种商品进口,或禁止某种商品出口,由重要港口城市的官员来负责执行。比如1225年即有命令送达各港口城市,禁止任何粮食离港过海出售。各港口城市官员必须逮捕打算出口粮食的人,扣留船上的水手和货物等。到爱德华一世时,为了对弗兰德斯施加压力,又命令各城市禁止羊毛出口。

① 马克垚:《英国封建社会研究》,北京大学出版社,1992,第202页。

城市官员还负责实施反对外国商人的法令，这种法令大多出于军事或政治目的。国内商务管理也是城市官员的职责，如对酒和粮食的度量衡标准、对酒和面包的价格、对债务契约的订立和施行之类，城市官员均有权处理。

除了上述四个方面的职责，城市还得随时接受王室的命令，执行一些临时任务。比如，为英军赴大陆作战运送物资渡海、修建宫室、发布王令、提供咨询等，城市官员担负着十分繁重的任务。尽管任务繁重，但城市官员得到了国王的信任和更多的职权，参与到国家的政治事务中，逐渐成为王国政坛中不可或缺的一支重要力量。

大部分城市的当权者是有钱的大商人，与国王、贵族利益相关且关系密切。早在城市形成的初期，生活费用很高，对于市民中的商人和工匠有利，而对于不能增加收入的土地持有者是难受的，这些土地持有者主要是僧俗贵族。到了乔叟时代，他们之中的好些人为了生活下去不得不求助于商人，流动资本开始显示自己的力量。国王由此看到市民的力量所在，因而不断给予他们一定的自治权利和其他特权，当然也得到了丰厚的回报。比如，英国富商一直在借款给国王，1397年共有193名富商借款给理查德二世(1377—1399年在位)，其中，城市商人就有70名。[①] 伦敦丝绸公会大商人理查德·惠廷顿三次出任该市市长。在最后一次任职期间，他设宴款待亨利五世(1413—1422年在位)和王后。席间，王后羡慕其能以当时比较贵重的杉木作壁炉燃料，他为了炫耀富有，竟随手将国王欠他的6万镑债券扔进火中。[②] 再如，在平定1381年瓦特·泰勒起义时，尽管有少部分下层市民帮助

---

① W. Cunningham, *The Growth of English Industry and Commerce, vol. I*, Cambridge: The University Press, 1922, p. 385.

② E. Pooley, *The Gilds of the City of London*, London: William Collins, 1945, p. 24.

过起义者,但绝大多数市民采取不支持的态度,城市上层则完全倒向国王一边。在理查二世与瓦特·泰勒谈判时,伦敦市长乘其不备,用剑刺死瓦特·泰勒,对国王控制局势起到了至关重要的作用。后来,理查二世格外宠幸伦敦市长、大商人德·拉·波尔,任命他为宫廷重臣,但很快遭到一些贵族和骑士的反对。1386年,议会要求罢免理查二世任用的大臣波尔等人,理查被迫暂时屈服。翌年,理查二世离开威斯敏斯特,要求大法官宣布:议会制定御前会议妨害了国王的特权,属非法,对国王如此执行者即犯有叛国罪;任何阻碍国王实现王权者即为叛国,议会没有权力在给予补助金之前向他提出要求,国王有权解散议会;如果没有国王的同意,议会没有权力弹劾大臣;视罢免爱德华一世为合法也是背叛。1388年,贵族反对派再次以兵戎相威胁,理查二世被迫再次屈服,在当年号称"无情议会"上处死了一些国王的亲信,德·拉·波尔被判绞刑,但他早已逃往法国,永未再回。后来,失去众多亲信的理查二世与贵族反对派和议会进行反复较量,1399年被迫宣布退位,随即被囚于伦敦塔中,后遭谋杀。

集中在城市的流动资本的力量,不仅使城市在经济上具有重大影响,而且有助于使城市参与政治生活。当社会只有从土地的占有中衍生出权力时,就只有教士和贵族参加政府管理,国家随着权限的扩大而需要增加开支时,越来越经常地感到需要求助于市民的钱袋。早在12世纪时,国王就开始向城市借钱,但是,市民借钱并非不要保证的。他们清楚地知道需要冒着永远得不到偿还的巨大风险,因而要求新的特许状作为同意借款的交换条件。根据封建法律,国王只可以向他的附庸征收某些确定的赋税,而且总是限于同样的几种,因此国王不可能专制地迫使城市缴纳赋税。在这方面,城市特许状给予城市以最庄严的保证,因此国王不得不同城市协商。于是,王室逐渐养成一种习惯，将市民召来参加由教俗贵族组成的大议事会，这就产生了等级会议——议会。市民在1265年首次出席议会，在1330年以后成为议会的固定成员。① 此后，市民议员的人数不断增加，其上升势头一直持续到15世纪和16世纪。14世纪后期，大约80个城市一共派来180名议员，其中包括来自"五港同盟"的14名议员。② 市民和同处一院的骑士组成了第三等级，虽然在地位上居于教士和贵族之后，但是在重要性方面不久将会超过他们。

14世纪时，教士代表退出了议会，英国议会在发展中形成了上院（贵族院）和下院（平民院）的两院制。教士代表不再参加议会，大主教、主教等是以其世俗贵族的身份与会的，1332年之后的议会记录上就不再提及教士代表，虽然国王在召集议会时仍然通知他们，到爱德华三世时这一表面上的召集也予以终止。14世纪中期，两院制基本形成，上院、下院分别在不同的地方讨论。在讨论完成后，由代表分别向国王报告结果，两院有时也进行必要的协商，以解决分歧、取得共识。值得一提的是，作为地方代表的骑士与市民坐在一起讨论问题，骑士自认为地位上高于市民，长期未与市民坐在一起，国王也时常要求市民单独讨论税收，但在经济上骑士和市民的利益日益接近，他们中的许多人已放弃战争之业，转为经营性地主，再加上许多市民仍然是由地主充当，所以他们之间有越来越多的共同语言，终于坐在一起讨论问题。

中世纪议会争取到的最重要权力就是获得了批准税收的权利。

---

① S. Phillips & M. Ormrod, ed. *The Parliament Rolls of Medieval England, 1275 — 1504*, vol. IV, Edward Ⅲ. 1327—1348, Woodbrige: the Boydell Press, 2005, p. 97.

② A. L. Brown, Parliamcn C. 1377—1422 ', in R. G Davies & J H Demnion, *The English Parliament in the Middle Ages*, Philadelphia: Pennsylvania University Press, 1981, pp. 117-118.

14 世纪时,封臣制基本瓦解,盾牌钱等无法征收,国王主要依靠动产税,所以和议会的关系才逐渐密切起来。国王有权征收关税、商业税等,他可以用给予商人以贸易特权的办法,诱使本国或外国商人同意交纳某种税率的关税,14 世纪羊毛出口税和葡萄酒进口税大增,国王由此得到大量收入,但因为百年战争引起军费增长更快,爱德华三世就把羊毛出口税从每包 6 先令 8 便士提高到 40 先令,引起商人不满,议会提出征收关税也须议会同意的要求,也得到国王的认可。实际上,羊毛税、桶税和磅税都是国王的专利,后来还有呢绒出口税,国王均有征收权,而不必经过议会讨论,但现在下院提出了这一问题,国王也不得不考虑市民愿不愿意交纳更多关税。

议会利用请愿书的办法与国王的横征暴敛作斗争,使"先改正,后供给"渐成一种有益于市民的惯例。议会的职责相当于法院,如果遇到不公平待遇,或者受到不公正的判决,可以到议会(即上院)申诉,这就是请愿书的由来。最初请愿书都是个人提出的,而且尽是一些琐碎小事,后来出现了由下院集体提出的请愿书。于是,下院利用这一手段与国王讨价还价,即要国王先同意议会请愿书中的一些要求,然后议会才同意纳税,启动了"先改正,后供给"的程序。这是从爱德华三世时开始的,到兰开斯特王朝时这种争夺仍在继续。议会一般采用推延表决的办法,迫使国王接受议会要求,由于国王急需金钱支持其活动,所以这一办法久而久之竟成为一种双方都承认的惯例。

14 世纪时,议会还取得不少维护自身权益的成果。一是争取到对国王财政的监督,取得了税收的动议权。本来下院地位低于上院,他们只能向国王请愿,其请愿书变成法律时,一般说明为"在下院的请求下,经教会贵族、伯爵、男爵等同意,由国王制定"。后来因为税收主要是下院所代表的城市和郡交纳,所以下院应优先讨论。1395 年通过的税收法案就写明为“下院制定,上院建议和同意”。1407 年的议会上,由国王和上院先商定一项税收,然后交下院通过,但遭到下院的拒绝,认为这侵犯了他们的权利,坚持应由上院、下院分别讨论税收数额,然后把决定报告国王。重申税收应“由下院制定,经上院同意”的原则,由此开创了税收法案由下院提出的惯例。

二是下院通过提出请愿书而逐渐争取获得法律的创制权。议会兴起后,立法也有议会的参与,也就是请愿书通过成为法律,但其书面语言仍然是说明经下院请求、上院同意、由国王制定的。1327 年,爱德华二世被废,反对党控制了局势,议会以下院的名义提出请愿书,要求改革,这被认为是下院全体提出议案之始。请愿书如被通过,即可成为法律,下院通过提出请愿书而逐渐争取获得法律的创制权。虽然这种创制权并不巩固,其形势仍是下院向国王提出请愿,国王可以接受,也可以拒绝,也可对请愿书作出修改,立法权仍然控制在国王手中,但毕竟法律的制定只有通过“国王在议会”(king in parliament)这个形式方能成立,下院实际上已获得法律的创制权。

三是议会取得弹劾大臣的权利。14 世纪,议会取得弹劾大臣的权利,从此可以对行政进行监督。1376 年弹劾事件的起因是爱德华三世晚年王室内部形成了黑太子派系和兰开斯特派系的权力之争,1376 年黑太子从法国战场归来,控制了议会,对掌权的兰开斯特公爵为首的当权派发动进攻,弹劾大臣拉铁摩尔和伦敦富商莱昂斯等人。议员普遍对爱德华三世的横征暴敛不满,反对的声音占了上风。代替爱德华三世掌管议会的兰开斯特公爵虽然很恼火,但形势对他不利,只好在下院的提议下,由上院判决拉铁摩尔等被免职,逮捕入狱,听候国王发落。几经反复,后来英国议会赢得通过弹劾大臣来监督王国行政的惯例。英国的普通法是由惯例构成的,议会的规章制度也是长年累月管理形成的结果,议会由 1376 年弹劾事件而获得对专制国王的行政进行监督的权力。

另外,这时议员还获得了言论自由权、不受逮捕权等特权,这并非"一些个别的事例,是国王临时性的让步"①,而是议员们自身力量不断增强、坚持长期斗争的结果。

由此可见,市民不仅在城市这个舞台上获得了经济、政治和社会等方面的种种特权,还在议会与骑士坐在了一起,利用联合的力量争取到下院批准税收权、立法创制权和行政监督权以及议员言论自由权和不受逮捕权,这充分说明市民阶层从整体上已经成为王国政治舞台上不可忽视的社会力量。

三、追求绅士风度

对个人而言,风度是指其举止、言谈、品行等内在素养和气质的外在表现;对一个民族而言,则是其文化内涵的群体外显。文化是受价值引导的体系,文化满足的不是躯体的需要,而是价值标准的需要。对人类社会而言,价值标准不仅决定着人类社会自身的深度需求,也决定着文化实体内人们对理性、感情体验、想象和信仰等的深度需求。不同的文化具有不同的价值标准,英国风度就是英格兰民族文化传统和特有价值标准的外化形式。具体说来,英国社会各阶层普遍存在着一种"向上流社会看齐"的社会认同意识,在市民身上则表现为刻意追求绅士风度,简言之,似应包括追求阔绰炫耀的生活方式、为宗教庆典的慷慨解囊和对文化教育事业的热衷。

中世纪晚期的英国市民,特别是市民上层人士,普遍存在一种模

① 马克垚:《英国封建社会研究》,北京大学出版社,1992,第 288 页。

仿贵族生活方式的时尚风习。在日常生活上,他们的衣食住行都非常讲究,刻意追求奢侈豪华的气派;在购置土地上,他们也出手不凡,大量购置土地和房产,不惜以重金购买今后参与政治的资格。

乔叟笔下的商人就是一群模仿贵族生活气派的上层市民。那位商人香客高高骑在马背上,留着叉形胡须,穿的是花色衣服,头戴一顶法兰德斯的獭皮帽,一双整洁的鞋子用华贵的扣子扣起。帽商、木匠、织工、染工和家具商属于同一个名声赫赫的互助协会,他们穿着同样的服装,配饰都很鲜明,所带的刀并非铜制,而是细刻的银质,腰带、挂袋莫不整洁精巧。他们收入丰裕,可以让他们的妻子们在斋戒祈祷的日子好走在旁人的前面,还有一件外套显耀地被人抬着做前导。他们带着一个厨师同路,为他们烧鸡和髓骨,酸粉馒头,和莎草根。厨师对于伦敦酒最内行!他能煨、煎、焙、炖,能做精美的羹,又善于烤饼。他做的碎烧腌鸡实在是数一数二的。说到互助协会的游行,就不得不提到巴斯妇,在她的教区中,任何人都不能走在她前面去捐献,否则,她就不顾情面,大发脾气。她的巾帕是细料的,她在礼拜天所戴的头帕称起来有十磅重。她脚上的袜子是鲜红色的,绑得很紧,鞋子又软又新。她一脸傲态,皮肤洁净红润。她一生煞有作为,在教堂门口嫁过五个丈夫,年轻时其他有交往的人不计在内。耶路撒冷她去过三次,渡过的大川巨流也不在少数,朝拜过布罗涅和罗马的教堂,还到了加里西亚的散地亚哥和科隆。她足迹遍各地,扩大了见闻。她遛着马,骑得很稳,头上缠好围巾,戴着一顶帽儿,倒有盾牌那样大。宽厚的臀部穿着一条短的骑裙,脚上一双尖头马刺。不难看出,上层市民的生活之富足,穿着打扮十分奢华,饮食更是食不厌精、脍不厌细,个个骑在马上都是风度翩翩、豪华气派,其风度气质似乎已不亚于地位显赫的贵族,也难怪当时国王曾多次下令禁止平民打扮成贵族的模样。

在英国,土地几乎是唯一能够攀上社会和政治上层的通行证。一个人拥有的土地越多,那么他得到上升的机会也就越大。土地代表的不仅是财富,还是稳定与持续,在国内拥有一份固定的利益,并使之有资格参与统治。每个渴望进入社会上层的人物都需拥有相当数量的土地,这些土地资源是他或早或晚进入社会和政治核心的保证。威廉·马歇尔说过:“土地财富是一切物质财富的基础;只有依靠它,人类才能声称自己获得了生活、流动和存在的权利。”①就本质而言,土地已超出了商品的范畴,它提供的是社会地位,追求土地并非为了追求经济利益,而是为了政治影响和社会地位,这是土地在英国社会中占有不寻常地位的原因。

14世纪的英国商人仍用巨额金钱购买土地,也有人认为这是他们防范风险的良方。有些商人投资城市内的房地产,这样可以从那里取得收入,但更多的商人要从乡下购买土地,这样财富可以保值,后代还可以变成乡绅,而不再仅仅投资工商业。约克商人查理,原来从特威德河上迁来,在赫尔、纽卡斯尔、伯里克都有房产,在约克有11处地产。当他的儿子们1500年出现在约克郡法庭上时,都已经成为乡绅、从骑士和法学博士等,不再是商人阶层的成员。所以,一般说来,商人在经过三代之后就会变成地主,而成为地主也是商人实现向上爬的野心的必要阶梯,实乃一种趋向传统价值的心理外露。

市民在经济上无疑是精打细算的,但是他们在捐助行会庆典、修建教堂和学校上称得上慷慨解囊,表现出强烈的世俗精神和宗教热忱。行业庆典是新兴市民最热衷的活动之一。中世纪行会是一种群众性的自发组织,具有行业性,也是互助组织,用以救济本行业的穷

① 钱乘旦、陈晓律:《在传统与变革之间:英国文化模式溯源》,浙江人民出版社,1991,第371页。

人、老人和病人,又具有宗教性质,往往供奉一个圣者作为自己的保护神,不同行业有不同的保护神。前述伦敦互助协会和巴斯妇都是各自城市呢绒业公会的中坚力量,应该是各自行会的主要捐赠人,因为这种捐助带有慈善性,所以富人及其妻子们也往往积极参与,为的是博取一个好名声。有趣的是,行会还要以商人捐赠款项数量的多少来安排游行的前后顺序,捐赠款项最多的商人妻子在斋戒祈祷的日子能走在旁人的前面,还有一件外套显耀地被人抬着做前导。

富商们不仅在行会内部捐赠,也捐资修建教堂、医院和学校。例如,作为"全英格兰羊毛商之翘楚"的威廉·格雷维尔,不仅在奇平卡姆登为他本人修建了一座富丽堂皇的宅邸,还向他所在教区的教会慷慨解囊;"其富无比的商人"、斯坦福的威廉·布朗也出资为当地贫穷的教徒兄弟修建了一座医院。当时,新建的教堂往往采用英格兰垂直哥特式风格设计,以便产生最为庄严的效果。在这样一个被死亡的阴影笼罩的世纪里,瘟疫频繁地袭击着城市和乡村,人们乐于捐助教会为死去的人作追思弥撒,垂直哥特式建筑不仅使教堂内部充满光亮,而且使教堂洋溢着天赐福泽的吉祥气氛。布里斯托尔附近雷德克里夫的圣玛丽教堂是圆拱形建筑,剑桥大学国王学院的礼拜堂,不但建筑雄伟辉煌,而且最大限度地实现了市民们通过捐建宗教性建筑来表达世俗进取精神的愿望。

这种世俗精神是与最强烈的宗教热忱结合起来的,只要举出挤满在城市中的无数宗教建筑以及大量敬神和慈善团体就可以证明这一切。他们的虔诚带着天真、诚挚和无畏,易于越出严格的正统思想的范围。在各个时期,他们都以其神秘主义的激情奔放而显得与众不同。正是这一点,保证了宗教思想中一切新颖的、过分的和畸形的东西都在城市中获得成功。从 12 世纪出现的异端邪说,仅在城市中有人皈依。14世纪后期,更是产生了威克里夫的宗教改革思想和罗拉德派异端运动,为亨利八世的宗教改革和欧洲的新教运动作了舆论准备。

城市市民不仅关心世俗文化教育事业,还通过创办学校、排演宗教剧、兴办出版业等活动使英国世俗文化有了长足的发展。在14世纪以前,知识一直为教士垄断,而且只使用拉丁语,用本国语言文字写的文学作品只是有关贵族的事情,至少是表达贵族的思想和感情,但是城市的兴起改变了这一切。城市文化从一开始就表现出世俗文化的特性。由于文化知识为从事商业所必不可少,所以从12世纪中叶起,城市当局就关心为市民子女建立学校,这是古典时代结束以来的第一批世俗学校。① 由于有了这些学校,教育不再为教会所独享,市民也先于贵族学会了读和写。虽然在文艺复兴以前,这些学校的教育仅限于初级教育,所有愿意深造的人不得不求学于教会学校。但是,与贵族不同的是,城市从未使用教士为其服务,所有城市的书记都是俗人,尽管他们也是教会学校培养出来的。从12世纪末起,书记不仅负责起草各种法令,而且负责城市的通信和会计工作。他们使用的语言虽然首先是拉丁语,但是从13世纪初期起,他们越来越普遍地使用本国语言。在行政事务中,首先采用本国方言的是城市,这种首创性完全符合于在中世纪文明中以城市为杰出代表的世俗精神。②

城市行会以文化形式表现市民自己的生活。14世纪初叶以后,每逢喜庆节日,特别是仲夏时节的盛大节日,即基督圣体节,行会都要为市民们演出舞台剧或场面剧,因精心排练而破费了钱财所引起的焦虑也时有耳闻。到15世纪中叶,根据圣经故事编排的神迹剧已经从僧

---

① 亨利·皮雷纳:《中世纪的城市》,陈国樑译,商务印书馆,2006,第141页。

② 亨利·皮雷纳:《中世纪的城市》,陈国樑译,商务印书馆,2006,第142页。

界传到俗界，演出神迹剧也成为城市生活中的一件盛事。在切斯特和考文垂，神迹剧的出现可以追溯到14世纪70年代。有乐师加入其间的神迹剧演出团体在城市的各个街区巡回演出。神迹剧情节复杂，但演出神迹剧的意图极为简单，那就是为基督教关于人的堕落与救赎的说教提供一个生动的视觉形象。不仅在切斯特和考文垂，在约克也上演了一整套的神迹剧，造船业行会表演诺亚方舟的建造，渔民水手行会则表演大洪水时代的情景。牧人剧则着重表现为求得信仰而欣喜若狂的热忱。除了表现圣徒言行的圣徒奇迹剧，还有著名的道德剧，比如寓意深刻的道德剧《普通人》。剧中的"人"为了在末日审判时得救而展露他的种种"善行"，表现的主题是"唯有言行举止善良无误的人，才能获得升入天国的褒奖"。《普通人》是演出给每个市民看的，剧中人说的英语是大众性通俗语言，比起前几代人使用的英语，虽然语法大为简化，但词汇丰富了许多，完全能够表达普通大众的道德意识和审美情感。①

市民们不仅用英语演出自己排练的戏剧，而且在日常生活中广泛使用英文。《帕斯顿家族书信集》记录下诺福克郡帕斯顿家族1420年至1503年间的日常生活，这些信件总数超过1000封，全部用英文写成。在帕斯顿家族成员中，有曾就读于大学或身为律师的人，也有没有受过这样高的教育的人，他们几乎都在自己的信件中显示出高超的语言水平。从帕斯顿家族的书信往还中，我们几乎可以聆听到这个家族成员之间的交谈，正如可以通过塞利家族成员的书信倾听他们的言谈一样。塞利家族是家住埃塞克斯的羊毛商，他们借助书信往来经营设在伦敦马克大街的店铺。

乔叟的绝大部分作品也用英文写成，不仅用来在宫廷里为王公贵

① 阿萨·勃里格斯：《英国社会史》，中国人民大学出版社，1991，第142页。

族们诵读,也以清新明快的风格为市民所喜爱,应该说是城市文化环境所孕育的宁馨儿。1478 年,一位名叫威廉·卡克斯顿的牧师下海经商,在布鲁日创办一家书局,他决定放弃再版奥维德与维吉尔的诗作,先行印刷《坎特伯雷故事集》。从此,印刷代替了抄写,无异于一场伟大的革命。印刷代替抄写以后,更多的信息得以存储,印刷品的发行因此显得越来越重要,无论新书还是旧书都可以赢得更多的读者。印刷术的兴起不仅影响到公众事务,也同样深刻影响到普通市民的家庭生活。凡是能够购买书籍的家庭,都开始阅读关于道德礼仪、卫生保健等方面的书籍,尤其是阅读关于宗教信仰的书籍。这样,普通人拥有了更方便、更快捷地获取知识的工具,教士和学者则失去了对文化知识的传统独占权。①

对子女教育的热衷也是城市市民阶层关注的热门话题。如果一个新近发家的富人想成为英国社会的上等人,就必须为自己及其后代打下坚实的基础。这种基础除了乐善好施、在公众中树立良好的形象,主要的便是让自己及其子女接受各种专门教育,以便有一天能够担负起领导国家和社会的重任。要实现自己的向上爬的远大抱负,就必须向社会上层人士看齐,也就是向贵族们看齐,接受正规的古典教育,取得文法学校乃至牛津、剑桥大学的文凭,培养出一种为上流社会

① 阿萨·勃里格斯:《英国社会史》,中国人民大学出版社,1991,第 119—121 页。

所看重的“绅士风度”①。乔叟时代英国市民身上所体现出来的竞争原则、理性精神和坚忍不拔的意志，经过宗教战争、工业革命的洗礼，不断丰富和发展着绅士风度的内涵，使之逐渐成为融合各阶层价值取向的一种民族风度。

通过以上对英国市民阶层争取自由权利、积极参政议政与追求绅士风度的简要考察，笔者认为，从整体上看，中世纪晚期英国市民“向上流社会看齐”的价值取向是积极向上的，也是值得肯定的，他们的生产生活过程对英国从传统的农业社会向近代的资本主义过渡起到了重要的推动作用。法国学者布瓦松纳作了如下评价：“城市，尤其是西方的城市，充满了一种意气风发的竞赛精神，它们建立了许多壮丽的纪念物，设置了一大群慈善机构，发展了所有各种等级的教育，并且比以往更加成为文学和科学文明的发祥地，在14、15世纪的文学和艺术的复兴中扮演了一个杰出的角色。在沉没到国民经济和君主统治下面去以前，由于资产阶级和劳动阶级的经济活动，城市文明放出了最后一次灿烂的光辉，而这是近代文明光辉的前驱。”②

---

① 钱乘旦教授曾概括过英国“绅士风度”的若干特点：一是公平而合理的竞争原则。无论在商业、政治或其他一切带有竞争性质的场合，比如体育比赛或提升职位等，都应以良好的运动员的风格来竞争，输赢都得有风度，光明磊落，不搞幕后的小动作。竞争的各方应有平等的机会，不应受到不公平待遇。二是言行举止应尽量抑制感情色彩，而让理性来主宰一切。与职业有关的事务应以职业道德为标准，而不掺入私人恩怨或个人好恶。三是坚忍不拔、勇往直前的气概，为维护个人与国家的荣誉在所不惜。这表现在个人方面是不干则已、干则要干到底的精神；表现在国家与民族方面则是强烈的爱国主义。英国人身上体现出一种“犟劲”被称为“约翰牛精神”，也是绅士风度的一个重要方面。可见，绅士风度确实是融合各阶层价值取向的一种民族风度，参见钱乘旦、陈晓律著《在传统与变革之间：英国文化模式溯源》，浙江人民出版社，1991，第429—431页。

② P. 布瓦松纳：《中世纪欧洲生活和劳动：五至十五世纪》，潘源来译，商务印书馆，1985，第321页。

总之,乔叟时代的市民阶层正处于整体力量不断上升的阶段。随着工商业的繁荣,普通市民的生活水平得到了很大提高,市民上层则积累了大量财富,雄厚的经济实力使其整体的政治、社会力量也悄悄壮大起来,逐渐成为这个国家基本统治力量的一部分。值得一提的是,市民经济是一种非庄园经济,它有与乡村的庄园经济不同的规则,在一定程度上,行会保护它的发展,但又最终限制它,农村培育了新兴城市,而城市又反过来瓦解了农村传统的东西。具有市民特权意义的城市是西方以外任何地方所未有的,虽然中世纪城市仍然属于封建社会的一部分,但它对于建立在庄园经济基础上的封建社会,更多的是一个离心力量,它与整个中世纪的演变,甚至和近代社会的确立有着不可分割的、历史性的联系。当然,乔叟时代的市民毕竟还是中世纪晚期的市民,而非近现代意义上的市民,从这些形形色色的小生产者身上可以看到英国社会转型时期的某些社会特性。

第四章
不断发展的个体农民

在中世纪的英国,农民以劳作者的职能被誉为社会的三大支柱之一,用10世纪时英国教士艾尔弗雷克的话说,就是"系为我等提供衣食之人,为犁耕播种者专事于此"。作为英国封建社会三大等级之一,农民等级约占全国人口的90%,但其绝大多数"无权无势",更谈不上有什么特权,即使自身的劳动权也被统治阶级占有或部分占有,为争得这一基本的权利,他们也必须为此付出艰辛劳动甚至巨大牺牲,因而始终处于被剥削和受压迫的地位。

对西欧农民阶级及其历史作用的评价,中外学界历来有两种截然不同的观点。一种观点认为,"中世纪的农民作为一个整体不能摆脱两种束缚:落后的传统农业生产力;封建生产关系的剥削压迫。他们世代劳作仍难以形成自主活动空间,不能独立地变革传统的生产方式和生产组织,没有走出中世纪经济运行的模式与藩篱,不曾成长为一种崭新的生产力和阶级力量的代表者。他们是中世纪落后愚昧的物质和社会文化生活方式的体现者。如果农村中没有先进的阶级力量,农民与农业文明的改造就是一句空话。"①与之相反,随着研究的深入、认识的深化和一些考古新发现,另一种的观点则主张中世纪晚期

① 徐浩:《中世纪英国农村的封建负担及农民生活》,《贵州师范大学学报(社会科学版)》2000年第2期,第64—68页。

农民的生产力水平和财富的积累已经达到推动资本主义起步的程度，从社会关系看，“英国习惯法的发展，特别是习惯法中对个人权利和个人财产权利的保护得到普遍认同；议会的形成和下院地位的提高，以及国会与教会的斗争等，都有利于造成一种良性的政治环境，有力地推动了资本主义因素的发展。”①笔者支持后一种观点，因为中世纪后期的英国农民的物质生产能力和精神生产能力已经得到长足的发展，基本上摆脱了贫困和人身的种种束缚，尤其是富裕农民的崛起，不仅开拓出“为市场而生产”的现实条件，而且已成为领导和带动整个乡村社会团结进步的核心力量。

本章以乔叟笔下的农民形象为线索，通过对乔叟时代农民阶层的构成要素的梳理和描述，简要勾勒这一时期农民阶层正从被剥削、受奴役的地位走向赢得个人权利、扩大交际范围、参与社会事务的发展过程，并试图进一步分析农民个体不断发展的经济社会原因。

---

① 侯建新：《现代化第一基石：农民个人力量与中世纪晚期社会变迁》，天津社会科学院出版社，1991，第 27 页。

第一节　农民的构成

乔叟时代的英国农民是由哪些人构成的？乔叟笔下的农民形象是否真实可信？这些形象究竟能对我们研究那个时代的劳动者阶层有无些许启示？让我们从乔叟笔下的农民形象入手，结合部分英国农民研究资料，力图走近这一阶层，审视和勾勒当时英国农民的结构性特征。

一、乔叟笔下的农民形象

在《坎特伯雷故事集》中，乔叟以现实主义的精神，如实描写了当时英国农民阶层的各色人物，既有农民上层的富兰克林，又有处于农民中层的庄头、约曼农，还有刚刚解放的下层农夫，他们是构成乡村社会的主体，也是普遍富裕起来的一个庞大的社会群体。

乔叟笔下的农民已经不能仅仅用“劳作者”来概括，因为除了最底层的农夫（plowman）的身份还比较单一，管家、约曼、富兰克林都身兼多职，收入来源也已多样化，他们彼此之间自然形成了贫富差距。但总体上来看，这些农民生活普遍达到温饱线以上。

先看农夫（plowman）。“他是个忠实的劳动者，与人无争，乐善好施。他无时不全心全意敬爱上帝，忧乐不改他的虔心，他对旁人和对自己一样。他能为一个穷人打麦、挖沟、耕地，却不要钱，只消他有气力，他为的是基督。他按照农作物和田产而付他的什一税。穿的是一件农民的斗篷,骑的是一匹牝马。”①这是一位老实本分的农民,与人无争而又乐善好施,替别人打麦、挖沟、耕地本来可以收钱,他不但不要钱,还专门替穷人干活,承续着马尔克公社团结互助的好传统,也践行着基督教义训示的美德。他穿着很普通,大概是劳动装,在陪他的兄弟(也是他所在乡村的堂区牧师)来朝圣之前,还曾拖过许多车的粪料,骑的那匹牝马大概也是他耕地所用的牲畜,这说明他有地种、有马骑、有时间外出朝圣,其经济条件肯定在温饱线以上。

再看约曼(yeoman)。乔叟笔下的香客有两个约曼,一个是随骑士和他的儿子乡绅一起征战欧洲大陆的仆从,另一个则是随从某修道院修士一道梦想凭借炼金术发家致富而又倾家荡产的仆役。前者“所穿的外衣和兜帽是绿色的,手中一张大弓,皮带下一束明亮尖利的箭,上插孔雀羽毛。他懂得怎样照料所携带的武器,正如一个好乡士(yeoman 约曼,笔者注);他箭上的毛从不下垂,射出时不会倾侧。他头发剪短,脸色棕褐。他善于林中行猎。他臂上戴着华美的皮制射鞲,身旁一边挂着剑和盾;另一边一把漂亮的短刀,装备得宜,且利如矛尖;胸前一块闪亮的圣克里斯多弗银像,绿肩带上挂着号角。”②这个约曼并非乡绅手下的仆役,而是和乡绅一样同为骑士的随从。约曼是当时农民阶层的中层人士,大多是农民,有时是骑士的仆从,也有时是寺僧的仆从。后者就是一个寺僧的仆从,衣着和坐骑都很寒酸,他这样介绍自己:“我同这个寺僧已经住了七年,因此已倾家荡产,一无所有了,许多旁的人也是一样上了当。我是一向讲究衣服穿得漂亮的,现在却只能把旧袜子套在头上当帽子戴;脸上一向是鲜红的颜色,而现在是苍白的铅色了。任何人玩上了这一套,都是会后悔无穷的。我日夜辛

① 乔叟:《乔叟文集》,方重译,上海译文出版社,1979,第345页。

② 乔叟:《乔叟文集》,方重译,上海译文出版社,1979,第334页。

劳，已知眼睛里长了毛，眼泪流不完。这就是炼金的报偿！这门变幻无常的学术把我的脑汁绞干了，我转来转去也转不出一个铜板来；反而债台高筑，我所借的金子，这一生也还不完。”①约曼这个词是一个广泛的称谓，有一定的经济条件，人身是自由的，可以从事比较高贵的劳役，比如从军打仗，或进僧院作杂役。随着历史的演变，这个名词到15世纪以后就成为富裕农民的统称。但是，在乔叟在世时，约曼与富兰克林肯定在经济和身份地位上都有明显的区别。总起来说，约曼的经济条件已经可以满足他们外出打仗和进入修院做事，这是一份兼职工作，自然可以得到一份额外的收入。除此之外，他们利用这样的机会外出见了大世面，也开阔了眼界，增加了社会交往面，为日后的发家致富、进入公共事务领域打下了人际关系的基础。

接着看庄头（reeve）。乔叟写道：他“是一个瘦小而有脾气的人。他的胡子剃得很光，头发短到耳朵边，额顶剪齐像教士头上一般……他却善于处理谷仓，任何查账能手也把他无可奈何。是旱是雨，他能预计农作的收获。主人的牛、羊、猪、马、家禽，都由他一人掌管，从他的主人二十岁起，他就缴账清楚；谁也不见他拖延。没有一个执事或牧人能在他的面前玩得出什么新鲜花样。他们见到他就害怕，像碰到了瘟疫一样。他的住宅是很称意的，在一片旷地上，四周树木成荫。他致富有术，比他的主子来得高明，私下积累得不少；他能巧妙地赠送、借贷，使他的主子高兴，而其实所送、所借的都是他主子的原物，他却因而领受了谢忱，还加上了一两件衣袍。他年轻时曾学得好手艺，是一个能干的木匠。这位管家（reeve庄头，笔者注）骑的是一匹灰色有斑的矮马，名叫司各脱。他穿一件蓝色长袍，身上一把锈刀。他是诺福克州来的，靠近一座名叫鲍兹韦尔的市镇。他的上衣拦腰迭起，

① 乔叟：《乔叟文集》，方重译，上海译文出版社，1979，第705页。

像一个游乞僧,他老是骑在我们最后。”①这位庄头来自诺福克郡一个靠近鲍兹韦尔市镇的修院庄园,所以他的打扮不伦不类,既不僧也不俗,但是他精明过人、致富有术且品德低下。他利用不高的职位之便上下其手、大揩油水,积累已颇丰厚,他的住宅建得很气派且舒适宜人,至于积累得多少,乔叟只说他私下积累得不少,并没有明说具体多少,应该属于通过不正当途径率先富裕起来的一族。

最后看富兰克林(franklin)。这位富兰克林虽然还是农民身份,但他的经济实力却足以达到乡绅和骑士的基本条件,在学识、生活方式和交际范围上更是模仿贵族风度。从经济上看,他的吃喝穿戴俨然贵族一般,“他早餐时最爱吃酒泡面包,他的面包和酒都是最上等的,谁也没有他藏酒丰富;家中进餐时总有大盘的鱼面糊,酒肴在他家里像雪一样纷飞,凡是人所能想到的美味他都吃尽了;他的饮食随着季节变换,他在笼里喂了许多肥鹧鸪,鱼塘里养了很多鲷鲈之类;他的厨师如果烧出的汤不够辛辣,不够浓烈,或者器皿不整齐,这个厨师就倒了霉……他的腰边挂下一把短刀,一个绸囊,白得像清晨的牛奶一样。”乔叟说他是一位少见的漂亮的小地主(vavasor),而从他穿戴之体面、家里物产之丰富来看,似乎又不仅仅像个小地主所能表现出来的阔绰和富足,很难想象他拥有多少亩土地、产量究竟有多高(一般富兰克林之家最多拥有土地为150英亩)。从学识上看,他是一位辩护律师,也是一位郡长,这一身份说明他对什户邑法庭和郡法庭的业务非常精通,对惯例和村法的条例更是了如指掌,否则,他就根本不可能胜任上述要职。和他一同去坎特伯雷朝圣旅行的同伴恰恰也是一名律师(lawyer),据说这还不是一个普通的律师,而是个高级的法界人物,

① 乔叟:《乔叟文集》,方重译,上海译文出版社,1979,第346—347页。

可能影射当时一名著名的法官，这从一个侧面暗示了这个富兰克林似乎也有不浅的法学功底。从生活方式上看，这位富兰克林完全具有唯贵族们才有的好客风度，豪爽、慷慨、热情和彬彬有礼，延揽各方宾客，“他的家总是公开的，在乡间他简直是个款待宾客的圣徒，像圣求列恩一样……他厅堂里的大餐桌是整天铺陈好的。”①我想，他几乎每天都款待宾客，开销一定大得惊人，一个普通的富裕农民绝对负担不起这样的开销，哪怕每周这样高规格接待一次可能也是难以承受的。付出总会得到回报，这位富兰克林之所以能当上郡长和国会议员，就是因为他能够也愿意维持这种贵族般的生活方式，在社会各阶层乃至宫廷里赢得了热情好客的好名声。从社交方面看，他宴请的宾客应该都是社会名流贤达，从他的下属治安法官、验尸官到骑士、乡绅，从律师、学者到宫廷大员，要知道他的交际圈已扩展至国会议会，连他的官职郡长也是国王亲自授予的地方大员，用以抗衡贵族在地方上的势力。

富裕农民中的头面人物通常担任十户长（the chief tithingman）和陪审员，但也不排除担任辩护律师、郡长乃至国会议员的特情出现。比如乔叟笔下的那位富兰克林即是一例。令人不可思议的是，这位富兰克林竟然集专业人士辩护律师（auditor）、王室官员郡长（sheriff）和“人民代表”国会议员（a knight of shire）三种要职于一身，似乎不像一个富裕农民，反倒像一个骑士或乡绅。事实上，现实中的骑士或乡绅也未必都能有这位富兰克林所拥有的权势和影响力。

乔叟笔下还有骑士和乡绅父子俩，由于他们主要以战争为业，并非已经转事农商的骑士家庭，姑且暂时放下不论。其实，早在 12 世纪末，在国王的倡导下以金钱代军役的盾牌钱便开始流行，骑士已经可以不再非亲自参战不可，盾牌钱之流行就说明已经有骑士化剑为犁的

① 乔叟：《乔叟文集》，方重译，上海译文出版社，1979，第 348 页。

可能性，一些骑士不再从事随王征战的传统职业，转而回到乡下专心料理庄园的生产和经营，到下个世纪时，就逐渐与地方上的乡绅、富兰克林、约曼等产生共同语言并合并为新的绅士阶层。

乔叟曾担任过国会议员，也担任过林肯郡的治安法官。治安法官是仅次于郡长的地方官，他自然对郡长、国会议员的任职条件了如指掌，必不会生拉硬扯、胡编乱造、张冠李戴，把莫名其妙的头衔挂在一位富裕农民的头上。笔者以为，乔叟时代造就了这位富兰克林，他优越的资质条件与他所处时代的现实需要相契合，换句话说，王权也急需民间精英起来管理王国地方事务，进一步削弱僧俗贵族的权势和影响。

二、农民的分层与流动

乔叟笔下的农民是当时社会中下层人士吗？英格兰的农民在当时的社会结构中处在何种位置？农民阶层内部有没有分层现象？他们能上下流动吗？要回答上述问题，就不得不从中世纪西欧社会的等级观念和农民经济社会条件等多角度来进行考察。

从等级观念的角度来看，乔叟笔下的农民属于“第三等级”，均属于受英国教俗封建主剥削和压迫的被统治阶级。按照英国对等级的划分方法，等级的区分被认为是双重标准，也就是既使用法律身份，又使用经济地位标准。随着经济社会的发展，到了乔叟时代，等级划分的方法也开始变化，法律身份逐渐被淡化，经济地位的标准渐渐得到强化，主要以职业和经济收入的多少来划分等级，等级本身不含贵贱之分。

按照传统的社会等级的标准来衡量，“劳作者”这一称谓已经不能涵盖作为军人、修院杂役的约曼和作为国家官吏、辩护律师的富兰克林。从职业划分上看，约曼尽管还种田务农，业余时间却习武，战时应征入伍作战而为"作战者"，以个人的专长被招入教会系统任职而成为"说教者"或"说教者"之随从，约曼至少以农民的身份做着军人和僧侣的部分工作。再看那位富兰克林，他也是以经营地产为业，是一个地地道道的富裕农民，同时他既是国家官吏"郡长"，又是"人民代表"国会下院议员，还是"专业人士"辩护律师，其职业的跨度就更大了。显然，"劳作者"的称谓已不适用于这些富裕农民的职业。从经济地位的标准来划分也是如此。富兰克林特指拥有 150 英亩左右的土地、年收入在 5~10 英镑的自由农，用乔叟的话说就是一个小地主。事实上，这样的小地主也许持有的土地可能保持在 150 亩上下，但他的年收入却不会在 5~10 英镑之间，否则，他如何保持堪比王侯的生活水准？又如何能够拿出那么多的金钱在家里像贵族一样豪爽奢侈地大宴宾客？

从农民等级内部来看，乔叟笔下的农民等级至少可以划分为三个阶层。上层由富兰克林这样的人组成，他们是地方上的人望和翘首，担任这地方上的重要职务，直至参加国会议会下院；中层由约曼等自由农和致富有术的庄头等组成，他们是拥有一定土地，又善于经营的小地主；下层由少地的茅舍农、雇工和刚刚解除了奴役身份的农夫组成，在农业收成的一般年景里，他们的经济收入仅仅能够维持全家温饱的水平。到了 14 世纪中叶，接连爆发的黑死病造成劳动力的短缺，也带来了农民阶层内经济社会状况的一些新的变化。有学者分析说，在这种情形之下，一些人由于庄园主和本地村民中居间经营小宗买卖而发家。小块土地耕种者的富裕程度也各不相同，林肯郡的弗里斯比在 1381 年有 16 家佃户，其中最富有与最贫穷的佃户之间在富裕程度上相差 2 至 3 倍。另有证据表明，小块土地耕种者的普遍情形是占有的土地越来越多,家境也越来越好,越是卑微之人,其增加的工资量也越多,比如一名葺屋匠及其助手在黑死病流行以前的工资是一便士,黑死病流行过后,他们的工资至少增加了一倍半。①

农民阶层是开放的,在乔叟时代呈现出更大的流动性。仅以乔叟笔下的农民形象为例,僧侣阶层是对农民开放的,农夫的哥哥就是一名堂区牧师,这说明普通农民家庭的儿子可以凭借个人的才能和品行而获得圣职教士,出身问题不是农民向上流动的障碍。约曼不但可以从军打仗,而且可以进入修道院为僧侣当仆役。富兰克林可以成为骑士,但他在没有骑士头衔的情况下,也照样可以出任国会议员、郡长和辩护律师,可谓身兼数职。当然,农民更多的流动类型是农转非,只要有一定的技术,一个农民可以很容易地卖掉土地,然后进城找工作而另谋生计。

三、农民形象的启示

乔叟笔下的农民形象对我们认识和把握当时农民阶层结构性特征极具启示价值。择要言之,启示有三:一是尽管农民阶层出现贫富分化的倾向,发财致富的手段不尽相同,但是整体的生活水平得到了普遍提高;二是通过对富兰克林和约曼参与地方公共事务的描写,透露出中上层富裕农民已成为乡村社会的主人;三是富兰克林、约曼和乡绅均出自农民。

启示之一:农民生活普遍提高。乔叟时代的农民贫富差距进一步拉大,富裕农民富兰克林所拥有的财富可与骑士、乡绅相比,最富有的

① 阿萨·勃里格斯:《英国社会史》,陈叔平等译,中国人民大学出版社,1991,第100页。

农民甚至有过之而无不及,模仿贵族之家的好客与慷慨之风,尽管还只是为数很少的特例。有的约曼跟随骑士远征欧洲大陆,擅长射箭,成为百年战争制敌决胜的真正主力。还有的约曼农可以跟随一个炼金的修士学习炼金术长达七年,不惜倾家荡产、一贫如洗,他们要有怎样充裕富足的家庭经济实力才能保证他们外出作战或学习而一家老小不为生计所困?处在农民最下层的农夫,则仅靠种地维持一家老小的生活所需,却也能骑马长途奔波到宗教圣地坎特伯雷大教堂去朝圣。农夫的发家致富是靠辛勤劳动得到的,而庄头就迥然不同,他是通过欺上瞒下、巧取豪夺得到的,比农夫的勤劳致富要容易得多。乔叟对此也是极尽挖苦嘲讽之能事,对庄头的所作所为给予无情的鞭笞。应该说,乔叟时代是一个让人凭体力和智力甚至胆略而发财致富的时代,农民的生活水平总体得到了很大提高。

启示之二:富裕农民成为乡村社会的主人。从交际范围来看,乔叟时代的农民可以走出家门和世世代代居住的村庄,取道首都伦敦去宗教圣地朝拜,其眼界和见识之广可想而知。从交际对象上看,农夫的同伴是他在本乡当堂区牧师的哥哥,约曼则与骑士和乡绅成为并肩作战的“战友”,富兰克林的同伴是王国最著名的法学家和律师,他若没有与国王交往的机会,又如何能够被提拔为王室官员郡长?富裕农民是英国各地最有影响与威望的人物,下可以直接处理郡法院、什户邑乃至村镇的公共事务,上可以作为国会下院的代表与王公贵族共同处理国家大事,几乎可以称之为联结和沟通中央和地方的桥梁和纽带,自然也就成为地方社会的主人。

启示之三:富兰克林、约曼和乡绅也是农民。农民是指在农村从事农业生产的劳动者,任何时代的农民应该而且必须具备以下两个特征:一是拥有土地并从事生产经营;二是经常住在乡下,而不是住在城里或教堂里。尽管富兰克林的经济条件和个人资质使他能时常到城里开会或做生意,尽管约曼可以外出打仗,也可以进入教堂或修道院当仆役,尽管乡绅比约曼和富兰克林拥有更大的经济实力,使他能够更自由地来往于距离更为遥远的异地他乡,但是他们在乡下都拥有一块不大不小的土地,不得不进行日常性的生产和管理,因而也不得不经常住在乡下。所以说,乔叟时代的农民阶层应该包括富兰克林、约曼和乡绅等小地主在内。

通过上述对乔叟笔下农民形象的简要分析,我们发现当时的农民阶层已分化为贫富悬殊的不同层次,整个农民阶层的生活水平得到很大提高,富裕农民已成为乡村社会的主人,发财致富和参与管理地方公共事务业已成为富裕农民的自觉选择。以上是从文学的视角看乔叟时代农民阶层的结构性特征,以下我们将从经济社会史的角度对这一时期英国农民阶层的状况及其对英国社会结构变迁的影响作一考察。

第二节　挣脱贫困及人身束缚的艰苦努力

落后的传统农业生产力和封建生产关系的剥削压迫一向被认为是中世纪农民始终不能摆脱的两大枷锁。有论者称:“中世纪的农民作为一个整体不能摆脱两种束缚:落后的传统农业生产力;封建生产关系的剥削压迫。他们世代劳作仍难以形成自主活动空间,不能独立地变革传统的生产方式和生产组织,没有走出中世纪经济运行的模式与藩篱,不曾成长为一种崭新的生产力和阶级力量的代表者。”①事实上,到了中世纪晚期,英国农民的劳动生产力水平得到大幅度提高,使农业成为资本主义新型经济因素的策源地;农民个体力量的壮大已经成为推动社会制度变革的基本动力,尤其是富裕农民群体的形成则标志着资本主义农场主已呼之欲出。

一、对农民生产力水平的基本估计

14、15 世纪英国农业处于衰退之中过去一直为大多数学者所认同,近年来的研究成果则说明这一时期英国农业是在曲折中发展而非衰退的。过去的观点认为,1348 年黑死病造成全国人口锐减三分之一甚至二分之一,劳动力短缺,极大地打击了农业,出现了土地抛荒、人口流徙、租金减少、领主收入下降等现象。1360—1362 年,1468—1469

① 徐浩:《中世纪英国农村的封建负担及农民生活》,《贵州师范大学学报(社会科学版)》2000 年第 2 期,第 64—68 页。

年瘟疫再度流行,加重了对农业的打击。但是,新近的观点则主张这一时期英国的农业和工商业仍然保持繁荣。布莱德伯里就认为,14、15世纪英国城市发展,工商业兴旺发达,大量人口迁移到城市居住,这些城市都需要粮食供应,但英国并没有进口粮食,所以必须有足够的商品粮生产出来,才能满足城市居民的口粮需要,这说明这时农业不仅没有衰退,反而证明农业劳动生产率有所提高,单位面积产量增加,否则不断减少的土地根本不可能完成更多的粮食供应。

坎贝尔和瑟尔斯克分别著述称,农业衰退的时代是农业生产率提高的时期。这时劳动力短缺引起工资上升,所以有了更多的资金投入土地中,增加肥料,推广种植豆科作物,播种更多的种子。耕作方法得到改进,有些地方不再用固定的草、田轮种,而是把播种粮食的土地与草地轮换,并可得到更多的牧草,蓄养更多的牲畜,既可增加肉类、奶制品的生产,又可用牲畜粪便提高地力,增加粮食的产量。所以,这一时期农业的亩产量可能有所降低,但人均产量提高,农民的劳动生产率也上升了。①

近年来,我国学者对中世纪晚期英国农业生产力研究成果颇丰。比较一致的观点认为,中世纪晚期英国农业生产力水平在长期发展的基础上出现了明显的提高。侯建新教授认为:"举世震惊的英国近代生产力源于中世纪晚期和近代早期的农业。""早在16世纪及其以前,英国农业已经进入了突破性发展的第一阶段。"②经过严密而谨慎的测算,13—16世纪英国普通农民的劳动生产率已达到了相当高的水平,即13—14世纪英国农户的劳动生产率为10.3蒲式尔×10英亩=

① 马克垚:《英国封建社会研究》,北京大学出版社,1979,第306页。

② 侯建新:《工业革命前英国农业生产与消费再评析》,《世界历史》2006年第6期,第17页。

103 蒲式尔(或 2369 公斤),15—16 世纪英国农户的劳动生产率为 16 蒲式尔×15 英亩=240 蒲式尔(或 5520 公斤)。

近年来,不少青年学者也从宏观经济的角度展开研究。郭华的研究成果表明,中世纪晚期英国农民劳动生产力水平的提高,主要表现在土地占有面积的扩大、农业生产技术的进步、粮食产量的提高和农业经营结构的调整四个方面。

一是土地占有面积的扩大。中世纪晚期,特别是黑死病以后,英国人口大量减少,土地资源变得充裕;农奴制逐渐解体,庄园组织名存实亡,农民获得土地的条件变得相对有利。领主为了吸引更多的佃农耕种土地,放松了租赁条件,进入税(罚金)明显减少,有些庄园甚至取消了进入税。比如,伯克郡的领主以减少进入税来招徕佃户;伍斯特主教地产由于进入税降低,租种土地的佃农增加。除租赁土地以外,农民还可以通过别的途径取得土地:从其他佃户手中购买土地,与拥有土地的寡妇结婚,直接获取死去的领主的土地或者是佃户因为迁徙而放弃的土地。13 世纪末,持有 15 英亩左右及以下数量土地的农民属于乡村社会中占多数的中间阶层。波斯坦也认为,持有高于 8 英亩低于 1 维尔格特的农户属于中等,过着典型的农民生活。然而,随着农民占有土地数量的增加,14 世纪以后,这样的农民就变成了乡村社会中相对贫穷的少数阶层。据波斯坦估计,在英格兰农耕区,平均半维尔格特惯例土地持有者可以满足一户农民家庭的生活之需,这是维持一个普通家庭最低生活标准的土地占有量。显然,中世纪晚期农村社会中多数农民的土地拥有数量超过了这一标准。对于农民来说,土地是主要的生产资料,增加土地的拥有量是提高其生活能力最有效的方式。

二是农业生产技术的进步。如果没有土地,人们无以为生,而土地需要农民的精心管理和利用,才能更多地转化为人们所依赖的生产生活的物质资料。中世纪晚期,英国的农耕制度处在三圃制和牧耕农业交替使用时期。14 世纪,三圃制在英国农业生产中得到广泛推广和实施。克拉潘强调:“在公元 1300 年时,可以肯定地说差不多都采用了三圃制。”与二圃制相比,三圃制提高了土地利用率,增加了谷物种植的种类,丰富了人们的食物,也有助于农时中合理分配劳动力,使农民的农耕安排更加科学。14 世纪中期之后,随着农民持有土地面积的扩大,新的农耕方法——轮换耕作制,开始在米德兰和南部地区实行,到 16—17 世纪,这种方法成为大租地农场主采取的主要耕作制度。这种新的耕作方法在三圃制的基础上,进一步提高了粮食和饲料的产量,而且比单一种植粮食产生了更大的经济效益。

轮换耕作制的实施,使英国从 15 世纪就开始了从以种植业为主的传统农业向农牧结合的近代农业过渡。在新的耕作制度得到广泛推广的同时,中世纪晚期先进的生产工具——重犁代替了传统的轻犁在英国普遍使用。在中世纪晚期英国人口下降、劳动力缺乏的情况下,重犁的使用优势明显,它既提高了耕作质量,又节约了劳动力。马的使用无疑也提高了农耕的效率,与传统的牛耕相比,它具备耕作速度更快,劳动时间更长的优势。12 世纪在英国文献记录中出现了马用于犁耕,13、14 世纪以后马的使用有了大幅度的增长。

农业生产技术的进步是生产力提高的重要手段。在三圃制与轮换耕作制普及推广和实施,以重犁为代表的生产工具广泛使用的同时,农民还采取了其他一些田间管理的先进方法:土地的精耕细作,多次深耕,一年中至少实行三次犁耕;利用密集播种来抑制杂草生长等新的生产技术,这些举措极大地推动了英国农业的进步,提高了粮食产量。由于生产技术的进步,15 世纪 30 年代以后,当欧洲大陆部分地区还存在食物危机时,英格兰的饥荒基本消失了。

三是粮食产量的提高。对比13—15世纪的土地产出率,可以清楚地看出中世纪晚期农作物产量变化的轨迹。13世纪时英国的粮食亩产量是8~9蒲式耳,与欧洲大部分地区基本一致。14—15世纪,农作物产量就开始逐渐增加。由于农民占有土地面积的扩大和农业生产技术的进步,中世纪晚期英国农作物产量的增长趋势还是比较明显的,而且高于同期的欧洲其他国家。以小麦亩产量为例,英国为275市斤,法国为183市斤,意大利为207市斤。由于土地产出率提高,农民有节余,中世纪晚期英国的粮食市场一直比较活跃,全国中小集镇中都设有专门的粮食市场,到16世纪,英国已是重要的粮食出口国,伦敦也成为全国的粮食集散地;同时还可以释放出大量的劳动力,促进其他产业生产的发展。

四是农业经营结构的调整。土地持有面积的增加与粮食产量的提高,为农业经营结构的调整提供了条件。13世纪以后,畜牧业在农民经济中的作用日趋突出,特别是养羊业逐渐成为农民重要的经营手段,而且在经济上的前景日益可观,发展为这一时期英国封建经济的一个重要特征。畜牧业的兴起与发展为农民增加了食物来源和现金收入,为生产提供了畜力和肥料。英国因为拥有最好的牧畜地区,具有优越的放牧条件,而且羊毛质量优良,所以农村中的各个阶层几乎都热衷于养羊。在14世纪早期,剑桥郡的低地地区就有农民饲养200只家禽与300只羊的记录,而且这里的茅舍农也普遍养羊,其数量有10、20和50只不等。一个持有8英亩土地的小农,1328年独立饲养着120只羊。14—15世纪畜牧业有了更进一步的发展,托尼(R. H. Tawney)对中西部地区12个庄园1443—1539年的调查显示,农民饲养的牲畜量有了成倍的增长,平均每户拥有44只羊,还有马、牛、猪等其他牲畜,其中,拥有1维尔格特土地的持有农的羊群大都超过60只。黑死病后,在米德兰的一些村庄,拥有300只羊群的约曼极为平常,许多普通佃农平均拥有30—60只羊。15世纪晚期,昂莱西(Anglesey)的一户佃农,有13匹马和马驹,11头牛,23头奶牛,14头小牛,176只羊,2头猪和3箱蜜蜂。有些农民则把经营的重心转向畜牧业,只耕种少量的土地。约克郡斯特伦塞尔(Strensall)的托马斯·维卡斯(Thomas Vicars)于1451年承租了两块土地用于耕种,但是他的主要利润则来自饲养的799只羊、198头牛和92匹马。东埃塞克斯的约翰·塞迪勒(John Sadyler)耕种了30的亩土地,却饲养了大量的牲畜,包括800只山羊和53头牛。还有些农民专门从事畜牧业,以饲养牲畜为主,向市场出售。理查德·斯科拉斯(Richard Scrase)每年支付给教区20英镑的租金,以苏塞克斯郡被遗弃的村庄为牧场,饲养了多达4366只羊,获得了超出租金的高额利润。

农村畜牧业的发展使农民与市场的联系加强,不仅提高了农民的生产与生存能力,扩大了他们的收入来源,而且畜牧业在英国经济中的重要性也日益突出。牧羊业几乎一开始就与国外市场发生联系,英国的“金羊毛”源源不断运往意大利、佛兰德斯等地。据统计,1357—1360年,出口的羊毛名达45个品种;对英国人来说,13、14世纪的出口贸易跟羊毛是同义词。爱德华四世时期(1461—1483)的法案也表明英国的羊毛生产构成这个王国的“主要的和基本的农产品”。

从15世纪起,养羊业的高速发展带动了以呢布业为龙头的乡村工业的广泛兴起。约克郡西莱丁区1/3的农民从事呢绒纺织业,并耕种自己的小块土地,在它的东部是农业地区,主要为呢绒生产区生产粮食。同时,乡村工业的发展使英国工业重心呈现向农村转移的态势,又为农民提供了从事非农业生产的机会。农民利用农闲时节从事农副业生产,并且得到家人的帮助。以往在个体农民家庭,妻子与未成年的儿女仅仅是消费者,而今也成为生产者,作为劳动力甚至可以不计成本,对于家庭收入的贡献增大。在英格兰西部呢绒生产地区,纺纱一般由妇女和儿童来担任,他们经常在露天里工作,在阳光明媚的时节,妇女和儿童带上纺车,选择一些合适的场所开始劳动,纺织占据了妇女和儿童所有的闲暇时间,尽管工作轻松,但时间很长。由于呢布纺织业深入农村,生产规模扩大,成为英国的民族工业。呢绒出口量上升,14 世纪末呢绒出口量约每年 4 万匹,到 1437—1447 年达 6 万匹,1499—1500 年更达 7 万匹之数。14 世纪中叶至 15 世纪末的百年间,农村织布业产量翻了 14 倍强,不仅占领了国内市场,而且衣披半个欧洲,成为英国产业和贸易的重要支柱。中世纪晚期,以纺织业为代表的乡村工业的兴起,使农民的经营方式由单一农业种植的“元经济”转变为农牧业和工业相结合的“二元经济”类型。

显而易见,农民劳动生产力水平的提高,创造出了更多的社会财富,促进了英国社会经济的繁荣,为农民生活消费水平的改善提供了基础和导向。以上中世纪晚期的大量材料说明,过去那种认为中世纪的农民作为一个整体不能摆脱落后的传统农业生产力的束缚的观点,显然是不够准确的。

但是,在封建社会中,农民既是生产资料和生活资料的生产者,同时也是封建剥削的对象。“假若剥削率极高,剩余产品全部被剥削阶级倾囊而尽,而且全部用于纯粹消耗性的消费,不仅生产者个人积累财富无望,而且整个社会将剩余产品转化为扩大再生产的努力也会化为乌有。”①那么,在超经济强制的社会条件下,中世纪晚期英国农民

① 侯建新:《现代化第一基石:农民个人力量与中世纪晚期社会变迁》,天津社会科学院出版社,1991,第 77 页。

是否享有自己剩余劳动所创造的价值,是否存在用于扩大生产规模和改善生活质量的费用?社会财富的积累机制是否有利于农民的财富积累就成了极为关键的问题。

二、农民争取权利的斗争

中世纪英国社会独特的传统习惯和法律机制,赋予了农民一种“原始个人权利”,或者称之为主体权利。这种权利在一定程度上形成了对农民利益保护的屏障,使得英国社会底层的基本劳动群众能够在“静悄悄的劳动”中逐渐实现财富的积累。农民的个体权利体现在英国封建等级社会所包含的原始契约因素中,又在英国法律机制的保障下不断得到发展。“生产者个人财产和财富的有效积累,不仅由于劳动生产率的提高,还因其劳动成果受到一定程度的保护,从而减少或避免来自领主和封建政府的任意侵夺。”①

现在学者普遍承认,封君封臣关系中包含了契约因素,即“在社会活动的主体之间,包括统治者和被统治者之间,尤其在王权和其他社会力量之间,存在着既紧张又合作的关系,或者说某种程度的契约关系”②。马克·布洛赫认为,“附庸的臣服是名副其实的契约,而且是双向契约。”③梅因称这种契约为“原始契约”④。从逻辑关系上来说,

---

① 侯建新:《现代化第一基石:农民个人力量与中世纪晚期社会变迁》,天津社会科学院出版社,1991,第 51 页。

② 侯建新:《现代化第一基石:农民个人力量与中世纪晚期社会变迁》,天津社会科学院出版社,1991,第 156 页。

③ 马克·布洛赫:《封建社会》下,张绪山、李增洪、侯树栋译,商务印书馆,2004,第 712 页。

④ 梅因:《古代法》,商务印书馆,1959,第 195 页。

原始契约关系必定迁延到庄园组织结构内部，即领主与农奴的关系中。在封建等级制度的社会结构中，原始契约关系虽然不能与现代意义上的契约关系相提并论，但它毕竟在人们社会活动的逻辑内涵和规则上对权利和义务作了某些限定。

英国封建庄园的经营与管理、生产与劳动中存在的原始契约关系，在一定程度上规定着领主与农奴的权利与义务。一个维兰（Villani）到庄园来定居，领主要为他提供一海得（hide）份地，一定数量的生产资料，包括犁地所需的两头牛、一匹马、部分大麦、燕麦和种子。这样，一个维兰就应承担双重的义务，为持有份地，他应向领主缴纳地租（货币地租或者实物地租）；因领主提供给他生产资料，他应服周工（week works），即一周内为领主提供2～3天劳役。① 庄园最主要的特征之一，就是强调一个人为取得承租庄园份地的权利，必须为领主服劳役。因此，农奴又被称作“束缚在土地上的人（grebae adscriptae）”。伯尔曼认为：“这意味着，除非根据某些条件，他们不得离开土地，这也意味着，除非根据某些条件，也不能将他们驱赶出去。”②领主与农奴的关系本质上所涉及的是一种权利和义务。

对于劳役义务的数量和方式，庄园惯例规定得十分具体。农奴须根据持有份地的大小服劳役，包括每周在领主自营地上干几天活儿。封建主出于对农奴劳动监督的目的，对劳役量进行严格的规定，但这是一种双向限定，在对农奴进行限制的同时，也限制了封建主权力的行使，所以任何想增加劳役量的企图都难以如愿，这就使农民的利益受到一定的保护。

---

① 郑峰：《中世纪英国货币地租进程考察》，《河北师范大学学报（社会科学版）》1985年第2期，第99页。

② 哈罗德·J.伯尔曼：《法律与革命：西方法律传统的形成》，贺卫方等译，中国大百科全书出版社，1993，第100页。

对于土地的使用权，也有明确的规定。在公地条田上，全体村民必须统一行动，对于耕作和种植不能擅自做出决定，但是对于新垦殖的土地，在向领主交纳一定的租金后，可以种植自己需要的作物。每年农奴只需缴纳少量的租金，就可获准开垦几英亩这样的处女地，这种土地被称为“新垦地”，许多农民就是通过持有这样的份地来弥补生计不足。在新垦的荒地上，他就是自己的主人，喜欢种什么和怎么种都由自己说了算。① 在公共土地上，农奴可以根据“公共权”的有关规定来放牧。通常所说的“公共权”，是农民的各种权利中最有价值的一项权利，它使农民不仅可以使用没有耕种的牧场和四周蔓延的荒地，还可以使用栅栏拆除后的耕地和草地。“习惯佃农和自由佃农在村庄共同体中的利益，主要是公共放牧权和公共用地。”②除土地使用权以外，还有财产继承权、遗嘱权、婚姻权、圈养权、狩猎权、饲养家禽权、伐木权、采枝权等。可以说，在庄园内，封建主与农奴之间、农奴与农奴之间，从组织管理到日常活动，能做什么，不能做什么，享有怎样的权利，承担怎样的义务等，都作了明确的规定。这些以等级身份为基础的权利和义务具有双重作用，即在保证封建主利益的同时，又对其权力进行了限制；在确定农奴应承担义务的同时，也保障了其自身拥有的权利。虽然领主和农奴之间是统治与被统治、剥削与被剥削的关系，但是由于原始契约因素的存在，庄园农奴一方始终拥有一种主体意识和权利观念，换言之，庄园农奴虽然接受领主的统治和剥削，但仍固守着领主不能随意突破的一道权利底线。

对于农奴主体权利而言，原始契约因素的存在，首先体现在它得

---

① 亨利·斯坦利·贝内特：《英国庄园生活：1150—1400 年农民生活状况研究》，龙秀清、孙立田、张文君，上海人民出版社，2005，第 58 页。

② Chistopher Dyer, *Everyday Life in Medieval England*, Cambridge: Cambridge University Press, 1994, p. 136.

到法律制度中独具特色的庄园习惯法的保障。英国具有独特的法律传统,其法律制度建立在习惯法和判例法的基础之上。“权利观念”“法律至上”及“民众性”是英国法律制度成长过程中表现出来的鲜明特色。11—12世纪,随着封建庄园制度的兴起,传统习惯转变为一种法律制度。相传已久、自古已然的“习惯”“惯例”作为特有的法律形式逐渐融入人们的法权观念之中。这种法律“并不意味着庄园法只是将义务强加于农民,相反,庄园法对于保护农民阶级的利益并非无足轻重”①。

庄园惯例的形成过程充满了农奴与领主互相争夺权利的斗争。这种斗争的形式不是突发的、暴力式的斗争,而是在日常生产活动中,以逐渐的、具体的、往往是有效的方式出现。自诺曼征服以后,每一个庄园都是领主与农奴之间为了各自利益而无休止争斗的舞台。庄园惯例中每项内容的确定似乎都烙有农奴与领主讨价还价的印记。庄园惯例是逐渐形成的,在很大程度上取决于农民们一次又一次的裁定:农民们做出的一次又一次的“判决”(doom)是形成庄园惯例的决定性因素。② 13世纪,领主为了保护自身的利益,遏制惯例被轻易更改,开始使庄园惯例形诸文字。在这一过程中,农民为了自身的权利,进行了长达几个世纪的抗争。正如有学者指出的:“如果我们能读懂这些账册字里行间的意思,就能发现每条惯例的改变,其背后都有一段故事,而每项变化都是双方彼此施加压力的结果。”③农奴为了使

---

① 哈罗德·J.伯尔曼:《法律与革命:西方法律传统的形成》,贺方卫等译,中国大百科全书出版社,1993,第100页。

② 亨利·斯坦利·贝内特:《英国庄园生活:1150—1400年农民生活状况研究》,龙秀清、孙立田、赵文君译,上海人民出版社,2005,第78页。

③ 亨利·斯坦利·贝内特:《英国庄园生活:1150—1400年农民生活状况研究》,龙秀清、孙立田、赵文君译,上海人民出版社,2005,第79页。

“塔利税(tallage)”的征收形式具有确定性，与领主进行了长期的斗争。“塔利税”是领主对农奴征收的任意税，它的不确定性被看作农奴身份不自由的象征。农奴经过不断的斗争，使“塔利税”征收的数额、征收的频率以及征收的原则逐渐确定下来。“这些原则一经确立，就很容易使人们把塔利税视为仅仅是额外征收的一种税，而塔利税的不确定性一旦被消除，它作为劳役负担的特殊标志也就不复存在了。”① 13世纪后期，塔利税最终被折算成按份地征收的额外常规税，农奴身份的又一个明显标记从他们身上消失了。

可以说，在庄园制度存在的几个世纪里，英国独特的法律体制，特别是庄园习惯法，为领主和农奴提供了一个较量的空间。双方之间的较量既有对抗，也有妥协。领主与农奴经常通过讨价还价达成这样的协议：农奴交纳一笔现金，领主则免除他们的劳役义务。例如，1316年，库克汉姆的管家在庄园账簿中记录理查德冬季的劳动售价为2先令6便士；亚当·布雷冬季劳动的售价为2先令6便士；乔安那·布劳切奇冬季的劳动卖15便士。② 1304年，维尔伯顿的260项劳动以每项半便士出售。③ 因此，惯例形成的过程，也是领主与农奴之间围绕各自的利益不断斗争和妥协的过程。尽管双方的斗争很少表现出汹涌澎湃的气势，但是每一次成功争取，都意味着农奴新的权利的产生和利益空间的扩大。

庄园习惯法的另一特点是：习惯法的内容一旦确定，无论是对领

① 亨利·斯坦利·贝内特：《英国庄园生活：1150—1400年农民生活状况研究》，龙秀清、孙立田、赵文君译，上海人民出版社，2005，第116页。

② J. E. T. Rogers, *A History of Agriculture and Prices in England*. Vo1. 2. Oxford: Oxford Universty Press, 1866. p. 618.

③ E. Maitland, “History of a Cambridge shire Manor”, *English Historical Review*, 1849 (9), p. 419.

主,还是对农奴,都具有很强的约束力。习惯法使每一个佃户的负担量固定化,任何增加负担量的企图都会遭到佃户本人和同伙的强烈反对。就运输劳役来说,在拉姆西的某一庄园,农奴须履行距离为 20 里格(leagues)的运输任务;在另一个庄园,农奴必须按照要求将货物送到拉姆西、伦敦、韦尔或剑桥,去伦敦或拉姆西的农奴可以得到饭食和免除其他一些劳役作为补偿。① 对于帮工的义务,苏塞克斯郡的一个庄园记载,普斯托恩、诺顿和登顿的惯例佃农自带犁具履行两天帮工,这两天中,一天吃肉,另一天吃鱼,还有足量的啤酒。② 农奴只要按惯例完成劳役,领主必须兑现承诺。对于农奴交纳的地租量,一个佃农的地租往往长达 200 年或者 250 年保持不变,并非罕见。③ 农奴封建负担量的确定性,说明"领主和佃农双方都尽量不给对方的任意性留下余地,这对农奴的怠工是一种监督,但对领主的随意克扣或恣意盘剥无疑也是一种限制"④。

对于领主来说,庄园惯例是他们管理经营庄园,特别是他们从佃户身上获取利益的准则。对于农奴来说,庄园惯例则是他们在承担相应义务的同时,抵御领主过分侵夺、保护自身权利的武器。从英国庄园的历史来看,农奴利用庄园习惯法所进行的斗争,其权利和利益空间逐渐扩大的趋势是比较明显的。

在英国庄园制存在的历史上,庄园法庭在大部分时间里,实际上

---

① 亨利·斯坦利·贝内特:《英国庄园生活:1150—1400 年农民生活状况研究》,龙秀清、孙立田、赵文君译,上海人民出版社,2005,第 87 页。

② G. C. Homans, *English villagers of the Thirteenth Century*, Massachusetts: Harvard University Press, 1942, p. 261.

③ R. H. Tawney, *The Agrarian Problem in the Sixteenth Century*. Bombay and Calcutta Press, 1912, p. 120.

④ 侯建新:《社会转型时期的西欧与中国》,高等教育出版社,2005,第 57 页。

是庄园司法审理的中心。庄园法庭主要使用习惯法审理农奴之间的纠纷案件。在封建庄园里,庄园法庭与庄园惯例一样,是与全体成员的日常活动融合在一起的。

毫无疑问,庄园法庭是领主权益意志的体现。庄园法庭是领主对庄园进行统治、管理和实现其权益的工具。农奴一旦被认定冒犯了领主的权威,或侵害了领主的利益,干扰了公共秩序和正常的生产与生活,就将被送上法庭。领主可以通过庄园法庭审判,达到实现自己权利的目的。但是,庄园法庭对领主的限制,也在一定程度上为农奴争取自身权利提供了条件,成为农奴捍卫权利的阵地。从整个封建社会阶段来审视,它的意义是非凡的。农奴通过庄园法庭的审判以捍卫自己的权利,主要体现在以下三个方面:

其一,农奴可以在庄园法庭的审判中利用庄园惯例保护自己的权利。例如,1300 年,埃尔顿庄园法庭案卷载有 19 个茅舍农涉讼的记录。他们被指控没有给封建主的马车装草,但这些茅舍农认为:自己没有装草的义务,除非他们出于自愿,主动这样做。为此,法庭查阅了有关佃户劳役的惯例,然后确认:这些茅舍农有义务在草地里或领主庭院中将牧草垛起,但没有义务将牧草装上马车。① 农奴在接受庄园管理时,对于一些不公正、难以接受的行为,可以通过庄园法庭进行抵制。如 1278 年,农民在法庭上对他们的庄头提出了一连串的指控,说他贫富有别,收受贿赂,为捞钱而免除一些人的劳役。一些指控经陪审团认定属实,另一些则被驳回。② 再如,1371 年,萨默塞特郡的奥德卡姆庄园的农奴威廉姆·布若德指控,在领主不在庄园时,庄头收了

① G. C. Homans, *English Villagers of the Thirteetht Century*. Massachusetts: Harvard University Press, 1941, p. 104.

② 亨利·斯坦利·贝内特:《英国庄园生活:1150—1400 年农民生活状况研究》,龙秀清、孙立田、赵文君译,上海人民出版社,2005,第 148 页。

他40便士的税金,以前只收20便士。法庭决定在该法庭成员到齐后进行审理,此前,不允许向威廉姆征收任何税金和物品。① 这说明庄园法庭可以干预庄头肆无忌惮的寻租行为。对于庄园内邻里之间的纠纷,佃户们也通过庄园法庭来伸张自己的权利。例如:佃户住宅周围庭院里的蔬菜和水果受到损害,也是以法律诉讼来求得解决。② 可见,庄园法庭是农奴保护自己权利的重要场所。

其二,庄园法庭体现了同侪审判的原则,亦即庄园法庭的裁决权属于参与法院审判的全体佃户。在很大程度上,这一原则可以理解为,在法庭上佃户的事情由佃户决定,比如13世纪的法庭案卷保存的法庭判决书中一再出现"全体库利亚的裁决如下"的字样。法庭的决定方式是由全体法庭出席人明确表态,比如一个人走失了一头母牛,后来在领主的牲畜栏里被发现。他到法庭申请领回自己走失的那头母牛,并提出有六人可以做证。在场的全体库利亚经过审议,做出裁决:这头黑母牛是他的财产。③ "全体库利亚"(curia)是指所有在场的法庭出席人,不论是农奴,还是自由人。还有一种情况,在法庭审理时,如果公诉人出庭人数太少,案件可暂停审理。1293年就出现过这样一个案例:当时有四个人被指控缺席出庭,但这四人予以否认,并要求由法庭进行裁决。在出席法庭的公诉人太少的情况下,判决被推迟到下一次法庭上做出。④ 庄园法庭在审理过程中对佃户出席法庭的人

---

① A. R. Myersed, *English Historical Documents 1327—1485*, London: Eyer & Spottiswoode, 1969, p. 1004.

② Chistopher Dyer, *Everyday Life in Medieval England*, Cambridge: Cambridge University Press, 1994, p. 121.

③ 亨利·斯坦利·贝内特:《英国庄园生活:1150—1400年农民生活状况研究》,龙秀清、孙立田、赵文君译,上海人民出版社,2005,第180页。

④ 亨利·斯坦利·贝内特:《英国庄园生活:1150—1400年农民生活状况研究》,龙秀清、孙立田、赵文君译,上海人民出版社,2005,第182页。

数的强调,在一定程度上保证了判决结果的公正性和有效性。

其三,庄园法庭实行陪审制度,陪审团的成员由庄园佃户担任。13 世纪前后,庄园法庭从王室法庭引进了陪审制度。从职能上来看,有呈诉陪审团(juries of presentment)负责调查侵犯特权的案件;有调查陪审团(juries of inquisitin)负责对本庄园的各种冒犯行为和日常工作进行调查。关于陪审员的身份,没有一定之规,既有自由人,也有非自由人。随着时间的推移,有些庄园出现了两种类型的陪审团——自由人陪审团和非自由人陪审团。佃户对于陪审团的作用是认可的,如果佃户想利用陪审团调查案件,他通常要向领主交纳一部分费用,给领主6 便士,或者1 先令,甚至多达6 先令8 便士,才能取得这一特权。但佃户这样做是值得的,因为他们得到的不仅是一种裁决,还要被载入法庭记录,一旦日后需要,可以提起上诉。① 尽管庄园法庭的陪审制度以及陪审员产生的方式还比较简单,但这一制度的引进和后来的发展,以及与农奴身份地位相当的人作为裁判法官,使得庄园法庭的审判制度更趋公正,这对于农奴权利的保护作用是显而易见的。

庄园法庭虽然是领主管理庄园的工具,但是,“庄园法庭的管理权,事实上不在总管手里,而是由富裕村民控制的,他们解释惯例,解决争端,制定公共法规,颁布实施细则”②。“虽然他们在庄园法庭的工作是在领主管家的监督之下,但是,他们在庄园事务中的影响和权力是不能低估的”③。因此,庄园法庭的司法审判,对领主的权力会产生一定的限制作用。农奴利用庄园法庭所进行的争取权利的斗争,其作用虽然不能夸大,但也不能无视农奴在庄园法庭上,为了自身的利

① 亨利·斯坦利·贝内特:《英国庄园生活:1150—1400 年农民生活状况研究》,龙秀清、孙立田、赵文君译,上海人民出版社,2005,第 187 页。

② 蒋孟引主编:《英国史》,中国社会科学出版社,1988,第 180 页。

③ R. H. Hilton, *The English Peasantry in the Later Middle Age*, Oxford, 1975, p. 54.

益敢于同领主斤斤计较，据理力争，实现自身权利保护的可能。庄园法庭毕竟为农奴提供了一个说理的地方，使他们初步摆脱了因贫穷而打不起官司的困境。

毫无疑问，封建主对庄园进行管理是为了获得最大利益，但由于原始契约因素的存在，农奴的权利得到了一定程度的体现和保障。更为重要的是，封建主的权力被限定在“原始契约因素”的范围之内。这是一种限制统治者权力的因素，对于农奴来说，其政治、经济意义是不言而喻的。再者，恣意和贪婪是封建统治者普遍的本能，但是庄园惯例和庄园法庭为农奴自身权利提供了一道保护的屏障，使农奴在封建统治下，也能保持一些个人的基本权利，并且可以有效地抵制领主任意和过度的侵夺。正如伯尔曼所言：“在所谓封建制度下的法律，不仅维护当时通行的领主与农民的权力结构，而且还对这种结构进行挑战；法律不仅是加强而且也是限制封建领主权力的一种工具。”①伴随着农奴主体权利意识的扩大和经济力量的增长，中世纪晚期英国的农奴制度逐渐衰落，农奴便挣脱了封建依附关系的束缚，获得了自由。延续了几百年的中古英国社会，在维护统治阶级利益的同时，也为众多劳动群众的生存和发展提供了一个相对合适的土壤，使处于社会底层的劳动者，在现实生产和生活中能够拥有一定的权利，尽管它还是一种原始个人权利，一种等级权利。

正是社会的基本劳动者普遍实现了财富的积累，从而奠定了社会发展的坚实基础，推动了社会的进步。“这些权利很原始、很粗陋，可是，我们切不可忽视它们；观念上的要求，随时可因条件的变化转化为

① 哈罗德·J. 伯尔曼：《法律与革命：西方法律传统的形成》，贺方卫等译，中国大百科全书出版社，1993，第 647 页。

实际的权利和权力,原始的法定权利也可不断向近代权利转化。"①中世纪英国底层群众权利观念的存在和发展,对近代权利概念的形成也产生了重要影响。马克·布洛赫强调:"西欧封建主义的独创性在于,它强调一种可以约束统治者的契约观念,因此,欧洲封建主义虽然压迫穷人,但它确实给我们的西欧文明留下了我们现在依然渴望拥有的某种东西。"②这个判断是有很有说服力的。

三、农民个人财富的普遍积累

中世纪英国社会独特的传统习惯和法律机制,赋予了农民一种"原始个人权利",在一定程度上形成了对农民利益保护的屏障,使得英国社会下层的农民大众可以在"静悄悄的劳动"中逐渐积累起相当数量的财富。侯建新认为,"生产者个人财产和财富的有效积累,不仅由于劳动生产率的提高,还因其劳动成果受到一定程度的保护,从而减少或避免来自领主和封建政府的任意侵夺。"③也就是说,农民的个体权利体现在英国封建等级社会所包含的原始契约因素中,又在英国法律机制的保障下不断得到发展。

英国封建庄园的经营与管理、生产与劳动中存在的原始契约关系,在一定程度上规定着领主与农奴的权利与义务。一个维兰(villani)到庄园来定居,领主要为他提供一海得(hide)份地;一定数量的生产资料,包括犁地所需的两头牛、一匹马、部分大麦、燕麦和种子。这样,一个维兰就应承担双重的义务,为持有份地,他应向领主缴纳地租

① 侯建新:《社会转型时期的西欧与中国》,高等教育出版社,2005,第295页。
② 马克·布洛赫:《封建社会》下,商务印书馆,2009,第714页。
③ 侯建新:《社会转型时期的西欧与中国》,高等教育出版社,2005,第51页。

(货币地租或者实物地租);因领主提供的生产资料,他应服周工(week works),即一周内为领主提供2至3天劳役。[①] 庄园最主要的特征之一,就是强调一个人为取得承租庄园份地的权利,必须为领主服劳役。因此,农奴又被称作"束缚在土地上的人(grebae adscriptae)"。伯尔曼认为:"这意味着,除非根据某些条件,他们不得离开土地;这也意味着,除非根据某些条件,也不能将他们驱赶出去。"[②]领主与农奴的关系本质上所涉及的是一种权利和义务。对于劳役义务的数量和方式,庄园惯例规定得十分具体。农奴须根据持有份地的大小服劳役,包括每周在领主自营地上干几天活。封建主是出于对农奴劳动监督的目的,对劳役量进行严格的规定,但这是一种双向限定,在对农奴进行限制的同时,也限制了封建主权力的行使,所以任何想增加劳役量的企图都难以如愿,这就使农民的利益受到一定保护。[③]

对于土地的使用权,也有明确的规定。在公地条田上,全体村民必须统一行动,对于耕作和种植不能擅自做出决定,但是对于新垦殖的土地,在向领主交纳一定的租金后,可以种植自己需要的作物。每年农奴只需缴纳少量的租金,就可获准开垦几英亩这样的处女地,这种土地被称为"新垦地",许多农民就是通过持有这样的份地来弥补生计不足。在新垦的荒地上,他就是自己的主人,喜欢种什么和怎么种都由自己说了算。[④] 在公共土地上,农奴可以根据"公共权"的有关规

① 郑峰:《中世纪英国货币地租进程考察》,《河北师范大学学报(社会科学版)》1985年第2期,第99页。

② 哈罗德·J.伯尔曼:《法律与革命:西方法律传统的形成》,贺卫方等译,中国大百科全书出版社,1993,第100页。

③ 郭华:《论中世纪英国庄园农奴的主体权利》,《史学集刊》2008年第3期,第68页。

④ 亨利·斯坦利·贝内特:《英国庄园生活:1150—1400年农民生活状况研究》,龙秀清、孙立田、赵文君译,上海人民出版社,2005,第58页。

定进行放牧。通常所说的“公共权”,是农民的各种权利中最有价值的一项权利,它使农民不仅可以使用没有耕种的牧场和四周蔓延的荒地,还可以使用栅栏拆除后的耕地和草地。“习惯佃农和自由佃农在村庄共同体中的利益,主要是公共放牧权和公共用地。”①

除土地使用权以外,还有财产继承权、遗嘱权、婚姻权、圈养权、狩猎权、饲养家禽权、伐木权、采枝权等。

毫无疑问,封建主对庄园进行管理是为了获得最大利益,但由于原始契约因素的存在,农奴的权利得到了一定程度的体现和保障。更为重要的是,封建主的权力被限定在“原始契约因素”的范围之内。这是一种限制统治者权力的因素,对于农奴来说,其政治、经济意义是不言而喻的。

虽然恣意和贪婪是封建统治者普遍的本能,他们自然不会轻易放弃对农奴的超经济剥削的权利和机会,但是封建统治下的农奴可以利用庄园惯例和庄园法庭来维护自身权利,也能保持一些个人的基本权利,进而有效地抵制封建主的任意剥削和过度侵夺。正如伯尔曼所言:“在所谓封建制度下的法律,不仅维护当时通行的领主与农民的权力结构,而且还对这种结构进行挑战;法律不仅是加强而且也是限制封建领主权力的一种工具。”②伴随着农奴主体权利意识的扩大和经济力量的增长,中世纪晚期英国的农奴制度逐渐衰落,农奴便挣脱了封建依附关系的束缚,获得了自由。③

---

① Christopher Dyer, *Everyday Life in Medieval England*, Cambridge University Press, 1994, p. 136.

② 哈罗德·J. 伯尔曼:《法律与革命:西方法律传统的形成》,贺卫方等译,中国大百科全书出版社,1993,第 647 页。

③ 郭华:《论中世纪英国庄园农奴的主体权利》,《史学集刊》2008 年第 3 期,第 69 页。

延续了几百年的中古英国社会，在维护统治阶级利益的同时，也为众多劳动群众的生存和发展提供了一个相对合适的土壤，使处于社会底层的劳动者，在现实生产和生活中能够拥有一定的权利，尽管它是一种原始个人权利，一种等级权利。正是社会下层的农民劳动者普遍实现了财富的积累，奠定了社会发展的经济基础，从而极大地推动了社会进步。侯建新认为，“这些权利很原始、很粗陋，可是，我们切不可忽视它们：观念上的要求，随时可因条件的变化转化为实际的权利和权力，原始的法定权利也可不断向近代权利转化。”①中世纪英国底层群众权利观念的存在和发展，对近代权利概念的形成也产生了重要影响。正如马克·布洛赫所强调的那样，“西欧封建主义的独创性在于，它强调一种可以约束统治者的契约观念，因此，欧洲封建主义虽然压迫穷人，但它确实给我们的西欧文明留下了我们现在依然渴望拥有的某种东西。”②

历经几个世纪的发展，农民经济生活和社会生活逐步发生了变化。到中世纪晚期，“他们发现自己处于这样一种境况：领主对他们的控制大为放宽，旧庄园制度正在蜕变为一个空壳；事实上多数农民不再像一百年前他们的祖先那样贫困了”③。

随着封建农奴制的瓦解和新的土地关系的确立，农民的实际收入不断增加。大多数人在取得土地的有效所有权以后，即使地租有所上浮，也是有限度的，而且地租的浮动赶不上农民收益的增长。托尼估计，“农民每给领主一个便士，就往自己的口袋里放进 6 个便士”。显然，地租的增长远远不能吞掉农民收入的全部。何况许多庄园的地租

---

① 侯建新：《社会转型时期的西欧与中国》，高等教育出版社，2005，第 295 页。

② 马克·布洛赫：《封建社会》下，第 714 页。转引自郭华：《论中世纪英国庄园农奴的主体权利》，《史学集刊》2008 年第 3 期，第 96 页。

③ 侯建新：《社会转型时期的西欧与中国》，高等教育出版社，2005，第 115 页。

是长期稳定的，随着土地生产率的增长，地租在土地产出中所占的比例，从1/3到1/5到1/8逐渐减少，而留在农民手中的产品不断增加，他们可以送到市场上出售，还可以用于扩大再生产。①

同时，农民的非生产性支出逐渐减少。除了地租，对于大多数农民特别是农奴来说最大的负担也是最多的支出则是各种额外的费用，诸如土地继承捐、死手捐、结婚捐、人头税和法庭罚金等等，而这些捐税既无定额也不定时，完全依照领主的意愿，比如在13世纪时某些地区的土地继承金高达2~20英镑，这几乎是农民家庭一年甚至几年的收入。14世纪以后，随着封建领主超经济强制力量的削弱，农奴人身依附关系的松弛和身份地位的上升，上述封建捐税逐步削减甚至取消。根据伍斯特主教区地产上的一些庄园统计，农民所缴的地租、各种习惯捐税、遗产税等都在下降，有的庄园上缴地租下降了50%，有的庄园中一些捐纳被取消。但总的说来，农民的负担这一阶段大为减轻，贫农可以改善自己的消费水平，而上、中农则有盈余可扩大生产，农民的状况有所改善。② 不可否认，15世纪末的英国农民都拥有了相当数量的较为平均的财富。

农民经济实力的发展改变了原有社会阶层之间划分的标准。此时，在正式的文献以及文学作品中，通常不再按照原来的法律身份而是从职业和经济上来区分人们，英国民众的社会身份日益与货币经济相联系，拥有较高的经济地位意味着拥有与之相对应的较高的社会地位。1313年，伯克利领主和圣彼得修道院院长共同签署了一份有关两

---

① R. H. Tawney, *The Agrarian Problem in the Sixteenth Century*, Bombay and Calcutta Press, 1912, p. 120.

② 朱寰：《亚欧封建经济形态比较研究》，东北师范大学出版社，2002，第164页。

个庄园佃户间公共事务的协议,其中对佃户统称为“农民”(peasants)。[①] 乡下人也被称为农人(tillers)、农夫(ploughmen)或者雇工,而不再冠以自由不自由身份的称谓。在1363年国王颁布的一项禁奢令中,以财产标准将农村居民分为两大类:一是拥有价值40先令以上动产的农夫,二是雇工,包括车把式、犁把式、牛倌、乳牛倌、猪倌、挤奶工、打谷工,等等。[②] 依据土地持有数量的差别,希尔顿对中世纪晚期的农民进行了更为细致的划分:大土地持有者,他们属于经济力量正在上升的群体,持有的土地在30~100英亩之间;中间阶层,他们的持有地在15~30英亩之间,附带有放牧和另外的权利,还包括村庄中的一处住宅和附近的一块小田地,这个阶层人数相对较多;小土地持有者和茅舍农,他们持有的土地较少,主要依靠工资收入生活。[③] 戴尔虽然对农民阶层的划分所依据的土地持有标准与希尔顿有所不同,但是也将中世纪晚期的农民划分为上层的约曼、中等农户和底层的雇工三个阶层。[④]

总之,通过对乔叟时代英国农民以劳动生产率和储蓄率为中心的农业生产率的考察,英国农民创造的农业生产率虽不是惊人的,却也是可观的,铸造着使封建制度瓦解、资本主义产生的物质基础。显然,英国农民作为社会生产的主体,在中世纪晚期普遍实现了个人财富的积累,除维持全社会的衣食需要之外,还生产出相当的农产余额,不仅

---

① R. H. Hilton, *The English Peasants in the Later Middle Age*, Oxford: Oxford Oniversity Press, 1975. p. 3.

② R. H. Hillon, *The English Peasants in the later Middle Ages*, Oxford: Oxford Oniversity Press, 1975. pp. 31-38.

③ R. H. Hillon, *The English Peasants in the later Middle Ages*, Oxford: Oxford Oniversity Press, 1975. p. 39.

④ Christopher Dyer, *Making a Living in the Middle Ages: The People of Britain 850—1520*, Yale University Press, 2002, p. 358.

使农业拥有了扩大再生产的基金，实现了传统农业的改造，而且使从农业中分离出来的手工业、商业和其他新的生产部门进一步独立的发展。一句话，农业资本主义的发展，以及封建农耕社会向资本主义工业社会过渡期间突破性的飞跃，都须以农产品剩余的不断增长为基础。侯建新教授将之称为"前原始积累"，并指出"西欧的原始积累之所以成功，是因为在所谓原始积累之前，西欧已经经历了长期的、静悄悄的、普遍的积累，原始积累前的积累，可称之为'前原始积累'"①。

① 侯建新：《社会转型时期的西欧与中国》，高等教育出版社，2005，第 44 页。

第三节　富裕农民的崛起

英国农民的上层大约是在14世纪末叶形成的。最早的例证，可在乔叟1360—1380年编撰的《坎特伯雷故事集》里得到提示，乔叟书里的富兰克林就是这样的自由农，后来又称之为约曼（yeoman）。乔叟，这位深得后来史学家信任的现实主义大师，无疑在相当大的程度上如实地反映了当时一部分上层农民的社会地位和历史风貌。乔叟笔下的富裕农民给人的印象更像一位绅士，而不是传统的庄稼汉，实际上代表了当时一部分英国上层农民的形象。在英格兰，乡村里常有四五家经营着80英亩以上的地产、饲养着几百头牲畜的自由农，其地产平均每年为他带来20镑的收入。[①] 中世纪晚期的富裕农民直接控制了生产、交换活动以及地方行政、司法事务的基本环节，成为农村中最富生气的阶级力量。笔者以为，以富兰克林、约曼为代表的富裕农民群体就是当时英国农业先进生产力的代表者和农民阶层的领导人。

一、"为市场而生产"

当代社会人类学家艾伦·麦克法兰这样评价13世纪英国的乡村生活："英格兰平民百姓的大多数至少从13世纪起就已成为不受约束的个体，他们在地理上和人际交往中都有着高度的流动性，他们有经济头脑，随市场导向追逐实利，在亲族关系与社会生活中以自我为中

① 侯建新：《社会转型时期的西欧与中国》，高等教育出版社，2005，第119页。

心。”这是一个大胆的立论，但也绝非没有事实根据。那么，中世纪晚期英国到底有没有“为市场而生产”的农民？有没有富裕农民出现呢？答案是肯定的。

事实上，中世纪晚期英国农村社会存在明显的经济分层，农民之间的贫富差距拉大，富裕农民已作为一个稳定的群体逐渐脱颖而出。萨福克郡沃萨姆德维勒（Walshan de Willows）庄园法庭详细记录了14世纪早期一位富裕农民的财产和生活情况。威廉姆·莱恩（William Lene）死于1329年8月28日，其财产情况为：持有40英亩土地，100只羊，14头牛，储存有16夸特谷物，这说明他生产的谷物、奶制品和肉食品要多于家庭所需，至少粮食的一半和大部分的奶酪，还有产自100只羊的全部羊毛用于出售。生活用品有：价值1英镑以上的黄铜脸盆，一件价值9先令的黄褐色上衣和其他价值13先令的衣物，还有供其本人专用的亚马毛巾、床单，另外还有桌布、一张桌子、三条长凳、一把椅子等生活必需品，厨具、农具和家庭装饰品一应俱全。同时还记录了这位农民曾向圣埃德孟德（St. Edmunds）近郊的巴沃尔（Babwell）的僧侣捐赠钱物，在他死前七年还捐钱资助一位朝圣者参观了伦敦的托马斯神殿。[①] 这一例子显示了富裕农民在兴起之初的经济实力和社会影响。

14世纪末至15世纪，富裕农民的生产规模更加扩大，乡村中常有四五家经营着80英亩以上的地产、饲养着几百头牲畜的自由农，其地产平均每年为他带来20镑的收入。[②] 剑桥郡的索翰姆（Soham）的一户富裕农民1400年的货物和现金清单记载，当时他拥有的财产（包括

① Christopher Dyer, *An Age of Transition? Economy and Society in England in the Later Middle Ages*, Oxford: Clarendon Press, 2005, p. 26.

② 希尔顿、法根：《1381年的英国人民起义》，瞿菊农译，生活·读书·新知三联书店，1956，第36页。

别人欠的债务11英镑10便士)是150英镑;[①]同期,沃里克郡伯顿德塞特(Burton Dassett)的一户农民也有150英镑的资产。[②] 所以,由于富裕农民经营管理土地得当,在商品货币经济自发发展的条件下,经济力量不断提升,其在乡村社会中生活殷实程度和实际收入状况甚为突出。伴随着庄园农奴制瓦解而崛起的乡村富裕农民,逐渐依其经济力量的强大成为英国社会发展中最具活力的阶层,被称为乡村社会的“领头羊”。

富裕农民的兴起是以英国农民群体物质和精神力量的普遍发展为基础的。侯建新教授在《现代化第一基石:农民个人力量与中世纪晚期社会变迁》一书中对13—16世纪英国中等农户的劳动生产率、储蓄率与商品率进行了详尽考察,从中可以直观地反映出多数农民的财富积累状况。13世纪中等农户一年可产粮100.3蒲式耳或2093公斤;经过几个世纪的发展,农民土地持有规模的扩大,生产技术的提高和土地产出率的增加,16世纪一般农户每年大约产粮240蒲式耳或5007公斤,16世纪的劳动生产率比13世纪提高了一倍以上。劳动生产率与储蓄率、商品率成正比,13世纪英国一个中等农户的农产商品率可以达50%左右,储蓄率达到20%左右,随后的两个世纪里地租在土地产值中所占的比例越来越小,留在农民手中的产品不断增加,农民的储蓄率也大为增长。16世纪,年产240蒲式耳的农户,除留足消费和再生产的投入外,还有将近1/3的余粮可出售。[③] 美国学者格拉

① Christopher Dyer, *An Age of Transition? Economy and Society in England in the Later Middle Ages*, Oxford: Clarendon Press, 2005, p. 130.

② Christopher Dyer, *An Age of Transition? Economy and Society in England in the Later Middle Ages*, Oxford: Clarendon Press, 2005, p. 13.

③ 侯建新:《现代化第一基石:农民个人力量与中世纪晚期社会变迁》,1991,第67—78页。

斯根据南汉普郡温切斯特主教区所属克劳利庄园的档案材料，对一个有16英亩地的中等农民在13、14世纪的生活水平进行了估算。中等农民在一般年份全年净收入为2镑15先令7便士，在荒年也可结余1镑16先令8便士。这户农民的日常开支不仅有修葺房舍、购买农具、酒店花销、购买调料及药品等，还可以花钱修理犁具和马车，为自己和妻子添置新衣服。[①] 贝内特对一个有全份份地的农民生活状况所作估计与上述情况比较一致。该农户全年可结余1镑15先令4.5便士作为日常生活用品的开支。从某些数据来看，14世纪后期到15世纪后期，英国小麦的平均价格一般在每夸特5~7先令之间波动。[②] 可见，中世纪晚期英国乡村多数农户农产品有了相当比例的剩余，他们再生产投入和生活质量改善的费用还是不低的。

小土地持有者和农村雇工属于农民社会的底层，多是依靠工资收入为生，但是，中世纪晚期他们收入的增长同样是引人注目的。14世纪，尤其是黑死病以后，由于人口下降，劳动力缺乏，雇工工资明显上升。13世纪末期，一个没有劳动技能的劳动力一天的工资不足1便士，15世纪末期则上升为4便士。即便是全天候从事重体力劳动的“长工”(famuli)，在黑死病之前，每年获得的现金工资仅是2~5先令，加上4.5~6.5夸脱的廉价谷物，[③]黑死病期间大约是每天1~2便士，到15世纪和16世纪早期升至为每天3~4便士。如果一年做工200天的话，加上耕种自家小块农田的收入，那么这笔收入能够满足养活一家4~5口的基本消费后还有余裕。谷物价格的下降和相对稳定也

① N. S. B. Gras, *The Economic and Social History of an English Village*, Harvard University Press, 1930, pp. 70-71.

② 侯建新:《社会转型时期的西欧与中国》，高等教育出版社，2005第71页。

③ Christopher Dyer, *Standards of Living in the Later Middle Ages: Social Change in the England c. 1200—1500*, pp. 133.

使这一时期雇工实际工资的价值上升,与1300年相比,15世纪至少增加了3倍。1300年,收获工人每人平均报酬约2先令,并有每人每天约2便士的食物津贴,到了1420年,现金工资已经升至大约7先令,食物津贴大约1.5便士,现金工资增长了2.5倍,食物津贴中的花费虽然少了,质量却提高了。1300—1480年,英国南部工匠的工资从每天低于3便士上升为6便士或者更多。据统计,1500年左右,在一个三口之家,父母是健康的劳动力和一个未成年的孩子,他们一年中大部分时间的收入应该是每天8便士,而这时家庭食物的支出每天是3便士。① 格洛斯特郡克里夫主教区的小土地持有者约翰·戈麦尔(John Gamell),外出劳动每天4便士的工资,仅用75天的收入就可以买够补充家用的谷物,加上他妻子的收入,以及宅院里的收益,其生活状况比其祖先改善了许多。② 波斯坦指出:农业劳动的货币工资在1450年前达到最高点,并且在1470年前一直保持相似的水平或再高出一些。实际工资,即用他们所能购买的食物数量来表现的工资,可能一直增长到这个世纪的最后25年。据波斯坦考察,温切斯特和威斯敏斯特庄园中的工资,在14世纪20年代呈现增长趋势,并且在之后的120年或150年中继续保持向上的势头。③ 以至于15、16世纪时,一个农业雇工的收入竟与一个拥有半维尔格特的中等农户收入不相上下。④ 显而易见,劳动力的短缺促进了小土地持有者和农村雇工劳动待遇的改

① Christopher Dyer, *An Age of Transition? Economy and Society in England in the Later Middle Ages*, p. 129.

② Christopher Dyer, *Standards of Living in the Later Middle Ages: Social Change in the England* c. *1200—1500*, p. 145.

③ M. M. 波斯坦:《剑桥欧洲经济史》第一卷,王春法等译,经济科学出版社,2002,第485页。

④ 侯建新:《现代化第一基石:农民个人力量与中世纪晚期社会变迁》,1991,第346页。

善,而劳动力工资的增加提高了他们家庭的收入。

西欧农业社会为什么能够孕育和分化出富裕农民阶层?侯建新教授认为,“富裕农民的形成和发展,必须以村民的普遍发展(而不是普遍贫穷)为基础,因为只有广大农民的劳动生产率、商品率有相当程度的增长,农民普遍进入商品经济,才能促进商品流通量的发展和使产品包括劳动力获得接近自己价值的市场价格,最终使货币地租的确定不可避免,亦不可逆转。货币地租的实行最终势必使佃农和领主之间的人身依附关系淡化,逐渐转化为契约关系和货币关系;换而言之,当一切产品以至于土地、劳动力都不得不作为一种商品大规模的进入市场时,领主的超经济统治失去了基本的依托,以人的依赖关系为特征的旧乡村社会也就走到了尽头。这就是富裕农民产生的历史前提。”①

货币地租的确立,是农民对个人劳动力占有的另一个标志,它旨在把农奴从人身依附性很强的劳役地租中解放出来,更确切地说,货币地租就是农民用“年度金”赎买被领主占有的那部分劳动力,从此以自己认为最有效的方式使用个人的劳动。将劳役地租折算为一笔货币,主要依照劳动力的市场价格,而不是根据领主的意愿重新商定,如同劳役地租时为领主付出的劳动量不可商定和更改一样。那种劳役量是依据惯例,以明确的方式一劳永逸地规定下来,人们不能任意增添,恣意支配。由于有一条“界线”存在,所以,即便在劳役地租的情况下,农民仍有个人财产甚至财富的独立增长。而货币地租的实行,无疑使这条“界线”愈加清晰,从而进一步鼓励农民个人的生产积极性,

---

① 侯建新:《个人的发展与英国农村阶级结构变迁》,《世界历史》1989 年第 1 期,第 75—85 页。

创造出更高的生产率和储蓄率。①

13 世纪以后,维兰农民转租和购进其他农民土地或领主自营地的案例,在庄园法庭档案中时常可见。翻阅庄园法庭案卷,可发现土地转移的案件位于首要位置,而且半英亩以上的小块土地转移又在其中占优势,表明土地交易主要在小农家庭之间进行。而且,农民安排这种交易往往不通过法庭,即不通过领主同意。据戴尔统计,1375—1540 年,汉伯瑞、坎贝西、惠特斯通、汉普顿 4 个庄园领地始终处于较高比例的地产转移中,既包括农民家庭内部的土地继承,也包括佃户之间或佃户与领主之间的土地交易。值得注意的是,在农民家庭成员继承土地时,土地转移的条件一点也不比购进外人土地条件更优惠,甚至付出更多,表明家内土地继承明显具有市场因素。总而言之,在这 165 年间,4 个领地的土地转移平均占土地总额的 32%,是一个相当客观的数据。② 就英国土地自由买卖的结果来看,大多数情况是一般农户尤其是小农,因经营不善或获得了非农业生计而将土地出租或卖给有一定经济实力且有较强经营能力的大农,而后者一心想通过扩大土地经营面积获得利润。戴尔认为,在 14 世纪早期前,土地短缺,失去劳动能力的父母将土地交给子女,后者负责赡养前者,因而继承市区的土地的主要途径,家庭内部继承占据极高的比例,比如 1270—1348 年伍斯特郡的黑尔索温庄园,63%的土地转移发生在亲属之间。到了 14 世纪早期,商业发达的萨福克郡的雷德格雷夫庄园,土地多在非亲属之间流动,但家庭成员之间的转让仍占到 46%。这些在农民分化中崭露头角的富裕农民,不仅收买和集中小农土地,后来还是庄园

① 侯建新:《社会转型时期的西欧与中国》,高等教育出版社,2005,第 254 页。

② C. Dyer, *Lords and Peasants in a Changing Society*, Cambridge: Cambridge University Press, 1980, p. 302.

领主自营地的重要承租人。14世纪特别是黑死病以后,领主自营地面临着普遍肢解的局面,领主自营地的缩减或消亡,无疑是农业生产自然组织更新的又一大转机。

领主自营地的出租,有时约曼就是承租对象。中世纪经济史学家庞兹指出:如果一个合适的承租者能够很容易物色到,那倒令人奇怪了。他们必须是有技艺和成功的农夫,还要有相当一笔资金垫付,以进行大面积土地的经营。他们大概要在较富裕的上层农民中才可以找到,于是这个角色往往集中到中世纪较晚时期的约曼身上。自营地包括各种类型的土地和建筑物,诸如厅堂、厨房、谷仓、牛棚等,有时连羊群和牧场也一起租出去。领主将自营地出租,尤其是大面积的出租给有较强经营能力的大农,是通常的出路。以温切斯特主教地产为例,1269年自营地在1.3万英亩以上,1284年下降到1.1万英亩,1310年下降到1万英亩,1321年下降至9000英亩。① C.戴尔根据伍斯特主教地产耕夫和耕畜数量的变化,推算出这一时期领主地产惊人的缩减程度:仅在14世纪百年间,领主自营地就减少了67%,其中40%的庄园将自营地全部出租,传统领主经济不复存在。② 在那里,领主完全退出了生产管理领域,仅仅作为年租领取人存在。

在富裕农民中,有的曾担任过庄头(reeve),但多数是善于经营土地或因有某种技艺而积累了一定财富的一般农户。在商品货币经济自发发展的条件下,富裕农民的兴起,一方面是对领主领地经济的侵害,另一方面也是对小农的蚕食。因为他们集中土地主要通过两个途径,一方面他们是大面积的领主自营地的承租人和购买者,另一方面

---

① E. Miller&J. Hatcher, *Medieval England :Rural Society and Economic Change 1086—1348*, London& New York:Longman,1978, p.59.

② C. Dyer, *Lords and Peasants in a Changing Society-the estates of the Bishopric of Worcester, 680—1540*, Cambridge: Cambridge University Press, 1980, p.122.

则蚕食无力经营或从土地转移出去的小农的土地。一个富裕农民的土地集中是多次的、逐渐进行的,所以他们增多的土地往往分散于若干村庄或庄园。威廉的地产就是一个典型的事例。他是亨廷顿郡一个百户区陪审员的儿子,在比策姆斯戴德有一座磨坊、2 英亩土地和两块草地,在萨索斯则有 40 英亩耕地和 1/50 个骑士领。在大斯托顿,他同样有 1/6 个骑士领,其中包括 20 英亩自营地和小块自由持有地。此外,他在该郡还有 2.25 维格(约相当于 68 英亩)的土地,3.5 英亩的耕地和各 0.5 英亩的林地、牧场和一座宅院。①

从 13 世纪开始,在经过二三百年的发展演变,富裕农民已经与骑士、乡绅逐渐融合起来,成为英国乡村社会的领导人。侯建新认为,"从社会意义上讲,上层农民日益与士绅、骑士接近;但从经济意义上,却是后者向富裕农民经济转化。骑士地产与完全依靠维兰制的大庄园不同,一般较早地采取货币地租和进入土地市场,所以骑士地产被史家称为'半庄园'或'大块土地持有地'。特别 15 世纪中叶后,不少骑士进一步改变经营方式,纷纷加入租地农场主行列。骑士、乡绅和约曼都是大领主自营地的重要承租人。从广义上讲,以新的土地经营方式为特征的士绅——租地农场主阶级,不仅包括乡绅、绅士,还包括杰出的约曼或富兰克林,以及改变了经营方式的骑士。不久,他们又与越来越多的、乐于投资的农场的商人和企业主找到了共同语言,事实上融为一个阶级。这个阶级的代表人物,与其说是地主,不如说是资本家。他们最关心的是羊毛和面粉的市场价格、工资水准,他们获得剩余价值的正常形式已经不是地租。他们的存在和发展,首先靠剥削雇工,同时也侵害贵族。那些昔日乡村的'头面人物',不再是领主和佃农共同体之间的中介人,他们正在成为农村新的主要统治者和剥

① 侯建新:《社会转型期的西欧与中国》,高等教育出版社,2005,第 116 页。

削者。”①

雇工队伍的扩大也是早期租地农场主组织新型生产关系的必要条件。雇工队伍日益重要和扩大,首先是随着劳役折算为货币地租,领主自营地上急需人手替代以前的农奴劳役,其后是随着富裕农民经济对雇工越来越旺盛的需求,从此,雇工成为农村经济运转中不可缺少的要素。随着生产者的自由流动和雇佣关系的发展,包括雇工和仆农在内的农村雇用队伍的总量空前发展了。14 世纪末的人头税征收簿表明,在科茨伍德地区的 80 个农庄里,大约 1/8 的农户有一个或多个投宿雇工。② 同时每个农庄的正式村民名单后都有一群单身汉,多是扶犁手、马车夫、木匠、屋顶匠或杂工,显然是单独居住的雇工。这种独立的雇佣阶层,一些地方达到了惊人的数量,如较先进的东英格兰农村,50% ~ 70% 的男性居民是雇工(被称为 labourers 或 servants)。③ 11 世纪以来的三四个世纪里,农村雇工本身因较高的工资而得到好处,这种工资在英、法、德、意等国已增加了 2~3 倍。在英格兰,他们要求用货币支付,并且 1 周只工作 5 天。④ 总体上看,到都铎王朝和斯图亚特王朝初期,英国农业雇工人数大约占全国农村总人口的 1/4~1/3,这已经是一个不争的事实。⑤

① 侯建新:《个人的发展与英国农村阶级结构变迁》,《世界历史》1989 年第 1 期,第 85 页。

② R. H. Hilton, *The English Peasants in the Later Middle Ages*, pp. 33-35.

③ R. H. Hilton, *The English Peasants in the Later Middle Ages*, pp. 30-31.

④ 侯建新:《社会转型期的西欧与中国》,高等教育出版社,2005,第 190 页。

⑤ J. Thrisk, *The Agrarian History of England and Wales*, Vol. 4, Cambridge: Cambridge University Press, 1967, p. 398.

二、乡村社会的脊梁

在经济上获得解放之后，富裕农民逐渐开始关心社会地位的提高，在乡村社会中承担起主人翁的责任和义务。他们争取受教育的权力，在郡法庭、巡回法庭担任陪审员，在国王的军队里充当极具战斗力的弓箭手，在地方公共事务中承担重要的管理职务。

随着经济力量的增强，富裕农民为了提高自身的社会地位，越来越重视受教育的权利。“农奴正在极力想使他们的‘既无知又卑贱的子孙’受到教育”，他们用金钱赎买自由，为了受到教育想离开庄园，或者想使自己的儿子离开庄园去接受教育。[①] 农民接受教育进而担任圣职的现象引起封建主的不满，英国的领主曾经向理查二世要求禁止农奴把他们的儿子送进学校，但是遭到了理查二世的拒绝。1400 年，英国国会颁布了一项法案，确保每个男人或女人，无论其地位与境况如何……均有权利送子女进入国内他们喜欢去的任何学校学习。[②] 至此，在法律地位上农民已取得平等接受教育的权利。

随着时间的推移，他们受教育的状况也不断得到改善。例如，1492 年，埃塞克斯郡西莫希（West Mersea）的习惯佃农斯蒂芬·斯密斯拥有大量的生活类书籍；萨福克郡维克翰姆（Wickham）的托马斯·阿斯里（Thomas Aysheley）劝告妻子让三个儿子上学，以便能够读书、

---

① 亨利·斯坦利·贝内特：《英国庄园生活：1150—1400 年农民生活状况研究》，龙秀清、孙立田、赵文君译，上海人民出版社，2005，第 258、259 页。

② 亨利·斯坦利·贝内特：《英国庄园生活：1150—1400 年农民生活状况研究》，龙秀清、孙立田、赵文君译，上海人民出版社，2005，第 259 页。

写字和从事一项技术工作。①

近代早期农民接受教育的状况进一步得到改观。在 1567—1622 年牛津大学的学员登记簿上,记载着贵族之子 84 人,骑士之子 985 人,乡绅之子 902 人,绅士之子 3615 人,约曼之子 6635 人,教士之子 985 人,身份不祥之子 785 人。可见,农民,特别是农民上层的子女接受高等教育的人数之多。② 权利的争取与获得对农民自身整体文明素质的提高以及社会的发展产生了极其深远的影响。

到郡法院、巡回法庭当陪审员是一件既耗时费力又自付花销的差事,普通农民大多不愿意参与,也可能不够资格,只好派到富裕农民头上。无论在富裕程度上,还是在社会地位上,富裕农民与乡绅往往很难区分。陪审团在地方事务管理中扮演着重要的角色,而陪审团不能离开上层农民的参与。

除了代表法庭对实际情况进行调查,陪审团还据此向法庭提出公诉并作出判决。陪审团一般由 12 人组成,14 世纪后多由上层农民和小乡绅担任陪审员。陪审员由单纯的证人或调查人向事实上的法官转变,这一现象与这一时期富裕农民的兴起并参与公共事务有关。中世纪晚期英国村庄中的头面人物就来自这些富裕农民之中。陪审团通常由这些农民的头面人物来主持,他们不仅代表庄园法庭而且代表村庄共同体干预公众事务,从分配耕地那样的大事,到某个佃户家庭遗产的分割,都离不开他们的参与。1451 年 3 月,在森斯特法庭开庭期间,陪审团中的几个农夫、一个铁匠与几位乡绅和绅士并排坐在一

---

① Christopher Dyer, *An Age of Transition? Economy and Society in England in the Later Middle Ages*, p. 125.

② 转引自侯建新:《现代化第一基石:农民个人力量与中世纪晚期社会变迁》,天津社会科学院出版社,1991,第 189 页。

起，听取证人的证词。有时，陪审团中只有农民，一名绅士也没有。在复活节森斯特法庭的开庭期间，陪审团就是完全由农民组成的，他们指控一些农夫和某个劳工行为放纵。在1454年格洛斯特郡夏季开庭时，也是完全由农民们组成陪审团，指控一个流动商贩犯有重罪。[①] 米勒等指出，从那时起一直到资本主义秩序的确立，这种处理问题的方式和渠道在村庄公共事务调解中始终占主导地位。

作为对骑士兵役制的另一种补充，英王要求所有的男性臣民必须武装起来，战时出征打仗，平时维护地方治安，是为民团。亨利二世于1181年发布了《军备条例》，爱德华一世于1285年颁行了《温切斯特法令》，后者规定：每名15~60岁的自由民，都应根据其财产数量拥有防御武器，财产不少于15英镑价值的土地和40马克财物的人，必须配备无袖铠甲、铁质头盔、佩剑、匕首和马匹，较少财产者只需装备自己的弓箭，所有的人共分为5个等级；他们将以百户邑为单位，每年两次由选出的治安官（constable）负责核查。与之相联系的是，执勤守卫、治安缉拿等古老的职责也落到了农民的头上，这就意味着在拿起武器保家卫国的同时，他们也可以保卫家园、捍卫自己的自由、财产和安全。

其实，早在1233年的条令就为乡镇规定了巡夜制度。也就是说，每个乡镇必须派设至少4人整夜巡视，以保护社区安全。1252年，作为推行“全民防御”的附带效果，法令规定每个乡镇必须任命1~2名治安官（constable），战时他们成为作战分队的军官；乡镇治安官由其他乡镇成员选举产生，他们协同乡绅名士共同管理乡镇的日常事务。1253年的法令进一步规定，乡镇应自行担负追缉违法者所需配备的武

---

① R. B. Goheen, “Peasant Politics? Village Community and the Crown in Fifteenth Century England”, *The American Historical Review*, Vol. 96, No. 1 (Feb. 1991), p. 46.

装开支。可见,富裕农民已担起了管理乡镇的重任。

社会地位的上升和知识水平的提高,增强了农民参与和管理公共事务的意识及能力,他们在社会生活中发挥的作用越来越重要。在社区或者村庄的事务中,农民逐渐投入更多的精力和财力,社区教堂的建造和维修,村庄中的道路修缮,教堂中举行的礼仪庆典等;参与对村庄公共土地、牧场和林地的管理;村民共同监督和管理公共用水资源。1489 年诺福克郡托恩翰姆埃皮斯陶普(Thornham Episcopi)的约翰·梅勒(John Myller)在遗嘱中要求其遗赠"将永远为村庄全体公众的利益所使用"①。在东英格兰的许多教区,农民募捐设立了教友兄弟会基金,建立济贫院,用于慈善活动。② 农民这些非制度性的公共行为,对英国的公共事业管理与社会保障机制的健全和发展产生了一定影响。

农村的头面人物(notables)通常担任十户长(the chief tithingman)和陪审员,他们往往来自同一个群体,虽然职务不是固定的。例如约翰·黑森,在 1438—1454 年担任过法庭罚金征收员、验酒官、教区差役和陪审员。③ 威廉·布克在村庄里担任各种公职长达 34 年之久,包括担任过陪审员、治安官、法庭罚金评估员(affeeror)、教区差役、验酒

---

① Christopher Dyer, *An Age of Transition? Economy and Society in England in the Later Middle Ages*, p. 124.

② 。Christopher Dyer, *Making a Living in the Middle Ages: the People of Britain 850—1520*, p. 365.

③ Sherri Olson, "Jurors of the Village Court: Local Leadership Before and after the Plague in Ellington, Huntingdonshire", *The Journal of British Studies*, Vol. 30, No, 3 (Jul. 1991), p. 251.

官和收租人。① 这些乡村里的头面人物，最迟到15世纪中期，实际控制了乡村的公共事务。正如英国著名的史学家希尔顿指出："介于领主和个体农户之间者是村庄共同体，而实际上代表村庄共同体的都是乡村头面人物；他们是富裕农民（well-to-do husbandman）的杰出人物，没有他们的合作，领主就难以进行管理。领主不仅需要强权，而且需要中介。我们读过许多描写庄园大总管、总管等执事人员的著作，但事实上农村共同体的管理权不在这些领主的代表手里。庄园内的或领主的法庭由富裕农民控制。他们解释惯例，解决争端，制定公共法则，颁布村法，拒绝村外陌生人等。一般来说，他们为领地庄官、领主本人与农户共同体之间的交往提供了基本的原则和限度。"②

在村庄公共事务的管理中，农民头面人物的作用举足轻重。15世纪末，约翰·福特斯丘爵士在《英国法律赞》中指出：富裕农民"是有着经济资源的人，其经济力量使他们在骑士或乡绅不在家时，能够领导起乡村社会"。③ 保存较好的14世纪末英国中部地区的人头税统计表明，多数村庄都缺乏定居领主。如果我们进一步了解到，中世纪晚期绝大多数领主不居乡，不再作为可见的统治力量存在这一史实，便愈发信服富裕农民在庄园事务中的杰出作用。

富裕农民的作用如此突出，他们逐渐成为乡村社会中实际的领导者。在庄园法庭或领主法庭上，他们有权解释惯例、解决争端、制定共同法则、颁布细则；他们担任陪审团的重要成员，有时还担任陪审团会

---

① Sherri Olson, "Jurors of the Village Court: Local Leadership Before and after the Plague in Ellington, Huntingdonshire", *The Journal of British Studies*, Vol. 30, No, 3 (Jul. 1991), pp. 250-251.

② R. H. Hilton, "A Crisis of Feudalism", *Past and Present*, No. 80 (Aug. 1978), p. 9.

③ R. H. Hilton, *The English Peasantry in the Later Middle Ages*, p. 27.

议的主持人。例如，萨福克郡柴威顿(Chevington)的一位农民罗伯特·帕门(Robert Parman)在1440—1475年，作为教区的头面人物，一直担任庄园法庭的陪审员和其他的官方职位，在他的遗嘱中为教区和兄弟会留下了大量遗产。[①] 他们有权参加国会议员的选举和地方议会议员的选举，他们在地方议会上有发言权。正如15世纪末叶福蒂斯丘在《英国法律赞》中所指出的：富裕农民的经济资源使他们在居乡骑士或乡绅不在时有能力领导乡村社会。[②] 后来随着旧贵族经济的衰落，农村封建阶级结构的解体，富裕农民和地方绅士阶层逐渐交融，他们日益成为国家政治生活的重要力量。15世纪末，都铎王朝初期下议院力量增强，富裕农民和乡绅在议会中席位逐渐增多，到伊丽莎白时期的460个席位中，他们已经占据绝大多数，造成了乡绅"侵占"议会的局面。[③] 这一现象显示了富裕农民有足够的能力参与国家公共事务的管理和正式事务的决策。

三、维护个体权利的不懈抗争

虽然富裕农民不惜出钱出力乃至性命去保家卫国，但是当农民群体权利受到教俗贵族直至王权的过度侵害时，他们也会奋起抗争，甚至发动武装起义，全面参与和领导农民对强权作各种形式的反抗和斗争。其表现形式有以下三种：抗拒劳役制运动、组织暴力反抗、发动大规模的武装起义。

---

① Christopher Dyer, *An Age of Transition? Economy and Society in England in the Later Middle Ages*, p. 208.

② 转引自侯建新：《转型时期的西欧与中国》，高等教育出版社，2005，第72页。

③ 转引自侯建新：《现代化第一基石：农民个人力量与中世纪晚期社会变迁》，天津社会科学院出版社，1991，第289页。

英国农民一般以习惯法为武器来抗拒劳役的盘剥。在11世纪以前的数个世纪，农奴和其他佃户的劳役及其他义务是比较繁重的，虽然有对此予以限制的习惯法，但总体上看数量不多，一些限制的规定不甚明确。到11或12世纪，各种类型的劳役和义务开始规定得更加具体。这种限定被认为带有一种普遍性，即不仅适用于个别庄园或个别地方，而且适用于特定地区甚至特定国家境内的全部庄园，在某些情况下，适用于西欧整个基督教世界内的所有庄园。①

实行劳役地租时，周工的天数被严格限定，一些临时的义务和赋税也逐渐被限定。例如，帮工（收割季节首先帮助领主收庄稼的义务）、搬运（为领主运送产品或生活用品）、伐木、修路等。再如，所谓人头税、遗产税以及偶然征收的塔利税等。赋税额一般是固定的，而劳作内容和数量的规定颇为具体。如果是挖沟，则规定一日应挖多长、多深、多宽；如果是打谷，则规定一日应打完多少捆庄稼；如果是收割，则规定应完成多大面积的庄稼。例如，打谷一日的任务量为2蒲式耳小麦或1夸脱燕麦，割草一日为6英亩，割谷为半英亩等，为难以更改的惯例。由于佃户的据理力争，领主和佃户协议的工作量，往往不那么饱满，如上面提到的打谷日工额为2蒲式耳小麦等。据贝内托估算，实际上是半天的工作量，所以时常出现提前收工或者一天干出两天活的情况。所以，在一些庄园账簿上经常出现"在领主自营地上干一整天，按两个工作日计"的记载。1318年，梅尔本庄园账簿记载道：领主自营地耕犁、播种共需82个工作日，接着又补充说，"如果一个人干满一整天，就算他完成了两个工作日"。贝内托指出，名义上一周有3天为领主干活，实际上往往一天半就干完了，农奴可以挤出更

① 参见侯建新：《西欧法律传统与资本主义的兴起》，《历史研究》1999年第2期，第122页。

多的时间用在自己的份地上。[1] 也就是说,只要工作量被严格的额定,农奴就可以在自己的小天地里不断发展"自变量"。

中世纪的西欧人认为,这些有习惯限定的权利和义务,包括农奴占有土地的权利,都具有法律效力,一旦发生争议,都应依据法律在法庭范围内解决,即使领主与佃户发生争议也一样。所以,领主不能直接惩处农奴,一定要通过法庭解决。在一个案件中,庄园主试图剥夺一个农奴的某块地产,理由是该佃户持有的土地超过了规定的数量。这个农奴争辩说,其他佃户也有类似的情况,"此前一直根据习惯持有几份地产,而无须特许状,也从未受罚和受指控",他"准备通过租户(即由庄园的全体租户)和其他必要的合法方法证实这一点"。该案件的处理意见是这样的:"将这个问题搁置起来,直到达成更充分的协商等。"[2]由此我们可以看出,一是如果发生争议,领主不能直接处置农奴的土地;二是庄园法庭起码暂时抵制了领主收回土地的企图而支援了佃户。这不是说农奴不受压迫和不贫困,而是说他们已根据一种法律体系取得了某些权利,尽管是程度较低的权利;他们有条件和环境坚持一些自己的权利,从而获得某种程度上的保护,避免遭受任意和过分的侵夺。

当佃户的权利受到领主侵犯又不能得到法庭保护时,自由身份的佃户可以越过庄园法庭向王室法庭申诉冤情。在英格兰的斯塔福德郡,有三个佃农与其领主进行了长达35年(1271—1307)之久的争讼。由于佃户耕种的土地属于王室,佃户根据一个世纪前亨利二世的惯例

① 亨利·斯坦利·贝内特:《英国庄园生活:1150—1400农民生活状况研究》,龙秀清、孙立田、赵文君译,第104页。

② 哈罗德·J.伯尔曼:《法律与革命:西方法律传统的形成》,贺卫方等译,中国大百科全书出版社,1993,第399页。

上诉到王室法庭。佃户宣称，按惯例，他们每年应支付地租5先令，可领主要求的租金和劳役量大大超过了这个标准。[①] 如果佃户的身份是农奴，他们无权上诉至上级法庭，但他们可以集体对领主提出要求，有时还可以集体拒付劳役的形式施加压力。作为最后一种手段，他们还可以逃离到城市、新垦区或另一个庄园。在许多情况下，在佃户的集体压力下，地租不仅难以浮动，还出现了一再下降的趋势。15世纪初，沃里克伯爵的全体佃户经与领主数次较量与谈判，迫使领主做出重大让步，地租竟下降2/3以上。在那一年的庄园档案上，记载着领主做出妥协的理由："若不降低地租，他们就要集体离开庄园。"[②]总之，习惯法、参与裁判制以及法庭内外的斗争，保证了小农生产的连续性与正向积累，给农民带来了缓慢的却也是巨大的经济利益。[③]

领主并非不贪婪，并非不企图增加佃户的负担，然而，诚如我们所看到的，他们很少成功，面对习惯法的限制，上至国王下至大小领主都徒叹奈何。即使地租等赋役有所浮动，也是有限度的，而且地租的浮动追不上农民收益的增长。经济史学家托尼估计，"农民每交给领主1便士，就往自己口袋放进6个便士。"显然，地租的增长远不能吞掉农民的全部增产，何况许多庄园的地租长期稳定。托尼研究了英格兰若干郡27个庄园的档案资料，统计了自13世纪末实行货币地租以来至16、17世纪之间的租金的变化，结果表明，在这三百多年里，租金基本上是稳定的，"一个佃户的地租往往长达200年或250年保持不变，并非罕见"。这样，随着土地产出率的增长，地租在土地产值中所占的

---

① 哈罗德·J.伯尔曼：《法律与革命：西方法律传统的形成》，贺卫方等译，中国大百科全书出版社，1993，第394页。

② R. H. Hilton, *The English Peasantry in the Later Middle Ages*, pp. 66–67.

③ 参见侯建新：《西欧法律传统与资本主义的兴起》，《历史研究》1999年第2期，第123页。

比例,由劳役地租时的1/3,缩减到1/5、1/6,甚至是1/8,而留在农民手里不断增多的产品大部分送到了市场,成为中世纪晚期西欧市场经济蓬勃发展的广泛基础,其中一部分成为扩大再生产的资金。[①] 由此,人们也就不难理解生产者个人财富能有普遍的增长,相当一部分农民能买得起土地,承担得起相当于乡绅的消费,当然也不难理解逐渐富裕的自耕农阶层,最终成为"第三等级"的一部分。

富裕农民经济的扩张过程,就是资本主义或半资本主义的农场经济替代旧领地经济的过程。他们改变着乡村的经济生活,也改变着阶级力量的对比,同时,以此为基础,他们在地方事务中的领袖作用也日益令人瞩目。当村庄共同体利益受到威胁时,村庄团结一致进行抵抗,而头面人物"在抵抗上面压迫的斗争中是农民的天然领袖"。这些有影响的富裕农民为打赢一场官司,常常携诉状奔走于法庭之间,并且不无夸耀地自诩:"我们不惜每人花20英镑,以斗垮一个不受欢迎的领主!"[②]利普森通过考察国王特许文书档案发现,集体抗拒劳役和减租的斗争相当普遍,在理查二世时期(1377—1399)的记载中一半都与此有关。到15世纪中期,减租斗争达到顶点,许多村庄都保持着公社般的团结,斗争颇有成效。例如,沃里克的莱特霍恩庄园的租金总额,在14世纪末的10年间降低1/12;1437年经全体佃农与大总管谈判后,又大幅度下降2/3以上,并保证至少40年不变。地租簿开头记载着伯爵接受佃户抗议的理由:"若不减租,他们就集体离开庄园!"伍斯特大主教地产上8个庄园的地租15世纪比13世纪末平均下降

---

① R. H. Tawney, *The Agrarian Problem in the Sixteenth Century*, Harper Torchbooks, 1987, p. 120.

② R. H. Tawney, *The Agrarian Problem in the Sixteenth Century*, Harper Torchbooks, 1987, p. 121.

26%，是又一例证。[①] 无疑，在以富裕农民为骨干的集体抗争中，农民普遍获得经济利益，但主要受益者还是富兰克林、约曼那样的富裕农民，因为 15 世纪时，英国 45%的耕地已经不同规模地集中到他们的手里。[②]

在如何安排耕作上，对种植什么作物、在耕地和休耕地的使用以及经过法庭和不经过法庭的土地让渡，越来越不受领主控制。当土地没有继承人而空闲下来时，庄官竟不知道土地在哪里；当地租被拖欠时，领主也很难像以前那样将当事者的动产抵押。佃农一方反而越来越活跃，甚至先发制人，借助村社形式和马尔克传统，以富裕农民中的头面人物为领袖，集体抗租、减租斗争相当富有成效。他们通过法庭斗争，或以集体离开庄园相威胁，甚至不惜暴力相向，使得每次冲突多以领主被迫降低租金而告终。可以说，领主对佃农土地的名义上的所有权明显地弱化了。

在租约期限上，土地租期一再地延长，领主的租金也跟着相应的下降，这无疑是富裕农民们长期斗争的结果。15 世纪早期租期很少超过 20 年，通常少于 10 年。到 15 世纪中期，租期延长到 20 年、40 年甚至更长。进入 16 世纪后，五六十年的租期虽偶有出现，但普遍的还是 70 年、80 年和 99 年。在一些地区，先是“终身租约”渐渐变成普遍形式，后来“终身租约”实际上变成可以世代相传的租约，每次继承租约时，只要付一笔补足金就可以了，当然，这是一笔可观的费用。此起彼伏的抗租斗争，使不少地区的领主租金呈下降趋势。

---

① C. Dyer, *Lords and Peasants in a Changing Society-the estates of the Bishopric of Worcester, 680—1540*, Cambridge: Cambridge University Press, 1980, p. 280.

② 参见侯建新：《社会转型时期的西欧与中国》，高等教育出版社，2005，第 118 页。

随着富裕农民掌握了乡村社会的领导权,他们在地方上的号召力日增,开始通过集体反抗的形式逐步挣脱农奴制的枷锁。在英国,农奴反抗农奴制的斗争是从村镇小规模的冲突开始的,一直发展到14世纪才逐渐形成高潮。

英国农奴反抗斗争具有自己的特点。其一,在英国中世纪历史上,几乎没有爆发过一次真正的全国规模的农民起义,但农奴和其他佃农针对本庄园领主的集体抵抗斗争,却从来没有停止过。这显然与封建领地内相对独立的经济、行政、司法统辖权有关,也与悠久的村庄自治传统有关。庄园化以后,那些担任庄园法庭陪审员和十户长的农奴或自由农民,仍然在很大程度上行使着村庄自治职能,因此,当村社农民共同利益受到威胁时,村社团结一致地抵抗来自上面的压迫。1360—1400年的许多反抗斗争,都是在村庄团结一致的基础上进行的,即使1381年那样的大规模起义,也是以一个村庄的反抗队伍为基础汇合而成的。其二,英国农奴在反抗斗争中从未提出过推翻某个现存王朝并取而代之的纲领,也几乎未提出过"均田免粮"之类笼统而难于实现的口号。相反,他们大多是提出改善其经济社会地位的具体目标,即使在1381年那样的大起义中,有各村代表共同商定的要求,也主要是废除农奴制,保证贸易自由,每英亩土地租金不得超过4便士,以及大赦起义者等。这类要求似乎比较温和,具有改良色彩,不过当时确有达到的可能性,而且一旦真正实现,势必一步一步削弱中世纪农奴制度的统治基础。许多村庄的农奴或带有农奴标记的佃农,正是通过这样团结一致的集体抗争而逐步摆脱农奴制的枷锁。①

在1360—1400年这40年间,英国以"动乱"年代著称,其实是英国农民运动最为活跃的年代。虽然1381年农民起义也有不少市民、

---

① 侯建新:《社会转型时期的西欧与中国》,高等教育出版社,2005,第68页。

僧侣乃至流民参加进来，但是起义者的主体是来自于几个郡的富裕农民，富裕农民也成为这场起义的骨干力量。

14 世纪，英国盛行货币地租，农奴制开始衰落，而东南部拥有较多农奴的大领主仍然坚持劳役制，这严重阻碍了社会发展。1348 年，欧洲流行黑死病，英国人口锐减，农村凋敝，劳动力匮乏。为维护封建主利益，政府多次颁布雇工法令，强迫雇工按黑死病流行前的工资标准受雇，否则监禁甚至用灼铁烙印。为支持对法战争，1377 年英王理查二世下令征收人头税，至 1380 年人头税额已提高两倍。税吏营私舞弊，敲诈勒索，残害农民，矛盾迅速激化。

1381 年 5 月，韦塞克斯和肯特两郡农民抗纳人头税，杀死税吏，首举义旗。农民起义很快扩展到邻近各郡，武装斗争相继在全国 40 个郡中的 25 个郡展开，泥瓦匠瓦特・泰勒和穷神父约翰・保尔成为起义军领袖。6 月 10 日，起义军占领肯特郡首府坎特伯雷。随后，6 万起义军向伦敦开进，于 13 日在伦敦平民配合下顺利入城。起义军焚烧贵族宅第和法院档案，捣毁监狱，处死法官和廷臣，将国王理查二世包围在伦敦塔中。在起义军的一致要求和武力胁迫下，理查二世被迫与起义军谈判。在第一次谈判中，瓦特・泰勒代表农民提出废除农奴制，规定地租限额，确保贸易自由，赦免起义者等要求。国王佯装答应要求，部分起义者得到自由赦书后散去。15 日，坚持斗争的起义者再次与国王谈判，进一步提出废除雇工法令、没收教会土地并分给农民、取消领主特权等要求。谈判中，伦敦市长突然用剑将瓦特・泰勒刺死。国王随即下令各地骑士捕杀起义农民。这次起义虽惨遭镇压，但给英国封建制度以沉重打击，加速了农奴制的瓦解。

富裕农民在 1381 年起义中起到了中流砥柱的作用。从起义原因上看，封建主利用议会签署的《雇工法令》有冻结“自由劳动力”的企图,不仅激怒了农业雇工和工匠,同时也损害了以富裕农民为主体的雇主利益,他们自然会对国王及其封建政权表示强烈不满。此前,富裕农民在村庄内是执掌公共事务的头面人物和抵抗本庄园领主的农民领袖。希尔顿和法根在《1381 年英国农民起义》一书中指出,“在 1381 年事件中,尤其是在东盎格利亚,那些富裕农民已开始在对他们统治者的斗争中充当领袖的角色了。”①从起义农民的纲领性文件上看,起义者向国王提出的要求既反映了广大贫苦农民的愿望,也明显体现了富裕农民的利益。这些要求包括废除农奴制、贸易自由、限制地租额度和不追究起义者等。在起义军提出的所有条件中,可以说没有一条不与富裕农民有关,可见富裕农民的意见和主张在起义军纲领中占有显著位置。从组织形式上看,许多村庄或村镇都组成自己的队伍参加起义,实际上,起义军就是以它们为基本单位形成的。据记载:“起义队伍以纪律严整的行列进入伦敦。他们整队进城,100 人或 200 人一队,20 人或 30 人一组,依照他们来自的村镇人口的多少而定。”起义队伍需要的供应不是抢夺来的,也不是某人或社会团体无偿提供的,而是起义队伍本身付钱买来的。这些人的威仪和举止,使所有旁观市民都不得不佩服;学徒、工匠和小商人联合起来欢迎这支以自由为旗帜的部队。希尔顿和法根评论说:“起义者不是粗野的暴徒,而是有能力的负责任的人,他们充分了解影响国家经济与政治的致命弱点。”由于富裕农民广泛而又积极的参与,他们认为这次起义的性质已不单纯是农民对封建压迫和封建剥削的反抗,而是具有农村新生资本

① 希尔顿、法根:《1381 年英国农民起义》,第 48 页。转引自侯建新:《现代化第一基石:农民个人力量与中世纪晚期社会变迁》,天津社会科学院出版社,1991,第 178 页。

主义因素反对封建主义限制的斗争。[①]

总之，乔叟时代的农民通过“静悄悄的劳动”和为争取劳动权力而坚持不懈的斗争，不断积累着自身的物质力量与精神力量，为英国从传统的封建社会向近代资本主义社会的过渡奠定了坚实的基础。在英国农民群体物质和精神力量的普遍发展的基础上，富裕农民群体崛起。第一，通过对乔叟时代英国农民以劳动生产率和储蓄率为中心的农业生产率的考察，英国农民创造的农业生产率虽不是惊人的，却也是可观的，铸造着使封建制度瓦解、资本主义产生的物质基础。显然，英国农民作为社会生产的主体，在中世纪晚期普遍实现了个人财富的积累，在维持全社会的衣食需要之外生产出相当的农产余额，不仅使得农业拥有了扩大再生产的基金，实现传统农业本身的改造，还使从农业中分离出独立的手工业、商业和其他新的生产部门及其进一步独立的发展。一句话，农业资本主义的发展，以及封建农耕社会向资本主义工业社会过渡期间突破性的飞跃，都须以农产品剩余的不断增长为基础。侯建新教授将之称为“前原始积累”，并指出“西欧的原始积累之所以成功，是因为在所谓原始积累之前，西欧已经经历了长期的、静悄悄的、普遍的积累，原始积累前的积累，可称之为‘前原始积累’”。[②] 第二，富裕农民的崛起是以英国农民群体物质和精神力量的普遍发展为基础的，同时也为农民群体提供了天然的领袖。富裕农民经济的扩张过程，就是资本主义或半资本主义的农场经济替代旧领地经济的过程。他们改变着乡村的经济生活，也改变着阶级力量的对比。同时，以此为基础，他们在地方事务中的领袖作用也日益令人瞩

① 侯建新：《现代化第一基石：农民个人力量与中世纪晚期社会变迁》，天津社会科学院出版社，1991，第178页。

② 侯建新：《社会转型时期的西欧与中国》，高等教育出版社，2005，第44页。

目。当村庄共同体利益受到威胁时,村庄团结一致地进行抵抗,而头面人物"在抵抗上面压迫的斗争中是农民的天然领袖",在与强大的封建权力对抗的过程中,头面人物的作用也是不容低估的。

结束语

中世纪晚期，随着英国农业生产率的提高和庄园制的解体，英国的社会结构逐渐发生历史性变动，开始从传统的农业社会向现代社会转型，它不仅是英国历史上的一次伟大转折，也是迄今为止人类历史上最重要的社会变革。“英语诗歌之父”杰弗里·乔叟就生活在这一伟大的变革时代，他见证了这一时代，也忠实地记录下英国社会的巨大变迁，他的作品为认识英国社会各阶层的状况打开了一个新视角，也为研究英国社会转型提供了弥足珍贵的史料。

一、乔叟时代英国社会各阶层的变动状况

在乔叟时代，尽管社会结构由三个等级组成的等级观念依然存在，但越来越不合时宜，仅用法律身份和职业已无法界定从各等级分化出来的人群，于是，社会上流行以经济、权力和教养为社会分层标准的新观念。

按照新的等级观念，英国社会等级内部呈现出向次层级化发展的态势。封爵贵族在乔叟时代最终形成五级爵位制，国王根据下属封臣占有的土地、经济收入和政治权力的大小，将其依次封授为公爵、侯爵、伯爵、子爵和男爵，骑士、乡绅均不在此列。僧侣则根据天主教会

的教阶制划分为不同阶层,上层人士有大主教、主教和修道院长,中层人士为有一定职权的教士长、管家、城市教区住持等,下层为乡村教区牧师、无圣奉教士和普通修士。市民阶层的上层为市长、大商人,中层为家境殷实的手工业主、店主、小商人和行会师傅等,下层为靠出卖劳动力为生的雇工、帮工和学徒等。农民的上层是骑士、乡绅和富兰克林,中层有家境殷实的约曼农、公簿持有农等,下层则是茅舍农、仆役以及无地雇工等。但是,这种次层级化的等级结构是弹性而非刚性的,具体表现在各阶层之间具有很大的流动性,横向流动与纵向流动兼而有之。横向流动主要指不同阶层之间的平行流动,在整个社会结构中权力和地位无变化或基本无变化,比如农民下层转变为市民下层,约曼转变为小商人,学徒转变为帮工,等等。纵向流动则与此迥然不同,指的是同一等级内的上下流动,或不同等级之间的上下流动,比如在农民等级内部,富兰克林、约曼成为乡绅,乡绅成为骑士,骑士成为贵族,再如在农民和市民之间,维兰进城成为市民,再由市民成为市长。横向流动有利于社会劳动分工的出现,激励和促进生产力的发展,而纵向流动则有利于激发人的积极性和创造力,客观上有利于经济发展与社会稳定。

财富、权力和教养已成为划分社会各阶层的重要依据。乔叟时代是大动荡、大变革的年代,英国农业、工商业的繁荣促进了资本的前原始积累,以王权为标志的民族国家正在形成,社会各阶层也随之剧烈沉浮,各等级的上层人士在攫取财富、竞逐政治权力的同时,也注重以教养来博取声誉的文化较量。财富是通向社会上层的基础,依照贵族、骑士、乡绅、富兰克林、约曼这个序列,城市中的富商和乡村中的富农凭借着一定数量的财产,可以很容易上升为“乡绅”,甚至还有机会上升为“骑士”;而担任各种职务,如担任宫廷大臣、各法庭法官、议会议员、地方上的郡长、治安法官乃至验尸官等，都会使其本人及其家族在同等级中地位突出，并增加其获得更多财富、权力、职位升迁的机遇，因为国王的封授和地方上的推举是向更高阶层攀升的关键所在。为了博取地方上的声望和口碑，向教区进行慈善捐赠、兴办学校、送子女进大学都是市民上层和农民上层的首选，当然慷慨好客、购置土地也是他们向上爬的必备条件。

富裕农民阶层的崛起是英国社会转型的动力源。过去流行这样的说法，阶级、阶级斗争引起社会力量的不平衡，进而推进社会历史的发展。但是，英国历史却给我们以不一样的启发。同时期中国的阶级斗争模式是统治阶级与被统治阶级、地主与农民的合作与对立，即在合作中斗争，而不是在斗争中合作。编户农对中国非常重要，皇权为一方，农民为另一方，这是一种两极模式。英国是不能用这种两极模式来解释的，因为有第三级的存在并挑战社会结构。过去讲农民斗争往往局限在用暴力反抗残酷统治，现在看来不免有失偏颇。真正有建设性的挑战是富裕农民的兴起，如果离开这部分内容，我们就无法解释英国社会发展的根本原因以及最终改变英国社会结构的原动力。而在中国，地主和农民，无论谁改变了，他们都会转化为另一阶层，其本身并不产生新的东西，相反，只有在两级之间产生了第三等级，才能创造出新的东西。所以说，中世纪英国的阶级、阶级斗争，如果抛开富裕农民就无法解释社会变化的真正原因。

乔叟时代的农民通过“静悄悄的劳动”和为争取劳动权力而坚持不懈的斗争，不断积累着自身的物质力量与精神力量，为英国从传统的封建社会向近代的资本主义社会的过渡奠定了坚实的基础。在英国农民群体物质和精神力量普遍发展的基础上，富裕农民的群体崛起成为推动社会转型的原动力。其一，乔叟时代英国农民创造的农业生产率虽不是惊人的,却也是可观的,铸造着使封建制度瓦解、资本主义产生的物质基础。显然,英国农民作为社会生产的主体,在中世纪晚期普遍实现了个人财富的积累,在维持全社会的衣食需要之外生产出相当的农产余额,不仅使得农业拥有了扩大再生产的基金,实现传统农业本身的改造,而且使从农业中分离出独立的手工业、商业和其他新的生产部门及其进一步独立的发展。一句话,农业资本主义的发展,以及从封建社会向资本主义社会过渡期间突破性的飞跃,都须以农产品剩余的不断增长为基础。其二,富裕农民的崛起为农民群体提供了天然的领袖。富裕农民经济的扩张过程,就是资本主义或半资本主义的农场经济替代旧领地经济的过程。他们改变着乡村的经济生活,也改变着阶级力量的对比,他们以此为基础在地方事务中的领袖作用也日益令人瞩目。当村庄共同体利益受到威胁时,村庄团结一致地进行抵抗,而头面人物“在抵抗上面压迫的斗争中是农民的天然领袖”,在与强大的封建权力对抗的过程中,头面人物的作用也是不容低估的。

二、乔叟时代英国率先进入社会转型的早期阶段

20 世纪 70 年代,中外经济史家们常常认为中世纪晚期英国经济处于衰退中。据此,该时期被划分为三个不同阶段:第一阶段是直到 1300 年左右的增长时期,12—13 世纪人口、农业、商业、城市、货币流通和领主收入等持续地扩张和上升,但这被认为是一种没有发展的增长,或称为“内卷化”,因此,1300 年前后是一个贫困的时期,人口减少和从边际土地撤退。第二阶段始于 14 世纪的危机,1315—1317 年的大饥荒和传染病,特别是 1348 年的黑死病阻止了经济扩张并使其改

变了方向。第三阶段从 14 世纪早期到 16 世纪早期，充满着增长与衰落、黄金时期与贫困化等截然矛盾的现象。这一观点似乎将人口因素作为唯一的决定因素，人口升降引发价格、工资、地租、贸易、货币流通的相应变化，但是无论如何变化，中世纪都被视为不发达状态的代名词，因此也没有真正意义上的发展与进步，"过渡"更是无从谈起。

新近的研究表明，在经济社会史的视域下，虽然英国社会结构和生产方式的更新发生在 1350—1520 年，但大量的经济特征可以上溯到 13 世纪甚至更早的时期，长时段地考察英国社会转型至少应涵盖整个中世纪晚期至近代早期。其实，仅从经济史的角度对中古晚期英国农业生产率进行考察，英国的发展也已经具有了近代意义。

14、15 世纪，英国农业劳动生产率有所提高。城市迅速发展，工商业兴旺发达，大量人口迁移到城市，这些城市都需要粮食供应，但英国并没有进口粮食，所以必须有足够的商品粮生产出来，才能满足城市居民的口粮需要，这说明这时农业不仅没有衰退，反而证明农业劳动生产率有所提高，单位面积产量增加，否则，不断减少的土地根本不可能完成更多的粮食供应。有学者认为，农业衰退的时代是农业生产率提高的时期。这是因为，这时劳动力短缺引起工资上升，所以有了更多的资金投入土地中，增加肥料，推广种植豆科作物，播种更多的种子；耕作方法得到改进，有些地方不再用固定的草、田轮种，而是把播种粮食的土地与草地轮换，并可得到更多的牧草，蓄养更多的牲畜，既可增加肉类、奶制品的生产，又可用牲畜粪便提高地力，增加粮食的产量。所以，这一时期农业的亩产量可能有所降低，但人均产量提高，农民的劳动生产率反而上升了。

总之，英国社会转型是缓慢而艰巨的，是从 13 至 18 世纪漫长的历史进程中逐渐完成的，而乔叟时代英国正处于从传统的农业社会向近代的工业社会转型的早期阶段。

三、乔叟的现实主义作品对历史研究具有十分重要的认识意义和史料价值

首先,乔叟笔下的人物形象符合现实主义的创作原则,经得起时间和事实的双重检验。乔叟的确是一位伟大的现实主义作家,他遵循着现实主义的创作原则,突出表现在他的创作在细节的真实之外,还忠实地再现了典型环境里的典型人物。经考证,《坎特伯雷故事集》提到的泰巴客栈不仅确实存在,而且客栈老板哈利·裴莱也是当时伦敦颇有影响的人物,在 1382 年当地教区捐赠簿上就赫然记有哈利·裴莱的名字;乔叟书中提到的当年香客朝圣的道路乃至路边的景物,有不少地方至今仍可找到,可见乔叟作品的细节是真实的。不仅如此,他还善于表现典型环境中的典型人物。所谓典型环境就是标志着英国社会转型的重要历史时期,这是人类历史上从传统农业社会向现代社会最重要的一次社会转型。所谓典型人物就是这一时期各阶层的代表人物。这些人物几乎被囊括殆尽,29 个香客几乎个个称得上各自阶层中最具代表性的"这一个"。这些个性鲜明的人物形象,不仅具有鲜明的时代特征,而且体现了伟大的时代精神。

其次,乔叟的现实主义作品对经济社会史研究具有十分重要的史料价值。乔叟笔下的人物形象涉及英国社会各阶层,这些人物及其活动传神地再现了六百年前英国中下层民众的生产生活过程,僧俗贵族经济衰落初见端倪,农业、工商业保持繁荣,普通劳动群众的生活得到极大改善;富裕农民—市民与骑士、乡绅在生产经营中产生共同语言,终于坐在一起参政议政;绅士风度成为社会上层共同追求的精神气

质。中下层群众生活的普遍富裕是英国社会转型时期极其重要的经济特征。

最后,乔叟的现实主义作品被中外历史学家作为重要而可靠的史料来加以引用。一方面,乔叟的现实主义作品具有很高的史料价值,给呆板枯燥的历史研究打开了一扇窗口,从而有助于克服历史研究"见物不见人"的时弊;另一方面,历史研究更多地引用文学材料,既可以用历史材料来说明文学形象的社会意义,也可以恢复乔叟现实主义创作的历史地位,还可以为现实主义文学创作的复兴与繁荣奠定坚实基础。

总之,乔叟不愧为伟大的现实主义作家,他的作品不仅在世界文学史上,在历史学上也具有不可替代的重要地位。

附　录

乔叟年谱①

1342—1343 年　　乔叟出世,父亲约翰·乔叟是伦敦著名葡萄酒商。

1346 年　　英国在克雷西(Crecy)之战大胜法国。

1347—1349 年　　约翰·乔叟带家人,包括大约 5 岁的杰弗里,到南安普敦,为国王的大管家当副手,协助管理酒窖。

1348—1349 年　　黑死病在欧洲流行,英国人口锐减三分之一到二分之一。

1348—1353 年　　薄迦丘大约于这期间创作《十日谈》。该书对乔叟创作《坎特伯雷故事集》影响很大。

1350 年　　古英语的头韵体形式重新开始在英国西部和西北部流行,英国诗坛开始了头韵体复兴运动。这期间乔叟有可能在伦敦圣保罗大教堂所办学校上学。

1351 年　　英国在黑死病后颁布第一部"劳工法",试图把工资固定在黑死病爆发之前。

1356 年　　英国在普瓦捷(Poitiers)之战大胜法国,并俘

---

① 摘自肖明翰:《英语文学之父:杰弗里·乔叟》,社会科学文献出版社,2005,第 299—306 页。

虏法国国王。

1357 年　　在乌尔斯特女伯爵伊丽莎白府中当童仆，开始了他的“宫廷教育”。伊丽莎白是爱德华三世的三王子里昂内尔的王妃。乔叟未来的妻子菲莉帕当时也在伯爵府中当侍女。

1359—1360 年　　作为侍从(yeoman)随里昂内尔王子参加对法战争，在黑王子军中效力。

1360 年初　　被法军俘虏，国王用 16 英镑于 3 月 1 日将他赎回。10 月英法签订停战协议。

1360 年春　　法国著名诗人和学者福洛萨(Jean Froissart)来到伦敦，任王后菲莉帕的私人秘书。他的诗作影响了乔叟前期的创作，他的《年鉴》里保存有关乔叟的记载。

1360 年代中期　　父亲约翰去世。与菲里帕结婚；可能在此期间开始创作诗歌，包括他现存最早作品“ABC”。威廉·朗格兰创作头韵体《农夫皮尔士》(“A”稿本)。

1366 年　　3—5 月，同另外 3 人出使西班牙。

1367 年　　在爱德华三世宫中任扈从。6 月 20 日国王赏赐他 20 马克的终身年金。儿子托马斯出世。

1368 年　　7—9 月，受国王派遣，出使欧洲大陆某国，可能是法国或意大利。9 月 12 日，兰开斯特公爵夫人布兰茜去世；乔叟随即为公爵创作他第一部重要诗作《公爵夫人颂》。

1369 年　　9 月，随兰开斯特公爵赴法国参加对法战争。

1360 年代后期　　翻译部分《玫瑰传奇》。

1370 年　　6—9 月，在法国，很可能是参加对法战争。

1371 年　　兰开斯特公爵与前西班牙国王彼得一世之女柯丝坦妩结婚，乔叟妻子菲莉帕成为公爵夫人的侍女，菲莉帕的妹妹凯瑟琳已是公爵情妇。

1372 年　　　　兰开斯特公爵赏赐菲莉帕 10 英镑终身年金。

1372 年　　　　12 月至 1373 年 5 月，随外交使团出使意大利热那亚和佛罗伦萨；接触到以但丁、彼得拉克和薄迦丘为首的意大利新文学，受其深刻影响，并受到意大利文艺复兴思想影响。

1374 年　　　　4 月 23 日，圣乔治日，国王在嘉德骑士宴会上给予乔叟每天一罐酒的终身赏赐；5 月 10 日，得到伦敦阿尔德门城楼上一处居室，免费居住；6 月 8 日，被任命为伦敦海关征税官员，负责羊毛和皮革的税收；6 月 13 日，兰开斯特公爵赏赐他每年 10 英镑的终身年金。该年彼得拉克去世。

1375 年　　　　薄迦丘去世。

1376 年　　　　黑王子爱德华去世。

1376—1377 年　　多次前往法国，就英法停战和理查德二世的婚事，参与同法方的谈判。

1377 年　　　　6 月 21 日，爱德华三世去世，黑王子的儿子继位为理查德二世。约翰·威克里夫的宗教改革思想流行，罗拉德派运动得到发展，教皇格列高利十一世将其宣布为异端。

1378 年　　　　3—4 月，理查德二世同意继续把爱德华三世时期的年金和其他赏赐发给乔叟；5—9 月，出使意大利米兰，进一步接触意大利文学，特别是薄迦丘的作品。天主教会“大分裂”开始。

1370 年代中后期　创作《声誉之宫》。

1370 年代后期　　创作《安妮丽达与阿赛特》，后来收入《修士的故事》的一些悲剧故事，以及其他一些实验性作品。朗格兰修改《农夫皮尔士》（“B”稿本）。

1380 年　　　　5 月 4 日，一个名叫瑟茜丽娅·香彭的妇女放弃对乔叟采取“任何行动”的权利(可能是指不再控告乔叟强奸她)。儿子路易斯于该年出世。重要诗作《百鸟议会》大约于该年创作。

1381 年　　　　大约于该年创作《帕拉蒙与阿赛特》,这部作品后来作为《骑士的故事》收入《坎特伯雷故事集》。母亲娅格尼丝去世。5 月 3 日,理查德二世正式同安娜订婚。6 月,爆发农民起义。

1380 年代前期　　朗格兰继续修改《农夫皮尔士》(“C”稿本)。

1381—1386 年　　创作《特罗伊洛斯与克瑞茜达》;翻译波伊提乌的《哲学的慰藉》,深受波伊提乌思想的影响。

1382 年　　　　被赋予征收“小额税”的职务,负责葡萄酒和其他商品的税收,他在海关原有的职责不变。理查德二世与安娜结婚。《圣经》被翻译为英文(即威克丽夫《圣经》)。英国官方开始迫害威克里夫及其罗拉德追随者。

1385 年　　　　10 月 12 日,被任命为肯特郡治安法官,有可能随即迁居格林威治;获得一个助手,协助他在海关的工作。他的朋友,原伦敦市长托马斯·乌斯克,在大约创作于这期间的诗作《爱情之约》里赞扬乔叟。

1386 年　　　　《特洛伊罗斯与克瑞茜达》完成,开始创作《贞女传奇》;当选为国会议员,代表肯特郡出席国会(10—11 月),放弃阿尔德门城楼上的住所;以格洛斯特公爵为首的反对派在国会向王党发起攻击;10 月 15 日,就斯克洛普爵士和格罗斯芬诺爵士两家为家族纹章的纠纷,作为第 22 位证人被传到法庭做证,该事件成为大体确定乔叟出生年的重要证据;12 月 4 日,结束他在海关 12 年的工作。

1387 年　　　　出使法国;妻子菲利帕去世;大约于该年放弃《贞女传奇》,转而开始创作《坎特伯雷故事集》。他的朋友约翰·戈尔开始创作其代表作《情人的自白》。

1388 年　　“无情国会”期间，国王势力遭受沉重打击，包括乔叟的崇拜者和朋友托马斯·乌斯科在内的一批人被处决。5 月 1 日，卖掉在爱德华三世时期所获年金。

1389 年　　5 月 3 日，理查德二世亲政。7 月 12 日，被任命为王室工程总管。

1390 年　　在前往工地的路上，三次遭抢劫，有可能被打伤。

14 世纪后期　　《戈文爵士和绿色骑士》《珍珠》等英国文学史上的名作大约于这时期创作，作者不详。

1391 年　　为十岁的儿子路易斯撰写科技论文《星盘》；继续创作《坎特伯雷故事集》。6 月 17 日，辞去王室工程总管之职，随后被马奇伯爵家任命为林务副总管，管理伯爵领地上的森林，直至去世。

1394 年　　理查德赏赐乔叟年金，每年 20 英镑；安娜王后去世；修改《贞女传奇》的“引言”；继续创作《坎特伯雷故事集》。

1395 年　　“威克利夫《圣经》”修改版大约于该年完成。

1396 年　　创作短诗《题赠布兰顿》，诗中提及《巴斯夫人的故事》；继续创作《坎特伯雷故事集》。兰开斯特公爵娶乔叟妻妹、他多年的情妇凯瑟琳为妻，他们的后代后来开创了英国历史上重要的都铎王朝。

1397 年　　12 月 1 日，理查德二世赏赐乔叟每年一大桶(252 加仑)酒。

1397—1399 年　　理查德二世打击反对势力，格洛斯特公爵死于监禁中，追随者被处决或流放。1399 年 2 月，兰开斯特公爵去世；9 月 30 日，理查德被兰开斯特公爵的儿子亨利推翻；10 月 13 日，亨利加冕为亨利四世。12 月 24 日,乔叟租下附属于威斯敏斯特的花园中的一座小屋居住,租期 53 年。

1400 年　　年初,写《乔叟致钱袋的怨诗》,希望亨利四世继续发放以前的年金。2 月,亨利四世同意继续给他发放年金,并另有赏赐;6 月 5 日,乔叟最后一次领取年金;10 月 25 日,相传为乔叟去世的日期。《坎特伯雷故事集》未能最终完成。

参考文献

一、英文类

1. Peter Ackroyd, *Chaucer*, Chatto&Windus, 2005.

2. Valerie Allen, *The Age of Chaucer*, Cambridge, 2004.

3. Richard West, *Chaucer 1340-1400: The Life and Times of the First English Poet*, London: Constable & Robinson Ltd., 2002.

4. Derek Pearsall, *The Life of Geoffrey Chaucer: A Critical Biograghy*, Oxford: B. Blackwell, 1992.

5. Piero Boitani, Jill Mann ed. *Chaucer Companion*, Cambridge, 1986.

6. J. A. W. Bennett, *Chaucer at Oxford and at Cambridge*, Toronto: University of Toronto Press, 1974.

7. H. Cooper, *Oxford Guides to Chaucer: The Canterburg Tales*, Oxford, 1989.

8. C. Dinshaw, *Chaucer's Sexual Peotics*, Madison, Wisconsin, 1989.

9. H. M. Leicester, *The Disenchanted Self: Representing the Subject in the Canterbury Tales*, 1990.

10. J. Mann, *Feminist Readings: Geoffrey Chaucer*, Hemel Hempstead, 1991.

11. L. Patterson, *Chaucer and The Subject of History*, London, 1991.

12. P. Strohm, *Social Chaucer*, Cambridge, Mass., 1989.

13. B. Windeatt, *Oxford Guides to Chaucer: Troilus and Criseyde*, Oxford, 1992.

14. D. S. Brewer, *Chaucer*, 3rd edn, London: Longman, 1973.

15. D. S. Brewer, *Chaucer in His Times*, London: Praeger, 1977.

16. D. S. Brewer, *Chaucer and His World*, London: Eyre Methuen, 1978.

17. M. Chute, *Geoffrey Chaucer of England*, New York, 1946; repr. LONDON, 1977.

18. M. M. Crow, C. C. Olson (eds.), *Chaucer Life-Records*, Oxford: Oxford University Press, 1966.

19. Maurice Hussey, *Chaucer's World: A Pictorial Companion*, Cambridge: Cambridge University Press, 1967.

20. R. S. Loomis, *A Mirror of Chaucer's World*, Princeton: Princeton University Press, 1965.

21. E. Ricket, C. C. Olson and M. M. Crow, *Chaucer's World*, New York: Columbia University Press, 1948.

22. D. W. Robertson, *Chaucer's London*, New York: John Wiley & Sons, 1968.

23. E. P. Hammond, *Chaucer: A Bibligraghical Manual*, London, 1908. repr. New York, 1933.

24. D. D. Griffth, *Bibligraghy of Chaucer: 1908—1953*, Seattle, 1955.

25. D. S. Brewer ed. , *Writers and Their Background*: *Geoffrey Chaucer*, London, 1974.

26. A. C. Cawley ed. , *Chaucer' s Mind and Art*, Edinburgh/ London, 1969.

27. D. S. Brewer ed. , *Chaucer*: *The Critical Heritage*, Vol. 2, London/ Heyley/ Boston, 1978.

28. J. A. Burrow ed. , *Geoffrey Chaucer*: *A Critical Anthology*, Harmondsworth, 1969.

29. D. S. Brewer ed. , *Chaucer and Chaucerians*: *Critical Studies in Middle English Literature*, London, 1966.

30. R. H. Robbins ed. , *Chaucer at Albany*, New York, 1975.

31. D. M. Rose ed. , *New Perspectives in Chaucer Criticism*, Norman, Okla. , 1981.

32. A. H. Halsey, *Change in British Society*, Oxford, 1986.

33. A. J. Duggan, *Kings and Kingship in Medieval Eurrope*, London, 1933.

34. A. I. Brown, *The Governance of Late Medieval England 1272—1461*, Stanford, 1989.

35. B. Lyon, *A Constitutional and Legal History of Medieval England*, New York, 1980.

36. C. R. Young, *The Royal Forests of Medieval England*, Pennsylvania, 1979.

37. C. Dyer, *Lords and Peasants in a Changing Society-the estates of the Bishopric of Worcester, 680—1540*, Cambridge: Cambridge University Press, 1980.

38. C. Dyer, *Standards of Living in the Later Middle Ages*, *Social Change in England c. 1200—1520*, Cambridge: Cambridge University Press, 1989.

39. C. Dyer, *Making a Living in the Middle Ages*, *The People of Britain 850—1520*, Cambridge: Cambridge University Press, 2001.

40. R. H. Hilton, *The English Peasantry in the Later Middle Age*, Oxford: Clarendon Press, 1975.

41. R. H. Hilton, *Peasants Knights and Heretics*: *Studies in Medieval English Social History*, Cambridge& New York: Cambridge University Press, 1976, p. 250.

42. R. H. Hilton, *Peasants*, *Bondmen Made Free*, London& New York: Routledge, 1988.

43. R. H. Hilton, *The Decline of Serfdom in Medieval England* , London: Macmillan, 1983.

44. E. Miller&J. Hatcher, *Medieval England* :*Rural Society and Economic Change* 1086—1348, London& New York: Longman, 1978.

45. E. Miller, ed. , *The Agrarian History of England and Wales*, Ⅲ. , *1348—1500*, Cambridge: Cambridge University Press, 1991.

46. G. E. Mingay, *The Gentry*, *The Rise and Fall of a Ruling Class*, London & New York: Longman, 1976.

47. J. F. C. Harrison, *The Common People*, *A History from the Norman Conquest to the Present*, Flaming: Flaming, 1984.

48. D. Crouch, *The Image of Aristocracy in Britain*, *1000—1300*, London, 1992.

49. D. C. Harlow, *The Birth of Nobility*: *constructing Aristocracy in*

England and France: 900—1300, New York, 2005.

50. D. M. Stenton, *English Society in the Early Middle Ages*, London, 1951.

51. D. R. Kirby, *The Earliest English Kings*, London, 2000.

52. E. H. Kantorowicz, *The King's Two Bodies: A Study in Medieval Political Theology*, New Jersey, 1997.

53. P. S. Fry, *Kings&Queens—A Royal History of England and Scotland*, London, New York and Sydney: Moscom, 1997.

54. C. Given—Wilson, *The Royal Household and the King's Affinity: Service, Politics and Finance in England, 1360—1377*, Yale, 1986.

55. M. Keen, *English Society in Later Middle Ages, 1348—1500*, Penguin Books, 1990.

56. J. H. Fisher, ed., *The Complete Poetry and Prose of Geoffrey Chaucer*, New York, 1977.

57. F. N. Robinson ed., *The Works of Geoffrey Chaucer*, 2nd edn. Boston/London, 1957.

58. W. W. Skeat, ed., *The Complete Works of Geoffrey Chaucer*, 2nd edn., 7 vols., Oxford, 1899.

59. R. Baldwin, *The Unity of the Canterbury Tales*, *Copenhagen*, 1955; repr. New York, 1971.

60. W. C. Curry, *Chaucer and the Medieval Sciences*. 2nd edn., New York, 1960.

二、中文类

1. 侯建新. 现代化第一基石:农民个人力量与中世纪晚期社会变

迁[M].天津:天津社会科学院出版社,1991年.

2. 侯建新.社会转型时期的西欧与中国[M].济南:济南出版社,2001年.北京:高等教育出版社,2005年修订.

3. 侯建新.农民、市场与社会变迁:冀中11村透视并与英国乡村比较[M].北京:社会科学出版社,2002年.

4. 侯建新主编.经济-社会史:历史研究的新方向[M].北京:商务印书馆,2002年.

5. 徐浩,侯建新.当代西方史学流派[M].北京:中国人民大学出版社,1996年.

6. 马克垚主编.中西封建社会比较研究[M].上海:学林出版社,1997年.

7. 马克垚.英国封建社会研究[M].北京:北京大学出版社,1992年.

8. 马克垚.西欧封建经济形态研究[M].北京:人民出版社,2001年.

9. 朱寰.亚欧封建经济形态比较研究[M].长春:东北师范大学出版社,2002年.

10. 吴于廑,齐世荣.世界史·古代史编:上、下卷[M].北京:高等教育出版社,1994年.

11. 蒋孟引.英国史[M].北京:中国社会科学出版社,1988年.

12. 徐浩.18世纪的中国与世界:农民卷[M].戴逸主编.沈阳:辽海出版社,1999年.

13. 徐浩.农民经济的历史变迁:中英乡村社会区域发展比较研究[M].北京:社会科学文献出版社,2002年.

14. 赵文洪.私人财产权力体系的发展:西方市场经济和资本主义

的起源问题研究[M].北京:中国社会科学出版社,1998年.

15. 钱乘旦,陈晓律.在传统与变革之间——英国文化模式溯源[M].杭州:浙江人民出版社,1991年.

16. 钱乘旦,许洁明.英国通史[M].上海:上海社会科学院出版社,2002年.

17. 刘景华.城市转型与英国的勃兴[M].北京:中国纺织出版社,1994年.

18. 刘景华.西欧中世纪城市新论[M].长沙:湖南人民出版社,2000年.

19. 刘景华.外来因素与英国的崛起:转型时期英国的外国人和外国资本[M].北京:人民出版社,2010年.

20. 王亚平.权力之争:中世纪西欧的君权与教权[M].北京:东方出版社,1995年.

21. 王亚平.基督教的神秘主义[M].北京:东方出版社,2001年.

22. 施治生,徐建新主编.古代国家的等级制度[M].北京:中国社会科学出版社,2003年.

23. 阎照祥.英国政治制度史[M].北京:人民出版社,1999年.

24. 程汉大.英国法制史[M].济南:齐鲁书社,2001年.

25. 金志霖.英国行会史[M].上海:上海社会科学院出版社,1996年.

26. 戴本博主编.外国教育史:上册[M].北京:人民教育出版社,2001年.

27. 龙秀清.西欧社会转型与教会财政[M].济南:济南出版社,2001年.

28. 肖明翰,英语文学之父:杰弗里·乔叟[M].北京:社会科学文献出版社,2005 年.

29. 姜德福. 社会变迁中的贵族:16—18 世纪英国贵族研究[M]. 北京:商务印书馆,2004 年.

30. 蔡骐,英国宗教改革研究[M]. 长沙:湖南师范大学出版社,1997 年.

31. 高毅. 法兰西风格:大革命的政治文化[M]. 长沙:浙江人民出版社,1991 年.

32. 许洁明. 十七世纪的英国社会[M]. 北京:中国社会科学出版社,2004 年.

33. 舒小昀. 分化与整合:1688—1783 年英国社会结构分析[M]. 南京:南京大学出版社,2003 年.

34. 董进泉. 黑暗与愚昧的守护神——宗教裁判所[M]. 杭州:浙江人民出版社,1988 年.

35. 张绥. 中世纪"上帝"的文化——中世纪基督教会史[M]. 杭州:浙江人民出版社,1987 年.

36. 严建强,王渊明. 西方历史哲学:从思辨的到分析与批判的[M]. 杭州:浙江人民出版社,1997 年.

37. 彭卫. 历史的心镜:心态史学[M]. 郑州:河南人民出版社,1992 年.

38. 何建章主编. 当代社会阶级结构和社会分层问题[M]. 北京:中国社会科学出版社,1990 年.

39. 李培林,李强,孙立平. 中国社会分层[M]. 北京:社会科学文献出版社,2004 年.

40.《历史教学》编辑部编. 新生代历史学者访谈:第一辑[M]. 天津:天津古籍出版社,2005 年.

41. ［英］乔叟. 乔叟文集：上、下卷［M］. 方重译. 上海：上海译文出版社，1979 年.

42. ［古罗马］塔西佗. 阿古利可拉传 日耳曼尼亚志［M］. 马雍，傅正元，译. 北京：商务印书馆，1997 年.

43. ［古罗马］凯撒. 高卢战记［M］. 任炳湘译. 北京：商务印书馆，1997 年.

44. 盎格鲁——撒克逊编年史［M］. 寿纪瑜译. 北京：商务印书馆，2004 年.

45. ［英］比德. 英吉利教会史［M］. 陈维振，周清民，译. 北京：商务印书馆，1991 年.

46. ［法］马克・布洛赫. 封建社会［M］. 李增洪，侯树栋，张绪山，译. 北京：商务印书馆，2004 年.

47. ［美］斯塔夫里阿诺斯. 全球通史［M］. 吴象婴，梁赤民，译. 上海：上海社会科学院出版社，1999 年.

48. ［英］约翰・米尔斯. 一种批判的经济学史［M］. 高湘泽译. 北京：商务印书馆，2005 年.

49. ［比］亨利・皮朗. 中世纪欧洲经济社会史［M］. 乐文译. 上海：上海人民出版社，2001 年.

50. ［美］詹姆斯・W. 汤普逊. 中世纪经济社会史［M］. 耿淡如译. 北京：商务印书馆，1963 年.

51. ［美］詹姆斯・W. 汤普逊. 中世纪晚期欧洲经济社会史［M］. 徐家玲译. 北京：商务印书馆，1992.

52. ［英］阿萨・勃里格斯. 英国社会史［M］. 陈叔平等译. 北京：中国人民大学出版社，1991 年.

53. ［美］哈罗德・J. 伯尔曼. 法律与革命：西方法律传统的形成

[M]. 贺卫方,高鸿均等译,北京:中国大百科全书出版社,1993 年.

54. [英]莫尔顿. 人民的英国史[M]. 谢琏造,瞿菊农等译. 上海:生活·读书·新知三联书店,1958 年.

55. [英]奥尔德里奇. 简明英国教育史[M]. 李红绪译. 北京:人民教育出版社,1982 年.

56. [苏]阿尼克斯特,英国文学史纲[M]. 戴镏龄等译. 北京:人民文学出版社,1980 年.

57. [意]卢多维科·加托,中世纪:帝国时代[M]. 夏方林译. 成都:四川人民出版社,2000 年.

58. [意]桑德拉·苏阿托妮. 文艺复兴:从神性走向人性[M]. 夏方林译. 成都:四川人民出版社,2000 年.

59. [德]汉斯-维尔纳·格茨. 欧洲中世纪生活[M]. 王亚平译. 北京:东方出版社,2002 年.

60. [英]亨利·斯坦利·贝内特. 英国庄园生活:1150—1400 农民生活状况研究[M]. 龙秀清,孙立田,赵文君译. 上海:上海人民出版社,2005 年.

61. [法]雅克·勒戈夫. 中世纪的知识分子[M]. 张弘译. 北京:商务印书馆,1996 年.

62. [英]保罗·约翰逊. 知识分子[M]. 杨正润等译. 南京:江苏人民出版社,2003 年.

63. [法]雷蒙·阿隆. 知识分子的鸦片[M]. 吕一民,顾杭译. 上海:译林出版社,2005 年.

64. [英]爱德华·汤普森. 共有的习惯[M]. 沈汉,王加丰译. 上海:上海人民出版社,2002 年.

65. [英]弗雷德里克·F. 卡特赖特,迈克尔·比迪斯. 疾病改变历史[M].陈仲华,周晓政译.济南:山东画报出版社,2004年.

66.[美]理查德·扎克斯.西方文明的另类历史:被我们忽视的真实故事[M].李斯译.海口:海南出版社,2002年.

67.[美]埃伦·G.杜布斯.文艺复兴时期的人与自然[M].路建华,刘源译.杭州:浙江人民出版社,1988年.

68.[德]诺贝特·埃利亚斯.文明的进程——文明的社会起源和心理起源的研究[M].袁志英译.上海:三联书店,1999年.

69.[苏]A.古列维奇.中世纪文化范畴[M].庞玉洁,李学智译.杭州:浙江人民出版社,1992年.

70.[英]佩里·安德森.从古代到封建主义的过渡[M].郭方,刘健译.上海:上海人民出版社,2001年.

71.[美]道格拉斯·诺思,罗伯特·托马斯.西方世界的兴起[M].厉以平等译.北京:华夏出版社,1999年.

72.[法]布罗代尔.资本主义的动力[M].杨起译.上海:生活·读书·新知三联书店,1997年.

73.[美]史蒂芬·霍尔姆斯等.权利的成本:为什么自由依赖于税[M].毕竟悦译.北京:北京大学出版社,2004年.

74.[英]彼得·伯克.历史学与社会理论[M].姚朋等译.上海:上海人民出版社,2002年.

75.[法]J.勒高夫等主编.新史学[M].姚蒙编译.上海:上海译文出版社,1989年.

76.[英]罗德里克·弗拉德.历史计量法导论[M].肖朗等译.北京:商务印书馆,1992年.

77.[英]迈克尔·曼.社会权利的来源[M].刘北城、李少军译.上海:上海人民出版社,2000年.

78. 侯建新. 英国的骑士、乡绅和绅士都不是贵族[J]. 历史教学. 1988(3):32-34,31.

79. 侯建新. 中世纪晚期的商品化与现代化启动[J]. 历史研究. 1994(5):140-151.

80. 侯建新. 英格兰的种族、语言和传统探源[J]. 天津师范大学学报. 1995(5):58-63,5.

81. 侯建新. 西欧富裕农民—乡绅阶级形成与农业资本主义的兴起:兼与明清绅衿阶层比较[J]. 天津社会科学. 2000(3):101-105.

82. 侯建新. 明清农业雇佣经济为何难以发展:兼与英国封建晚期农业雇佣劳动比较[J]中国经济史研究. 1997(3):1-9.

83. 侯建新. 工业革命前英国农业生产与消费再评析[J]. 世界历史. 2006(4):16-28,159.

84. 侯建新. 国外小农经济研究主要流派述评[J]. 世界历史. 1999(1):100-108.

85. 侯建新. "封建主义"辨析[J]. 中国社会科学. 2005(4):173-188,209.

86. 侯建新. 中英封建晚期乡村组织比较[J]. 史学理论研究. 2002(2):110-120.

87. 侯建新. 中英劳动生产率及其在近代化的核心含义[J]. 世界历史. 1994(5):115-121.

88. 马克垚. "欧洲封建政治史研究"笔谈[J]. 世界史. 2002(8).

89. 马克垚. 英国封建时代的农业生产力[J]. 历史教学(高校版). 2007(1):12-17.

90. 钱乘旦. 变动与适应——对英国现代化过程的再认识[J]. 史学集刊. 2002(6):1-8.

91. 谢丰斋. 12—14 世纪英国小城镇兴起初探[J]. 世界历史. 2002(4):50-59,128.

92. 姚爱雨,陈祖洲. 英美学者关于英国衰落问题的研究[J]. 世界历史. 2002(4):105-110.

93. 赵文洪. 中世纪西欧城市社会等级及其相互关系[J]. 史学理论研究. 2001(4).

94. 赵文洪. 西欧中世纪的自由观念[J]. 经济社会史评论. 2005(1):96-102.

95. 王亚平. 论西欧中世纪的三次文艺复兴[J]. 东北师大学报(哲学社会科学版). 2001(6):1-8.

96. 王越旺. 中世纪后期西欧修道院衰落的经济原因初探[J]. 辽宁师范大学学报(社会科学版). 2002(2):109-111.

97. 李文堂. 圣战与十字军——历史情结与普世意识的危机[J]. 世界史. 2002(5).

98. 王国金. 中世纪欧洲城市制度及其法律意义[J]. 世界史. 2002(3).

99. 陈永. 近代早期英国家庭关系研究的新取向[J]. 世界史. 2002(4).

100. 孟广林. 中古西欧基督教"经学传统"的积淀与更新[J]. 世界史. 2002(4).

101. 谷延方. 工业革命英国农村劳动力转移研究[D]. 长春:东北师范大学,博士论文,2002.

102. 李斌. 近代英国民众休闲生活变迁[D]. 天津:天津师范大学,博士论文,2004.

103. 王玉亮. 英国中世纪晚期乡村共同体研究[D]. 天津:天津师

范大学,博士论文,2005 年.

104. 顾銮斋. 中西税制比较研究[D]. 天津:天津师范大学,博士论文,2005.

105. 陈日华. 中古英格兰地方自治研究[D]. 天津:天津师范大学,博士论文,2006.

106. 张殿清. 英国都铎王室收入与消费研究[D]. 天津:天津师范大学,博士论文,2006.

107. 张新军. 中世纪英国佃农抗争研究[D]天津:天津师范大学,博士论文,2006.

108. 徐华娟. 英国富裕农民群体研究(1450—1650)[D]. 长春:东北师范大学,博士论文,2007 年.

109. 邱胜利. 英国有限王权剖析(11—13 世纪)[D]. 天津:天津师范大学,博士论文,2007.

110. 李彦雄. 中世纪晚期和近代早期英国自由农研究[D]. 天津:天津师范大学,博士论文,2007.

111. 蔺志强. 13 世纪英国的国王观念[J]. 世界历史. 2002(2):90-98.

112. 童自觉. 文艺复兴与天主教[J]. 世界史. 2002(8).

113. 施诚. 亨利七世的财政政策[J]. 世界史. 2002(7).

114. 郭方,16 世纪英国社会的等级状况[J]. 世界史. 2002(10).

115. 王亚平. 英国封建制度形成的社会历史条件[J]. 史学集刊. 2002(3):35-41.

116. 刘景华.《社会转型中的西欧与中国》读后[J]. 世界历史. 2002(5):117-121.

117. 阎照祥. 英国世俗贵族等级的演化[J]. 历史教学(高校版).

2007(1):18-23.

118. 程汉大,于民. 在专制与法治之间——"都铎悖论"解析[J]. 世界历史. 2002(5):92-102,128.

119. 孟广林. 西欧文艺复兴对神学文化传统的批判继承[J]. 史学集刊. 2002(3):42-48.

120. 陈明莉. 论欧洲中世纪教育的复兴[J]. 贵州大学学报(社会科学版). 2004(3):58-62.

121. 贾薇. 14 至 17 世纪西欧市民文化与人文知识分子[J]. 青海师范大学学报(哲学社会科学版). 2003(2):52-56.

122. 程德林. 论西欧中世纪后期的知识氛围[J]. 首都师范大学学报(社会科学版). 2001(3):93-97.

123. 张斌贤,孙益. 西欧中世纪大学的特权[J]. 北京师范大学学报(社会科学版). 2004(4):16-23.

124. 李秉忠. 权利视野下的西欧中世纪大学[J]. 比较教育研究. 2006(7):37-41.

125. 冯典. 中世纪大学自治精神探析[J]. 广东工业大学学报(社会科学版). 2006(1):16-18.

128. 孙立田. 工业化以前英国乡村教育初探[J]. 世界历史. 2002(5):70-79,128.

129. 李培锋. 中世纪前期英国地方自治状态[J]. 世界史. 2002(9).

130. 吴坤. 中世纪晚期商人阶层的特型与西欧社会转型[J]. 枣庄学院学报. 2007(3).

131. 宋立行. 西欧文化变迁中的商业精神[J]. 世界史. 2002(2).

132. 杨龙. 城市复兴对中世纪欧洲社会世俗化和民族化的影响

[J]. 云南行政学院学报. 2003(3):48-51.

133. 施诚. 中世纪英国国王的借款活动[J]. 首都师范大学学报(社会科学版). 2004(6):31-39.

134. 王亚平. 中世纪的远程贸易和德国城市的兴起[J]. 历史研究. 1993(5):146-156.

135. 刘景华. 外来移民和外国商人:英国崛起的外来因素[J]. 历史研究. 2010(1):138-159,192.

136. 刘景华,徐艳丽. 试论英国崛起中的尼德兰因素[J]. 史学集刊. 2009(2)12-20.

137. 刘景华,宋家臣. 中世纪英国的意大利商人[J]. 天津师范大学学报. 2008(5)46-50+80.

138. 刘景华,宋峻. 汉萨商人在英国的活动及其对英国社会的影响[J]. 广州大学学报. 2008,7(11):86-92.

139. 张松韬,刘景华. 论近代早期法国胡格诺派教徒移居英国社会的影响[J]. 长沙理工大学学报(社会科学版). 2009,24(1):71-76.

140. 刘景华. 走向重商时代:转折时代西欧的商人和城市[M]. 北京:中国社会科学出版社,2007 年.

141. 刘景华. 大国衰落之鉴[M]. 北京:人民出版社,2007 年.

142. 刘景华. 欧洲文艺复兴史·科学技术娟[M]. 北京:人民出版社,2008 年.

143. 刘景华,"日不落"的落日:大英帝国的兴衰[M]. 北京:中国文史出版社,1999 年.

144. 吴于廑. 十五十六世纪东西方历史初学集[M]. 武汉:武汉大学出版社,1985 年版、2005 年版。

145. 吴于廑. 十五十六世纪东西方历史初学集续编[M]. 武汉:武

汉大学出版社,1990 年、2005 年.

146. 吴于廑. 吴于廑学术论著自选集[M]. 北京:首都师范大学出版社,1995 年.

147. 吴于廑. 吴于廑文选[M]. 武汉:武汉大学出版社,2007 年.

148. 吴于廑,周一良. 世界通史资料选集:中古部分[M]. 北京:商务印书馆,1981 年.

149. 薛国中,安长春. 十五十六世纪东西方历史初学集三编[M]. 长沙:湖南出版社,1990 年.

150. 阎照祥. 英国史[M]. 北京:人民出版社,2003 年.

151. 杨真. 基督教史纲[M]. 北京:生活 · 读书 · 新知三联书店,1979 年.

152. 张倩红. 犹太人 · 犹太精神[M]. 北京:中国文联出版社,1999 年.

153. 张卫良. 英国社会的商业化历史进程[M]. 北京:人民出版社,2004 年.

154. 沈汉,王建娥. 欧洲从封建社会向资本主义过渡研究[M]. 南京:南京大学出版社,1993 年.

155. 赵立行. 商人阶层的形成与西欧社会的转型[M]. 北京:中国社会科学出版社,2004 年.

156. 朱龙华. 意大利文艺复兴的起源与模式[M]. 北京:人民出版社,2004 年.

后　记

熬过据说千年一遇的酷暑，本书终于要付梓出版了。十分感谢天津社会科学院出版社社长高潮博士和总编室主任吴琼女士，她们为本书的出版给予宝贵的支持和帮助。本书的完成还得益于众多老师、朋友和同事的大力帮助，在此一并致谢！

本书由刘伟、杭丽娟合著，导言、第一章、第二章由刘伟执笔，第三章、第四章和结束语由杭丽娟执笔，各完成12万字的写作量，最后共同修改润色成稿。当然，书中难免有不少缺憾，恳请大家指正！

作者

2022年8月31日于天津